우리 시대는
신경증일까?

우리 시대는 신경증일까?

초판 1쇄 발행   2015년 11월 30일

원 제   The Neurotic Personality of Our Time
지은이   카렌 호나이
옮긴이   정명진
펴낸이   정명진
디자인   정다희

펴낸곳   도서출판 부글북스
등록번호   제300-2005-150호
등록일자   2005년 9월 2일

주소   서울시 노원구 공릉로63길 14, 101동 203호(하계동, 청구빌라)
             (139-872)
전화   02-948-7289
전자우편   00123korea@hanmail.net

ISBN   979-11-5920-001-4 03180

The Neurotic Personality of Our Time

우리 시대는
신경증일까?

카렌 호나이 지음   정명진 옮김

이 책의 목표는 신경증을 가진 채 우리들 사이에서 살고 있는 사람의 정신 세계를 정확히 그려내는 것이다. 그 사람을 실제로 움직이고 있는 갈등과 불안, 그리고 그가 자기 자신과의 관계는 물론이고 타인들과의 관계에서 겪는 고통과 어려움까지 고스란히 담아내는 것이 이 책의 목표인 것이다. 여기서 나는 어떤 특별한 유형의 신경증에 초점을 맞추지 않고 우리 시대에 신경증을 가진 거의 모든 사람들에게 똑같이 나타나는 성격적 구조에 초점을 맞출 것이다.

실제로 존재하는 갈등과 신경증적인 사람이 그 갈등을 해결하기 위해 벌이는 노력, 그의 내면에 실제로 존재하는 불안, 그리고 그가 이 불안에 맞서기 위해 구축하는 방어 장치 등에 중점을 둘 것이다. 이처럼 실제 상황에 초점을 맞춘다고 해서 신경증은 기본적으로 어린 시절 초기의 경험에서 비롯된다는 개념을 버린다는 뜻은 아니다. 그러나 관심의 초점을 일방적으로 어린 시절에 맞추고 그 후의 반응을 어린 시절의 반응의 되풀이로 여기는 것을 정당하다고 생각하지 않는다는 점에서, 나는 많은 정신분석 저자들과 다르다. 나는 어린 시절의 경험과 훗날의 갈등의 관계는 거기서 단순히 어떤 인과관계를 찾으려 하는 그런 정신분석가들이 생각하는 것보다 훨씬 더 복잡하다는 점을 보여주고 싶다. 어린 시절의 경험이 신경증이 생길 수 있는 결정적인 조건을 제공함에도 불구하고, 그 경험들이 훗날 겪게 되는 어려움의 유일한 원인은 아니다.

신경증을 가진 사람이 실제로 겪는 어려움에 주의를 집중할 때, 우리는 신경증이 개인의 우연적인 경험에 의해서만 아니라 우리가 살고 있는 특별한 문화적 조건에 의해서도 생겨날 수 있다는 사실을 확인할 수 있다. 실제로, 문화적 조건은 개인의 경험에 무게와 색깔을 부여할 뿐만 아니라 최종적으로 경험의 구체적인 형태까지 결정한다. 예를 들어, 자식들을 지배하려 드는 어머니를 갖거나 "자기희생적인" 어머니를 갖는 것은 개인적인 운명이지만, 우리가 지배적인 어머니나 자기희생적인 어머니를 발견하는 것은 오직 명확한 어떤 문화적 조건에서이다. 그리고 그런 경험이 훗날의 삶에 어떤 영향을 미치게 되는 것도 또한 이런 기존의 조건 때문이다.

문화적 조건이 신경증에 미치는 엄청난 중요성을 깨닫게 될 때, 지그문트 프로이트(Sigmund Freud)가 신경증의 뿌리로 고려하고 있는 생물학적 및 생리학적 조건들은 뒤로 밀려나게 된다. 생물학적 및 생리학적 요인의 영향은 확고한 증거를 바탕으로 해서만 고려되어야 한다.

이런 나의 입장은 신경증의 근본적인 문제들 중 다수에 대한 해석을 새롭게 하도록 했다. 이 해석들은 마조히즘의 문제, 신경증적 애정 욕구의 의미, 신경증적 죄책감의 의미 등 서로 이질적인 문제들에 관한 것이었다. 그럼에도 이 해석들은 모두 불안이 신경증적인 성격적 경향들을 낳는 데 결정적 역할을 한다는 점을 강조한다는 공통점을 갖고 있다.

　나의 해석 중 많은 것이 프로이트의 해석에서 벗어나 있기 때문에, 일부 독자들은 나의 해석이 그래도 정신분석인가 하고 궁금해 할 것이다. 이에 대한 대답은 정신분석에서 핵심으로 여기는 것이 무엇이냐에 따라 달라질 것이다. 정신분석을 프로이트가 제안한 이론들로만 이뤄진 것으로 본다면, 그런 시각을 가진 사람에게 이 책이 제시하는 것은 정신분석이 아니다. 그러나 무의식적인 정신작용의 역할을 파고드는 일부 기본적인 사고의 경향을 정신분석이라고 본다면, 그런 사람에겐 내가 제시하는 내용도 정신분석이다. 프로이트의 모든 이론적 해석을 엄격히 따를 경우에 신경증 환자의 내면에서 프로이트의 이론이 예상하는 것들이 발견될 위험이 있다고 나는 믿는다. 그런 식의 접근은 정신분석 자체를 정체하게 만들 위험을 안고 있다. 프로이트의 탁월한 성취에 대한 존경은 그가 다져놓은 토대 위에 세우는 건축물을 통해서 저절로 나타나야 한다고 나는 믿는다. 또 그렇게 되어야만 우리가 정신분석이 하나의 치료로서만 아니라 이론으로서 미래에 가능성을 열어 가는 데 도움을 줄 수 있다고 나는 믿는다.

　이 같은 견해는 또 다른 물음, 즉 나의 해석이 알프레드 아들러(Alfred Adler) 학파를 다소 따르고 있는가 하는 물음에 대한 대답도 될 것이다. 일부 주제에서 아들러의 주장과 나의 주장 사이에 비슷한 점이 있다. 그러나 근본적으로 나의 해석은 프로이트의 이론에 바탕을 두고 있다. 사실 아들러는 심리적 과정에 대한 생산적인 통찰마저도 일방적으로 추구되거나 프로이트의 기본적인 발견들을 바탕으로 하지 않을 때에 어떤 식으로 황폐하게 되는지를 보여주는 좋은 예이다.

나 자신이 다른 정신분석 저자들과 어떤 점에서 동의하고 어떤 점에서 동의하지 않는지를 설명하는 것이 이 책의 주요 목표가 아니기 때문에, 나는 대체로 논의를 나의 의견과 프로이트의 의견이 극명하게 갈리는 일부 문제로 국한시킬 것이다.

이 책에서 내가 제시하는 것은 나 자신이 신경증을 정신분석적으로 오랫동안 연구하면서 얻은 인상들이다. 나의 해석이 나온 자료를 보여주기 위해선, 나는 환자의 예를 세세하게 소개해야 한다. 그러나 그렇게 한다면, 신경증에 대해 전반적으로 설명하는 이 책이 다소 지루해질 것이다. 이 자료를 제시하지 않더라도, 전문가는 물론이고 평범한 사람까지도 나의 진술이 유효한지 여부를 판단할 수 있을 것이다. 주의력 깊은 관찰자라면, 나의 가설을 자신의 관찰이나 경험과 비교할 것이고 또 그것을 근거로 내가 말하는 바를 거부하거나 받아들이고, 수정하거나 평가절하할 것이다.

이 책은 최대한 쉬운 언어로 쓰였으며, 나는 뜻을 명쾌하게 전하기 위해 지나치게 세부적인 것을 피했다. 전문적인 용어도 최대한 피하려 애를 썼다. 왜냐하면 명쾌하게 사고를 해야 할 대목에서 전문 용어들을 제시하며 슬쩍 넘어갈 위험이 있기 때문이다. 내용이 비교적 쉽다 보니, 많은 독자들, 특히 평범한 독자들이 신경증적인 성격의 문제들을 쉽게 이해할 수 있을 것 같다는 인상을 받을 것 같다. 그러나 그런 식의 판단은 실수이고 또 위험한 결론이다. 우리는 심리적인 문제들은 예외 없이 복잡하고 미묘하다는 사실에서 절대로 벗어나지 못한다. 만약에 이 같은 사실을 받아들이고 싶지 않은 사람이 있다면, 그 사람은 이 책을 읽지 않는 것이 좋을 듯하다. 자칫 미로에 빠져 헤매다가 실망만 하게 될 위험이 있기 때문이다.

이 책은 신경증을 가진 사람들을 직업적으로 다루거나 신경증과 관련 있는 문제를 잘 아는 사람들뿐만 아니라 신경증에 관심 있는 일반 독자들을 대상으로 하고 있다. 정신과의사와 사회복지사, 교사, 그리고 다양한 문화를 연구하는 데 있어서 정신적 요인들의 중요성을 자각하게 된 인류학자와 사회학자도 이 책에서 많은 것을 얻을 것이다. 마지막으로, 나는 이 책이 신경증 환자에게도 어떤 의미를 지닐 수 있기를 바란다. 만약에 신경증 환자가 원칙적으로 심리학적인 사고를 하나의 간섭이나 침해로 받아들이지 않는다면, 그 사람은 자신의 고통을 바탕으로 심리적 복잡성을 정상적인 사람들보다 훨씬 더 예리하고 섬세하게 이해할 수 있을 것이다. 그러나 불행하게도 신경증 환자가 자신의 상황에 대해 읽는 것만으로는 신경증을 치료하지 못한다. 신경증 환자가 자신이 읽는 내용에서 자기 자신이 아니라 타인을 훨씬 더 빨리 보게 될 것이기 때문이다.

이 기회를 빌려서 책의 편집을 맡은 미스 엘리자베스 토드에게 감사의 뜻을 전한다. 내가 은혜를 입은 저자들은 본문 중에 언급했다. 가장 큰 감사의 마음은 당연히 프로이트에게로 돌려진다. 왜냐하면 그가 심리학자들이 연구할 바탕을 닦고 그 도구까지 제공했기 때문이다. 내가 분석을 통해서 신경증에 대한 이해를 높일 수 있도록 도와준 나의 환자들에게도 감사의 뜻을 전한다.

차례

1장

신경증의 문화적 및 심리학적 의미

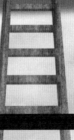

오늘날 우리는 "신경증"이라는 용어를 꽤 자유롭게 사용하고 있다. 그러면서도 그 용어의 의미에 대해서는 정확히 알지 못하고 있다. 종종 보면 "신경증"이라는 단어는 불만을 약간 지적으로 표현하는 데서 그치고 있다. 예전같았으면 나태하다거나, 예민하다거나, 요구가 지나치다거나 아니면 의심이 많다는 정도의 표현으로도 만족했을 사람들이 요즘엔 그런 표현 대신에 "신경증이 있다"는 식으로 쓰고 있다. 그럼에도 우리가 이 단어를 쓸 때에는 마음속에 무엇인가를 그리고 있다. 그것이 무엇인지를 제대로 자각하지 않은 가운데서도 우리는 이 용어의 선택에 분명한 어떤 기준을 적용하고 있는 것이다.

　무엇보다 먼저, 신경증적인 사람은 외부 자극에 평균적인 사람과 다르게 반응한다. 예를 들어 보자. 어떤 여자가 평사원을 고집하면서 임금 인상도 받아들이지 않고 상관과 같아지기를 바라지 않는다고 가정하자. 이 여자는 신경증 환자로 여겨질 것이다. 아니면 일주일에 30달러를 버는 예술가가 있다고 가정하자. 이 예술가는 작업에 시간을 더 많이 투입하면 돈을 더 벌 수 있는데도 그만한 돈으로 만족하면서 최대한 인생을 즐기는 쪽을 택하고 여자들과 어울려 지내거나 전문적인 취미 생활에 빠져 지낸다. 이 예술가도 분명히 신경증 환자로 여겨질 것이다. 우리가 이런 사람들을 신경증 환자라고 부르는 이유는 우리 대부분이 출세하기를 원하거나 다른 사람보다 앞서 나가기를 원하거나 생존에 필요한 그 이상의 돈을 벌기를 원하는 그런 행동 패턴에 익숙해 있기 때문이다.

이 예들은 우리가 어떤 사람을 신경증 환자라고 부를 때 적용하는 기준이 그 사람의 삶의 방식이 우리 시대에 용인된 행동 패턴과 일치하는지 여부라는 점을 보여주고 있다. 만약에 경쟁심이 없거나 없어 보이는 그 평사원 여자가 푸에블로 인디언의 문화에서 산다면, 그녀는 지극히 정상으로 여겨질 것이다. 또 그 예술가가 남부 이탈리아의 어느 마을이나 멕시코에 살았다면, 그도 마찬가지로 정상으로 여겨졌을 것이다. 왜냐하면 그런 환경에서는 모든 사람이 그때그때의 필요를 충족시키는 데 드는 그 이상의 돈을 벌려고 노력하는 것이 좀처럼 상상되지 않기 때문이다. 심지어 그리스에서는 필요 이상으로 일을 많이 하기를 원하는 태도는 미친 짓으로 여겨질 것이다.

따라서 원래 의학적인 용어였던 신경증이라는 단어는 지금은 문화적 의미를 고려하지 않고는 쓰일 수 없게 되었다. 어떤 사람의 다리가 부러졌을 경우에는 그 환자의 문화적 배경을 몰라도 골절로 진단할 수 있다. 그러나 인디언 소년이 어떤 환상을 보았다고 말한다고 해서 그 소년을 신경증 환자로 진단할 경우에는 큰 위험이 따르게 된다. 이 인디언의 특별한 문화 안에서는, 환상이나 환각을 경험하는 것이 오히려 특별한 재능으로, 또 혼령들의 축복으로 여겨진다. 환상이나 환각은 그것을 볼 수 있는 사람에게 명성을 안겨주는 것으로서 일부러 불러내어지기도 한다. 우리 현대인이라면, 돌아가신 할아버지와 몇 시간 동안 이야기하는 사람을 신경증 환자나 정신이상자로 여길 것이다. 그런 반면, 일부 인디언 부족 사이에는 조상과 그런 식으로 소통하는 것이 용인된다. 세상을 떠난 친척의 이름이 언급될 경우에 참을 수 없는 모욕감을 느끼는 사람은 틀림없이 신경증 환자로 여겨질 것이다. 그러나 그런 사람도 북미의 지카릴라 아파치 문화에서는 완벽하게 정상일 것이다. 생리 중인 여자가 접근한다는 이유로 공포에 떠는 사람이 있다면, 우리는 그를 신경증 환자로 치부할 것이다. 그러나 많은 원시 부족의 경우에 월경을 두려워하는 것은 아주 정상적인 태도이다.

이렇듯 정상의 개념은 문화에 따라 다를 뿐만 아니라 같은 문화 안에서도 시대에 따라 달라진다. 예를 들어, 오늘날 성숙하고 독립심 강한 여자가 성관계를 가졌다는 이유로 스스로를 "타락한 여자"나 "선한 남자의 사랑을 받을 가치가 없는 여자"로 여긴다면, 그녀는 적어도 사회의 일부 집단에서는 신경증을 의심받을 것이다. 그러나 40여 년 전이었다면, 이 같은 죄책감도 정상으로 여겨졌을 것이다. 정상의 개념은 또한 사회 계급에 따라서도 달라진다. 예를 들어, 지주 계급에 속하는 사람은 평생 동안 게으르게 빈둥거리면서 사냥이나 전투 행위에만 적극적으로 나서는 모습을 보여도 정상이라고 생각된다. 반면에 그와 똑같은 태도를 보이는 소(小)부르주아 계급의 사람은 비정상으로 여겨질 것이다. 이 같은 차이는 서양 문화처럼 남녀 성별의 차이가 존재하는 곳에서는 남녀에 따라서도 발견된다. 그런 곳에서는 남자와 여자가 서로 다른 기질을 가진 것으로 여겨진다. 여자가 마흔에 가까워지면서 나이듦에 대한 두려움에 사로잡혀 지내는 것은 "정상"이다. 그러나 그 나이에 가까워지는 남자가 나이에 대해 초조해 하면 틀림없이 신경증이 있는 사람으로 여겨질 것이다.

교육을 받은 사람들은 정상에 대한 인식에 이런 차이가 있다는 것을 어느 정도 알고 있다. 중국인들은 서양인과 다른 음식을 먹고, 에스키모들은 서양인과 다른 청결 개념을 갖고 있고, 원시사회의 주술사는 현대의 의사와 다른 방법으로 병을 치료한다는 것을 우리는 알고 있다. 그러나 인류학자들이 명시적으로나 암묵적으로 주장했음에도 불구하고, 관습뿐만 아니라 충동과 감정에도 변형이 있다는 사실은 비교적 덜 알려져 있다. 미국 인류학자 에드워드 사피르(Edward Sapir)가 말했듯이, 언제나 정상을 다시 발견하고 있는 것이 현대 인류학의 공로 중 하나이다.

충분히 이해되는 이유로, 모든 문화는 그 문화 안에서 일어나고 있는 감정과 충동이 "인간 본성"의 정상적인 표현이라는 믿음에 강하게 매달린다. 심리학도 이 규칙에 예외가 아니었다. 예를 들어, 프로이트도 자신의 관찰을 바탕으로 여자가 남자보다 시기심이 더 강하다고 결론을 짓고, 이 같은 현상을 생물학을 바탕으로 설명하려고 노력하고 있다. 프로이트는 또한 모든 인간 존재들은 살인에 대해 죄책감을 느낀다고 단정 짓는 것 같다. 그러나 죽임을 보는 태도에도 엄청난 변형이 존재한다는 것은 반박 불가능한 사실이다. 네덜란드 탐험가 페터 프로이헨(Peter Freuchen)이 보여주었듯이, 에스키모들은 살인자를 처벌할 필요성을 느끼지 않는다. 많은 원시 부족을 보면, 가족 구성원이 외부자에게 죽음을 당할 경우에 그 피해는 가해자 가족이 희생자를 대신할 사람을 내놓는 것으로 복구되는 것으로 여겨진다. 일부 문화에서는 아들을 살인 행위로 잃은 어머니의 슬픔은 살인자를 아들로 받아들임으로써 달래진다.

인류학 분야의 연구 성과를 조금 더 이용한다면, 우리는 인간 본성에 대한 우리의 인식 중 일부는 너무 순진한 편이라는 점을 인정하지 않을 수 없다. 예를 들면, 경쟁심과 형제자매간의 경쟁, 그리고 애정과 성욕의 연결은 인간 본성에 고유한 경향이라는 관념이 있다. 어떤 행동과 감정이 집단 안에서 인정을 받게 될 때, 그 행동과 감정은 정상으로 인식된다. 그러나 그 기준은 문화와 시대, 계급과 남녀 성별에 따라 달라진다.

이러한 고려는 심리학에 생각보다 훨씬 더 큰 의미를 지닌다. 가장 먼저 나타나는 결과는 심리학 지식에 대한 회의(懷疑)이다. 우리 문화에 관한 발견과 다른 문화에 관한 발견 사이에 닮은 점이 있다는 사실을 바탕으로, 우리는 두 발견이 똑같은 동기 때문이라고 결론을 내려서는 안 된다. 새로운 심리학적 발견이 인간 본성에 고유한 보편적인 경향을 밝혀준다고 짐작하는 것은 더 이상 용납되지 않는다. 이 모든 것은 일부 사회학자들이 거듭해서 강조하는 점을, 말하자면 모든 인류에게 두루 통하는 정상적인 심리 같은 것은 절대로 있을 수 없다는 점을 재확인하고 있다.

그러나 이런 한계들을 인정함에 따라, 오히려 새로운 이해의 가능성이 활짝 열리게 되었다. 이런 인류학적 고려가 지니는 근본적인 의미는 감정과 태도가 우리가 사는 문화적 및 개인적 조건의 영향을 놀랄 만큼 많이 받는다는 것이다. 이는 곧 우리가 살고 있는 문화적 조건을 알 경우에 정상적인 감정과 태도의 특성을 더욱 깊이 이해할 가능성이 더욱 커진다는 것을 의미한다. 그리고 신경증이 정상적인 행동 패턴으로부터의 일탈이기 때문에, 신경증을 더 잘 이해할 가능성 또한 더욱 커지게 마련이다.

이 방법을 택한다는 것은 얼마간은 프로이트의 길을 따른다는 의미이다. 지금까지 신경증에 대해 생각하지 못했던 것을 프로이트가 세상에 제시할 수 있게 한 그 길을 말이다. 프로이트는 이론적으로 기이한 특성의 기원을 생물학적 충동으로까지 거슬러 올라가면서 찾는 한편으로, 개인의 삶의 환경, 특히 어린 시절 초기에 애정을 형성시킨 환경에 대해 세세하게 알지 못하는 상태에서는 신경증을 이해하지 못한다는 의견을 강력히 제시한다. 어떤 문화 안에서 정상적인 구조와 신경증적인 구조의 문제에 똑같은 원칙을 적용한다는 것은 곧 그 특별한 문화가 개인에게 행사하는 영향을 세세하게 알지 못하는 상태에서는 이 구조들을 이해할 수 없다는 것을 의미한다.

그 밖의 것과 관련해서는 우리는 분명히 프로이트를 넘어서야 한다. 하지만 프로이트를 뛰어넘는 걸음도 당연히 그의 발견들을 바탕으로 해서만 가능하다. 왜냐하면 어떤 면에서 보면 프로이트가 자신의 시대를 훨씬 앞서 있을지라도, 다른 면에서 보면, 구체적으로 정신적 특징의 생물학적 기원을 과도하게 강조하고 있다는 점에서 보면 프로이트는 자기 시대의 과학적 경향을 강하게 고수하고 있기 때문이다. 프로이트는 우리 문화에 자주 나타나는 본능적 욕구는 생물학적으로 결정되는 "인간의 본성"이거나 아니면 불변의 상황(생물학적으로 주어진 "전(前)성기기" 단계, 즉 오이디푸스 콤플렉스)에서 생겨난다고 주장했다.

프로이트가 문화적 요소를 무시하는 태도는 엉터리 일반화를 낳을 뿐만 아니라 우리의 태도와 행동을 일으키는 진정한 힘을 이해하지 못하도록 방해하고 있다. 이 같은 무시가 정신분석이 무한한 잠재력을 가졌음에도 불구하고 막다른 골목으로 몰리고 있는 중요한 이유라고 나는 믿는다. 프로이트가 닦아놓은 이론적인 길을 충실히 따르는 한, 정신분석은 한계를 벗어나기 어려울 것이다. 난해한 이론들이 쏟아져 나오고, 애매한 전문용어가 사용되고 있는 현실에서 이미 그런 한계가 드러나고 있다.

이제 우리는 신경증은 정상으로부터의 일탈이라는 점을 알게 되었다. 이 기준만으로는 결코 충분하지 않지만, 그래도 이것이 아주 중요하다. 사람들은 신경증이 없으면서도 일반적인 패턴에서 벗어날 수 있다. 앞에서 예로 든 예술가는 생활비를 버는 데 필요한 시간 그 이상으로 많은 시간을 창작에 쏟길 거부했다. 그런 그는 신경증이 있거나 혹은 쓸데없는 경쟁에 휩쓸리지 않을 만큼 현명한 사람일 수 있다. 그런 한편, 겉으로는 기존의 삶의 패턴에 적응한 것처럼 보이는데도 실제로 보면 신경증을 심각하게 앓고 있는 사람도 많다. 심리학적 혹은 의학적 관점을 필요로 하는 사람은 바로 이런 사람들이다.

정말 신기하게도, 이 관점에서 신경증을 구성하는 것이 무엇인지를 말하기는 절대로 쉽지 않다. 여하튼, 명백히 드러나는 그림만을 연구하는 한, 모든 신경증에 공통적인 특징을 발견해내기가 어렵다. 분명한 것은 공포증과 우울증, 육체적 기능 장애 같은 증후들이 기준이 될 수는 없다는 점이다. 이유는 이 증후들이 신경증에 나타나지 않을 수도 있기 때문이다. 어떤 종류의 억제는 내가 앞으로 논의하게 될 이유 때문에 신경증에 늘 나타난다. 그러나 이 억제는 너무나 미묘하고 위장이 잘 되어 있어서 피상적 관찰에 잡히지 않을 수 있다. 만약에 우리가 성관계에 나타나는 장애를 포함하여 다른 사람들과의 관계에 일어나는 장애를 겉으로 드러나는 것만을 바탕으로 판단한다면, 그와 똑같은 문제가 일어날 것이다. 그러나 성격 구조에 대한 깊은 지식을 갖추지 않아도 모든 신경증에서 식별할 수 있는 특징이 두 가지 있다. 외부 자극에 대한 반응에 경직성이 보이고, 잠재력과 성취 사이에 불일치가 나타난다는 점이다.

이 두 가지 특징은 추가 설명을 필요로 한다. 반응에 나타나는 경직성이란 상황에 따라 다르게 반응하는 유연성이 부족하다는 뜻이다. 예를 들면, 정상적인 사람은 의심해야 할 이유를 눈으로 보거나 느끼게 될 때 의심한다. 그러나 신경증을 앓는 사람은 상황을 자각하고 있는지 여부를 떠나서, 상황과 상관없이 언제든 의심할 수 있다. 정상적인 사람이라면 정직한 마음에서 우러나오는 찬사와 겉치레 찬사를 구분할 수 있다. 그러나 신경증을 가진 사람은 두 가지 종류의 찬사를 구분하지 않거나 어떤 상황에서든 찬사를 모조리 무시할 수도 있다. 정상적인 사람은 부당한 짐을 지게 되었다고 느끼게 되면 좋지 않은 감정을 느낄 것이다. 그러나 신경증 환자는 어떠한 암시에나 나쁜 감정을 품을 수도 있다. 심지어 그것이 자신에게 이롭다는 사실을 깨달을 때조차도 그런 식으로 반응한다. 정상적인 사람도 중요하거나 결정하기 어려운 문제 앞에서 이따금 우유부단한 모습을 보일 수 있다. 그러나 신경증 환자는 언제나 우유부단한 모습을 보일 것이다.

경직성은 문화적 패턴에서 일탈할 때에만 신경증을 암시한다. 새롭거나 낯선 모든 것을 강하게 의심하는 것은 서양의 농민들 대다수 사이에는 정상적인 패턴이고, 소(小)부르주아가 검약을 강력히 강조하는 것도 정상적인 경직성의 한 예이다.

이와 마찬가지로, 어떤 사람의 잠재력과 그가 현실에서 실제로 거두는 성취 사이의 불일치도 오직 외적 요인에 따른 것일 수 있다. 그러나 만약에 재능과 그 재능을 발달시킬 호의적인 외적 환경이 두루 갖춰져 있음에도 불구하고 그 사람이 비생산적인 모습을 계속 보인다면, 혹은 행복을 느낄 모든 가능성을 다 갖추고 있음에도 불구하고 그 사람이 가진 것을 즐기지 못한다면, 혹은 어떤 여자가 아름다운 미모를 갖추고 있었음에도 불구하고 자신이 남자의 눈길을 끌지 못한다고 느낀다면, 그 불일치는 신경증을 암시한다. 달리 말하면, 신경증 환자는 스스로 자신의 길을 가로막고 나선다는 인상을 풍긴다.

여기서 신경증을 만들어내는 동력을 본다면, 모든 신경증에 공통적인 요소가 하나 나타난다. 그 공통점은 불안과 그 불안에 맞서 구축한 방어 기제이다. 신경증의 구조가 아무리 복잡할지라도, 신경증적 과정을 일으키고 또 지속시키는 원동력은 바로 이 불안이다. 이 진술이 의미하는 바는 다음 여러 장에서 분명하게 드러날 것이다. 그래서 나는 여기선 예를 제시하지 않을 것이다. 그러나 불안에 대한 설명만은 이 대목에서 어느 정도 필요하다.

현 단계에서 보면, 앞의 진술은 분명히 지나치게 일반적이다. 한동안 불안과 공포를 서로 바꿔 쓸 수 있는 단어로 볼 것인데, 불안 혹은 공포는 어디에나 있고 불안에 맞서는 방어 기제 또한 어디에나 있다. 이런 반응은 인간 존재에만 국한되는 것도 아니다. 만약 동물이 어떤 위험 앞에서 깜짝 놀라며 공격에 나서거나 도망을 간다면, 그것도 똑같이 공포와 방어의 상황이다. 번개를 맞을까 두려워하여 지붕에 피뢰침을 설치한다면, 혹시 모를 사고를 두려워하여 보험에 가입한다면, 마찬가지로 거기에도 공포와 방어의 요소가 있다. 공포와 방어는 문화에 따라 다양한 형태로 존재할 수 있다. 또 그 시선이 닿으면 재앙이 온다는 흉안(凶眼)의 공포에 맞서는 방어 장치로 부적을 소지하고 다니거나, 죽은 자에 대한 공포에 맞서 성대한 의식을 치르거나, 생리 중인 여자로부터 나오는 악에 맞서는 방어로 월경 중인 여자들을 피하는 등의 행위에서 보듯, 공포와 방어는 제도화될 수 있다.

이런 유사점이 논리적 실수를 저지르도록 유혹한다. 만약에 공포와 방어의 요소가 신경증에 기본적이라면, 공포에 맞서는 제도화된 방어 장치들을 왜 "문화적" 신경증의 증거라고 부르지 않는가? 이런 식의 추론의 오류는 두 가지 현상이 한 가지 요소를 공통적으로 갖고 있다고 해서 반드시 똑같은 현상은 아니라는 사실에 있다. 돌로 지은 집이라고 해서 그 집을 돌이라고 부르지는 않을 것이다. 그렇다면 공포와 방어를 특별히 신경증적인 것으로 만드는 신경증적인 공포와 방어의 특징은 무엇인가? 혹시 신경증적인 공포는 상상이 아닐까? 절대로 그렇지 않다. 왜냐하면 우리에겐 죽은 자에 대한 공포에 대해서도 상상이라고 생각하는 경향이 있기 때문이다. 두 경우 모두에서 우리는 이해가 제대로 되지 않은 상태에서 받은 어떤 인상에 굴복하고 있음에 틀림없다. 어쩌면 신경증 환자가 기본적으로 자신이 두려워하고 있는 이유를 모르고 있는 것이 아닐까? 그렇다. 왜냐하면 원시인도 자신이 죽은 자를 두려워하는 이유를 알지 못하기 때문이다. 그 식별은 자각이나 합리성의 정도와는 아무런 관계가 없고 다음 두 가지 요소에 있다.

첫째, 모든 문화의 삶의 조건이 일부 공포를 일으킨다. 이 공포는 외부의 위험(자연, 적)이나 사회적 관계(억압이나 불의(不義), 강요된 의존, 좌절

등이 적의(敵意)를 자극하는 경우), 문화적 전통(악마와 터부의 위반에 대한 인습적 공포)으로 인해 생겨날 수 있다. 이런 공포에 다소 강한 개인도 있고 다소 약한 개인도 있을 수 있지만, 대체로 보면 이 공포가 어떤 문화 안에 사는 모든 개인에게 강요된다고 말해도 무방하다. 또 어느 누구도 이 공포를 피하지 못한다고 말해도 좋다. 그러나 신경증 환자는 같은 문화 안에 사는 모든 개인이 경험하는 공포를 공유하는 데서 그치지 않는다. 신경증 환자가 느끼는 공포는 개인적인 삶의 조건 때문에 문화적 패턴에 따른 공포로부터 양적으로나 질적으로 크게 벗어나 있다. 물론 이때도 신경증 환자의 개인적인 삶의 조건은 문화 안의 전반적인 조건과 서로 얽혀 있다.

둘째, 한 문화 안에 존재하는 공포는 일반적으로 보호 장치(터부, 의식(儀式), 관습 등)를 통해서 물리치게 된다. 대체로 이 방어 장치들은 이와 달리 구축된 신경증 환자의 방어 장치보다 공포를 훨씬 더 효율적으로 다룬다. 따라서 정상적인 사람은 그 문화에 있는 공포와 방어 장치를 똑같이 견뎌내면서도 대체로 자신의 잠재력을 제대로 발휘하며 살 수 있고 또 인생이 제시하는 것을 즐길 수 있다. 정상적인 사람은 자신의 문화 안에서 주어진 가능성을 최대한 이용할 능력을 갖추고 있다. 이것을 부정형으로 표현한다면, 정상적인 사람은 자신의 문화 안에서 불가피한 그 이상으로 고통을 받지 않는다는 뜻이 된다.

그런 한편 신경증적인 사람은 반드시 평균적인 사람보다 훨씬 더 많은 고통을 당한다. 신경증 환자는 반드시 자신의 방어 장치에 대해 터무니없이 높은 대가를 치러야 한다. 그 대가는 활기와 확장성의 손상 또는 더 구체적으로 성취와 향유(享有)의 손상이며, 그 결과 나타나는 것이 내가 앞에서 언급한 불일치이다. 사실, 신경증 환자는 예외 없이 고통 받는 사람이다. 내가 많은 신경증 환자를 표면적으로 관찰한 결과 끌어낼 수 있었던 특징을 논하는 대목에서 이 사실에 대해 언급하지 않은 이유는 그 특징이 반드시 밖에서만 관찰되는 것이 아니기 때문이다. 신경증 환자 본인은 심지어 자신이 고통을 당하고 있다는 사실조차 자각하지 못할 수 있다.

공포와 방어에 대해 논하면서, 나는 이 시점에서 많은 독자들이 신경증을 이루는 것이 무엇인가라는 아주 단순한 문제를 놓고 지나치게 폭넓게 논의하는 것이 아닌가 하고 조급해하지 않을까 겁이 난다. 이런 식으로 걱정하는 나 자신을 옹호하면서, 나는 몇 가지 사항을 강조하고 싶다. 정신적인 현상은 언제나 복잡하고, 겉보기에 아주 단순해 보이는 질문도 있긴 하지만 그 대답만은 절대로 간단할 수 없으며, 우리가 시작 부분에서 만나고 있는 어려움들은 절대로 예외적인 것이 아니며 이 책 내내 우리를 따라다니게 될 것이라는 점이다. 신경증을 설명하는 것이 특별히 어려운 이유는 심리학적 도구나 사회학적 도구 중 어느 하나만으로는 만족스런 대답을 내놓을 수 없다는 사실에 있다. 신경증을 묘사하려면 반드시 심리학적 도구와 사회학적 도구를 번갈아 사용해야 한다. 만약에 신경증 환자를 신경증의 역학이나 그 정신적 구조의 관점에서만 본다면, 우리는 정상적인 인간 존재라는 개념을 구체화해야 한다. 그러나 그런 존재는 어디에도 없다. 자기 나라의 경계선이나 자기 나라와 비슷한 문화를 가진 국가의 경계선을 넘어서는 순간, 우리는 더 많은 어려움에 봉착하게 된다. 만약에 사회학적 관점에서 신경증을 어떤 사회에 공통적인 행동 패턴으로부터의 단순한 일탈로 본다면, 우리는 신경증의 심리학적 특성에 대해 알고 있는 모든 것을 깡그리 무시하게 된다. 그러면 학파나 출신 국가를 막론하고 어떤 정신과의사도 그 결과를 자신이 그때까지 신경증이라고 불러왔던 것과 같은 것으로 인식하지 않을 것이다.

두 가지 접근법이 조화를 이루도록 하는 길은 분명히 관찰 방법에 있다. 그 타협적인 관찰 방법은 신경증의 명백한 그림에 나타나는 일탈과 신경증적 과정의 역학에 나타나는 일탈을 동시에 고려하면서 어느 쪽 일탈도 결정적인 일탈로 고려하지 않는 그런 방법이어야 한다. 이 두 가지 접근법을 결합하면 이렇게 된다. 공포와 방어는 신경증 환자의 역학적 센터들 중 하나이지만, 그것들이 같은 문화 안에서 정상으로 여겨지는 것들로부터 양적으로나 질적으로 일탈되어 있을 때에만 신경증이 된다.

우리는 이 방향으로 한 걸음 더 내디뎌야 한다. 신경증의 근본적인 특징이 한 가지 더 있다. 그것은 상충하는 경향들을 보인다는 점이다. 신경증 환자 본인은 자신에게 이런 경향들이 있다는 사실을 자각하지 못하거나 적어도 그 경향의 정확한 본질을 모른다. 그런 가운데 신경증 환자는 타협적인 어떤 해결책을 찾으려고 노력한다. 프로이트가 다양한 방식으로 신경증의 필수적인 한 요소라고 강조했던 것이 바로 이 상충하는 경향들이다. 신경증 환자가 겪는 갈등이 문화 안에 널리 존재하는 갈등과 다른 점은 갈등의 내용물도 아니고 또 그 갈등이 기본적으로 무의식이라는 사실도 아니다. 이 두 가지 면에서는 문화 안에 공통적으로 존재하는 갈등도 신경증 환자가 겪는 갈등과 똑같을 수 있다. 그러나 신경증 환자의 내면에서 일어나는 갈등이 더욱 예리하고 더욱 분명해진다는 사실이 문화 안에 공통적인 갈등과 다른 점이다. 신경증적인 사람은 갈등을 해결하려고 노력하면서 타협적인 해결책을 찾는다. 그가 끌어내는 타협적인 해결책은 평균적인 사람의 해결책보다 덜 만족스럽고 또 본인의 전체 성격에 엄청난 피해를 안기면서 성취된다.

이런 모든 고려사항들을 다시 검토한다 해도, 아직 신경증에 대한 정의를 명쾌하게 내릴 수 있는 입장은 아니다. 하지만 신경증에 대한 대략적인 설명은 가능하다. 신경증은 공포와 그 공포에 맞서는 방어, 그리고 상충하는 경향들에 대한 타협적인 해결책을 찾으려는 시도가 초래한 정신적 장애이다. 실용적인 이유로, 이 같은 장애가 구체적인 어떤 문화 안에서 공통적인 패턴에서 일탈해 있을 때에만 그것을 신경증이라 부르는 것이 바람직하다.

2장

우리 시대의
신경증적 성격에 대해
논하는 이유

우리의 관심이 신경증이 성격에 영향을 미치는 방식에 초점을 맞추고 있기 때문에, 탐구의 범위는 두 가지 방향으로 제한되고 있다.

첫째, 갈등이 만연한 외적 상황에 대한 반응으로 개인의 내면에서 일어나는 신경증이 있다. 이런 신경증을 앓는 사람들의 경우에는 갈등이 많지 않은 외적 상황에 있다면 성격이 뒤틀리지 않고 정상으로 돌아갈 것이다. 기본적인 정신 과정의 본질에 대해 논한 뒤, 우리는 다시 돌아와서 이런 단순한 상황 신경증의 구조를 간략히 고려할 것이다. 여기서는 상황 신경증이 관심의 주요 대상이 아니다. 왜냐하면 상황 신경증은 신경증적 성격을 전혀 보이지 않고 단지 자신에게 닥친 어려운 상황에서 적응력의 부족을 일시적으로 보이는 것이기 때문이다. 내가 신경증에 대해 논할 때, 그것은 성격 신경증을, 즉 증상은 상황 신경증의 증상과 아주 똑같을지라도 주요 장애가 성격의 기형(畸型)에 있는 그런 신경증을 의미한다. 성격 신경증은 대체로 어린 시절에 시작하고 또 성격의 일부에 어느 정도 영향을 미친 어떤 만성적인 정신 과정의 결과이다. 표면적으로 본다면, 성격 신경증도 실제 상황에서 일어나는 갈등의 결과일 수 있다. 그러나 그 사람의 과거 역사를 주의 깊게 파고들다 보면, 혼란스런 상황이 일어나기 오래 전에 이미 어려운 성격적 특성이 존재했다는 사실이 확인될 것이다. 또 현재의 어려움은 상당 부분이 그 전에 이미 존재하던 개인적 어려움 때문이라는 것이 확인되고, 더 나아가 그 사람이 평균적인 건강한 사람에게는 전혀 갈등으로 받아들여지지 않을 상황에 신경증적으로 반응한다는 것도 확인될 것이다. 그 상황은 단지 상당 기간 존재해 오던 신경증을 겉으로 드러내 보이는 역할밖에 하지 않는다.

둘째, 우리는 신경증의 증상에는 그다지 관심을 두고 있지 않다. 우리의 관심은 주로 성격 장애 자체에 있다. 왜냐하면 임상적인 의미로 말하는 증상은 다양하고 경우에 따라서 나타나지 않을 수도 있는 반면에 성격의 기형은 신경증에서 거듭 확인되고 있기 때문이다. 또한 문화적 관점에서 보면 성격 형성이 증상보다 더 중요하다. 왜냐하면 인간 행동에 영향을 미치는 것이 증상이 아니고 성격이기 때문이다. 성격의 구조에 관한 지식을 크게 높였고 또 증상의 치료가 반드시 신경증의 치료를 의미하지 않는다는 사실을 알게 된 상황에서, 정신분석가들은 그동안 증상에 쏟았던 관심을 성격 기형으로 옮겼다. 비유적으로 말하자면, 신경증의 증상은 화산 자체가 아니고 화산의 분출인 반면, 신경증을 일으키는 갈등은 화산처럼 그 사람 본인이 모르는 깊은 곳에 숨어 있다.

이런 제약들을 고려한다면, 여기서 우리는 이런 질문을 던져야 할 것이다. 오늘날 신경증을 가진 사람들은 너무나 근본적인 특징들을 공통적으로 갖고 있는데, 그렇다면 우리 시대의 신경증적 성격에 대해 논해야 하는 것이 아닌가?

다양한 유형의 신경증에 수반되는 성격 기형과 관련해서, 우리는 유사성보다는 차이에 강한 인상을 받는다. 예를 들어, 히스테리적인 성격은 충동적인 성격과 뚜렷이 다르다. 그러나 우리의 주의를 끄는 차이는 그 메커니즘의 차이이다. 보다 일반적으로 표현한다면, 두 가지 장애가 나타나는 방식과 그 장애를 해결하는 방식에 두드러진 차이가 우리의 관심을 끈다는 뜻이다. 예를 들어 해결 방식을 본다면, 히스테리 유형의 경우에는 투사(投射)의 역할이 더 크고, 충동적인 유형의 경우에는 갈등을 지적으로 분석하려는 경향이 더 강하다. 그런 한편, 내가 염두에 둔 그 유사성은 장애가 일어나는 방식과 관계있는 것이 아니라 갈등의 내용물과 관계있다. 더 정확히 말하면, 그 유사성은 장애를 촉발시킨 경험보다는 그 사람을 실제로 움직이는 갈등에 있다는 뜻이다.

그 사람을 움직이는 힘과 이 원동력의 영향을 명쾌하게 설명하기 위해선, 한 가지 전제가 필요하다. 프로이트를 비롯한 분석가들의 대다수는 정신분석의 임무는 어떤 충동 혹은 되풀이되는 유아적 행태의 성적인 뿌리(예를 들어, 구체적인 성감대)를 발견하는 것으로 완수된다는 원칙을 크게 강조한다. 나도 그 뿌리를 유아기의 조건으로까지 더듬어 올라가지 않고는 신경증을 완벽하게 이해하지 못한다는 주장에 동의한다. 하지만 나는 이 같은 발생론적인 접근법을 편향적으로 활용할 경우에 문제를 명쾌하게 밝히기보다는 문제를 더욱 흐리게 만들 수 있다고 믿는다. 왜냐하면 그런 접근법을 택할 경우에 실제로 일어나고 있는 무의식적 경향들과 그 경향들의 기능, 그리고 그 경향들과 그 당시에 있었던 다른 경향들의 상호 작용이 무시되기 때문이다. 여기서 말하는 다른 경향들을 예로 든다면, 충동이나 두려움, 보호적인 조치들이 있다. 발생론적인 이해는 오직 기능적 이해를 돕는 한에서만 유익하다.

이 같은 믿음을 바탕으로 나이와 기질, 관심도 다르고 사회적 계급도 다른 다양한 유형의 신경증 환자들을 분석하면서, 나는 역동적으로 작동하는 핵심적인 갈등의 내용물과 그 갈등의 상호관계가 모든 신경증에서 기본적으로 유사하다는 사실을 발견했다. 정신분석 활동에서 얻은 나의 경험은 정신분석 밖에 있는 사람들의 관찰과 문학 속의 등장인물에 의해서도 확인되었다. 만약에 신경증을 앓는 사람들에게 거듭해서 나타나는 문제들에서 공상과 난해한 성격을 벗겨버린다면, 그 문제들이 우리 문화 안의 정상적인 사람을 힘들게 만들고 있는 문제들과 양적인 측면에서만 다르다는 사실이 확연히 드러날 것이다. 신경증 환자에게 나타나는 문제들 중에서 대부분의 사람들이 똑같이 겪는 문제들을 몇 가지만 언급한다면, 치열한 경쟁의 문제와 실패에 대한 두려움, 정서적 고립, 타인들과 자기 자신에 대한 불신 등이 있다.

대체로 한 문화권의 개인들 대다수가 똑같은 문제에 직면하고 있다는 사실은 곧 이 문제가 그 문화의 특별한 삶의 조건에 의해 생겨난 것이라는 결론을 암시한다. 그 문제가 "인간 본성"에 공통적인 문제가 아니라는 점은 다른 문화에서 동기를 유발하는 힘과 갈등은 우리 문화의 그것과 다르다는 사실로 뒷받침된다.

따라서 우리 시대의 신경증적 성격이라는 표현을 쓰면서, 나는 기본적인 특성을 공통으로 가진 신경증 환자들도 있다는 것을 의미할 뿐만 아니라 이런 기본적인 유사성이 근본적으로 우리 시대와 문화에 존재하는 문제들로 인해 생겨났다는 점을 의미한다. 나의 사회학적 지식이 허용하는 범위 안에서, 나는 후에 우리 문화의 어떤 문제들이 정신적 갈등을 일으키는지를 보여줄 것이다.

문화와 신경증의 관계에 관한 나의 주장의 타당성은 인류학자와 정신과의사들의 공동 노력을 통한 검증의 과정을 거쳐야 한다. 정신과의사는 다양한 문화 안에서 나타나고 있는 신경증을 신경증의 빈도와 강도 혹은 유형 같은 형식적인 기준을 바탕으로 연구해야 할 뿐만 아니라 신경증의 바탕에 어떤 근본적인 갈등이 작용하고 있는가 하는 측면에서도 연구해야 한다. 인류학자들은 다양한 문화를, 그 문화의 구조가 개인들에게 어떤 정신적 어려움을 불러일으키는가 하는 관점에서 연구해야 할 것이다. 근본적인 갈등에 유사성이 있는지를 확인하는 한 방법은 표면적 관찰에 잡히는 태도에 유사성이 있는지를 확인하는 것이다. 표면적 관찰은 훌륭한 관찰자가 자신이 잘 아는 사람, 즉 자기 자신과 친구, 가족 혹은 동료를 대상으로 정신분석 기법을 동원하지 않고도 성격에 관한 사실을 발견해내는 것을 의미한다. 빈번하게 일어나는 그런 관찰의 단면을 간략하게 살피는 것으로 논의를 시작할 것이다.

이런 식으로 관찰된 태도는 대략적으로 다음과 같이 분류된다. 첫째, 애정을 주고받는 것과 관련 있는 태도가 있다. 둘째는 자기를 평가하는 것과 관련 있는 태도이고, 셋째는 자기주장과 관련 있는 태도이다. 그 다음은 공격성이고, 다섯째가 성욕이다.

첫 번째 태도에 대해 말하자면, 우리 시대의 신경증 환자들을 지배하고 있는 경향 중 하나는 타인의 인정이나 애정에 과도하게 의존한다는 점이다. 우리 모두는 남의 호감을 사기를 원하고 좋은 평가를 받고 있다는 느낌을 받기를 좋아한다. 그러나 신경증을 앓는 사람들의 경우에는 애정이나 인정에 대한 의존이 터무니없이 크다. 우리 모두는 자신이 좋아하는 사람도 자기를 좋아해주길 원한다. 그러나 신경증 환자의 경우에는 자신이 좋아하는 사람인지 여부를 떠나서 애정이나 인정에 무차별적으로 목말라한다. 또 신경증 환자는 자신을 인정해주길 간절히 바라는 그 사람의 판단이 자신에게 어떤 의미를 지니는지에 대해 묻지 않는다. 종종 신경증 환자는 이 무한한 갈망을 자각하지 못한다. 그러나 신경증 환자는 자신이 원하는 관심이 자신에게로 쏠리지 않을 때 민감하게 반응하면서 그런 갈망을 자기도 모르게 드러낸다. 예를 들어, 누군가가 자신의 초대를 받아주지 않거나 한동안 전화를 하지 않거나 자신의 의견에 동의하지 않을 때조차도, 신경증 환자는 마음에 상처를 크게 입는다. 이 민감성은 "무관심한 듯한" 태도에 숨겨져 있을 것이다.

더욱이, 신경증 환자들이 애정을 원하는 강도와 신경증 환자들이 애정을 느끼거나 주는 능력 사이에는 현저한 모순이 보인다. 신경증 환자들이 자신의 소망을 고려해달라고 요구하는 소리는 대단히 큰데, 정작 그들이 타인을 고려하는 정도는 극히 약한 것이다. 이 모순은 언제나 표면에 나타나지는 않는다. 예를 들어, 신경증 환자도 모든 사람에게 아주 관대하거나 도움이 되기를 바랄 수 있다. 그러나 만약에 이런 일이 실제로 벌어진다면, 그것은 저절로 우러나오는 따뜻한 마음에서가 아니라 충동 때문일 것이다.

이처럼 타인에 대한 의존으로 나타나는 내적 불안정이 신경증 환자를 표면적으로 관찰할 때 우리의 눈길을 끄는 두 번째 특징이다. 열등감과 자신이 주변의 사랑을 받지 못하는 존재라는 느낌도 결코 빠지지 않는 특징이다. 열등감과 주변의 사랑을 받지 못한다는 느낌은 다양한 방식으로 나타날 것이다. 자신이 무능하다거나 어리석다거나 매력이 없다고 느끼는 것도 그런 예들이다. 이런 감정은 현실적으로 아무런 근거가 없는데도 일어날 수 있다. 비상할 정도로 머리가 뛰어난 사람도 신경증에 걸리면 자신이 어리석다고 느끼기도 한다. 혹은 아주 아름다운 여인도 자신에게 매력이 없다고 고민할 수 있다. 이 같은 열등감은 불만이나 걱정을 통해서 공개적으로 나타날 수도 있다. 혹은 신경증에 걸린 사람은 자신이 막연히 짐작하는 결점을 기정사실로 여기면서 그런 문제에 대해 재차 생각하는 것은 시간낭비라는 식으로 나올 수 있다. 그런 한편, 열등감은 보상적인 자기강화 욕구에, 그리고 우리 문화에서 소중히 여기는 것들, 말하자면 돈이나 그림, 고가구, 여자, 명사들과의 사교적 접촉, 여행, 출중한 지식 등으로 다른 사람이나 자기 자신에게 강한 인상을 주려는 충동적인 성향에 가려질 수 있다. 이 두 경향 중 어느 하나가 전면에 두드러지게 드러날 수 있지만, 대체로 보면 신경증 환자에게서 두 가지 경향이 동시에 느껴질 것이다.

세 번째 집단의 태도, 즉 자기주장과 관련 있는 태도는 명백한 억제를 수반한다. 자기주장이라는 단어를 나는 자신의 자아 혹은 자신의 주장을 강력히 내세우는 행위를 의미하는 것으로 쓰고 있다. 나는 이 표현에 부적절하게 앞으로 밀어붙이는 행위를 포함시키지 않는다. 이 집단의 태도에서, 신경증 환자들은 억제를 광범위하게 보인다. 신경증 환자들은 자신의 소망을 표현하거나, 무엇인가를 요구하거나, 자신을 위해 무엇인가를 하거나, 의견이나 합당한 비판을 표현하거나, 누군가에게 명령을 하거나, 관계를 맺고 싶어 하는 사람을 선택하거나, 사람들과 접촉하는 일에도 억제를 보인다.

신경증 환자들은 자신의 입장을 지키는 일에서도 억제를 보인다. 신경증 환자들은 종종 자신을 향한 공격 앞에서 자신을 방어하지 못하며, 타인의 소망에 동조하고 싶지 않을 때에도 "아니오"라고 말하지 못한다. 예를 들면, 신경증 환자는 자신에게 필요하지 않은 물건을 팔려고 드는 세일즈우먼에게나 자신을 파티에 초대하는 사람에게, 아니면 성교를 원하는 남자나 여자에게 "아니오"라고 말하지 못한다. 마지막으로 자신이 원하는 것이 무엇인지를 아는 것을 억제하려는 태도가 있다. 결정을 내리거나, 의견을 형성하거나, 자신의 소망을 표현하는 일에도 어려움이 따르는 것이다. 이런 소망은 숨겨야 하는 것으로 여겨진다. 나의 친구 하나는 금전출납부에 '영화 관람료'를 '교육비'로, '술값'을 '건강유지비'로 분류했다. 이 집단의 태도 중에서 특별히 중요한 것은 여행이든 인생 계획이든 어떠한 계획도 짜지 못하는 무능력이다. 신경증 환자들은 자신이 인생에서 원하는 것이 무엇인지를 명확히 알지 못하는 상태에서 직업이나 결혼 같은 중요한 결정에서조차도 우유부단한 모습을 보인다. 그들은 전적으로 어떤 신경증적인 공포에 휘둘리고 있다. 그런 예가 바로 빈곤을 두려워하여 돈을 모으기만 하는 사람이다. 결혼에 따르는 여러 가지 곤란한 일을 겪게 될까 두려워 끝없이 연애만 하는 사람도 그런 예이다.

네 번째 종류의 장애, 즉 공격성과 관련 있는 장애는 자기주장의 태도와 대비를 이룬다. 누군가에게 반대하거나, 공격하거나, 폄하하거나, 침범하는 등 온갖 형태의 적대적인 행동이 이 집단의 장애에 해당한다. 이런 종류의 장애는 완전히 다른 두 가지 길로 나타난다. 한 길은 공격적이고, 지배적이고, 지나치게 엄격하고, 두목 행세를 하고, 속이거나 결점을 찾아내는 것이다. 간혹 이런 태도를 가진 사람들은 자신이 공격적이라는 것을 알고 있다. 그러나 그런 공격성을 전혀 모르는 가운데 자신이 아주 정직하거나 단순히 의견을 표현하거나 요구를 자제하는 것으로 알고 있는 사람들이 훨씬 더 많다. 실제로 보면 공격적이고 강요하는 태도를 보이고 있는데도, 정작 신경증 환자 본인에게는 그런 태도가 전혀 보이지 않는 것이다. 그러나 이런 장애가 정반대의 길로 나타나는 사람들도 있다. 표면적으로 보면, 쉽게 속거나 지배당하거나 비난 받거나 강요당하거나 굴욕감을 느끼는 태도가 보인다. 이런 사람들은 그것이 자신의 태도라는 것을 알지 못하고 있으며 안타깝게도 세상 모두가 자신을 짓누르며 강요하고 있다고 믿는다.

다섯 번째 종류의 기이한 태도, 즉 성적 영역의 기이한 태도는 대략적으로 성행위에 대한 충동적 욕구로 분류되거나 성행위에 대한 억제로 분류될 것이다. 이런 억제는 성적 만족에 이르기까지 어느 단계에서나 나타날 것이다. 이성이 접근해오거나, 구애 행위를 펴거나, 성적 행위를 하거나 즐기는 가운데서도 억제가 일어날 수 있는 것이다. 이보다 앞에 소개한 여러 종류의 기이한 특성은 성적 태도에도 나타날 수 있다.

내가 언급한 태도들을 이보다 훨씬 더 길게 설명할 수도 있다. 그러나 나는 뒤에 이 태도들을 하나씩 다시 살펴야 한다. 그렇기 때문에 여기서 설명이 이보다 더 길어진다고 해도 우리의 이해에 더 더해질 것은 거의 없다. 그 태도들을 보다 잘 이해하기 위해, 우리는 그 태도들을 낳는 역동적인 과정을 고려해야 할 것이다. 그 태도의 바탕에서 작용하고 있는 역동적인 과정을 알게 되면, 우리는 이 태도들 모두가 겉보기에는 서로 맥락이 닿지 않는 것처럼 보일지라도 구조적으로 서로 밀접히 연결되어 있다는 사실을 확인하게 될 것이다.

3장

불안

오늘날의 신경증에 대해 세세하게 논의하기 전에, 나는 1장에서 미해결 상태로 남겨둔 대목을 다시 찾아 불안이 어떤 것을 뜻하는지에 대해 명쾌하게 밝혀야 한다. 이 작업이 아주 중요하다. 왜냐하면 이미 말한 바와 같이 불안이 신경증의 역동적인 센터이고 따라서 우리가 앞으로 계속 불안을 다뤄야 할 것이기 때문이다.

나는 1장에서 불안이라는 단어를 공포와 동의어로 사용했다. 그렇게 함으로써 두 단어 사이에 어떤 연관성을 암시했다. 사실 불안과 공포는 위험에 대한 감정적 반응이며, 또 불안과 공포에는 떨림이나 발한(發汗), 급한 심장 박동 같은 육체적 감각이 수반될 것이다. 이때 육체적 감각이 아주 강하기 때문에 갑작스런 공포로 인해 죽는 불상사까지 일어날 수 있다. 그럼에도 불안과 공포 사이에는 차이가 있다.

어떤 어머니가 뾰루지나 가벼운 감기를 앓는 아이를 놓고 죽을지 모른다고 걱정할 때, 그것은 불안이다. 그러나 만약에 이 어머니가 중병에 걸린 아이가 죽을지 모른다고 걱정한다면, 우리는 그녀의 반응을 공포라고 부른다. 만약 누군가가 높은 곳에 올라서거나 자신이 잘 아는 주제를 놓고 토론을 벌여야 할 때마다 걱정에 빠진다면, 우리는 그 반응을 불안이라고 부른다. 그러나 만약에 그 사람이 폭우가 쏟아지는 가운데 산 속 깊은 곳에서 길을 잃은 상태에서 걱정한다면, 우리는 그것을 공포라고 부를 것이다. 여기까지는 불안과 공포 사이에 구분이 말끔하게 이뤄진다. 공포는 어떤 사람이 직면해야 하는 위험에 비례하는 반응인 반면에, 불안은 위험에 대한 터무니없는 반응이거나 심지어 상상 속의 위험에 대한 반응이다.

그러나 이 구분은 한 가지 결점을 안고 있다. 반응이 적절한지 여부에 대한 결정이 구체적인 문화 안에 존재하는 평균적인 판단력에 의존한다는 점이다. 그러나 그 판단력이 어떤 태도를 두고 근거 없다고 선언할 때조차도, 신경증 환자는 자신의 행동에 합리적인 근거를 제시하는 데 전혀 어려움을 겪지 않을 것이다. 어떤 사람이 신경증 환자에게 미치광이가 될까 두려워하는 것은 신경증적 불안이라고 일러준다고 가정해보자. 그러면 그 사람은 가망 없는 언쟁에 말려들 수 있다. 신경증 환자는 자신의 공포가 진짜라고 주장하며 자신이 두려워하고 있는 일이 곧 일어날 것이라는 식으로 말할 것이다. 만약 어떤 사람이 원시인의 공포 반응 일부에 대해 실제 위험에 비해 터무니없다고 생각한다면, 그 원시인도 마찬가지로 그렇지 않다고 완강하게 버틸 것이다. 예를 들어, 어떤 동물을 먹는 것을 금기시하는 부족의 원시인은 어쩌다 자기도 모르게 금기시되는 고기를 먹었다는 사실을 알게 되면 기겁할 것이다. 외부 관찰자인 당신은 이를 터무니없는 반응이라고 부를 것이다. 그러나 그 원시 부족이 금기시되는 동물의 고기에 대해 품고 있는 믿음을 알게 되면, 당신은 그 상황이 원시인에게는 진짜 위험이라는 사실을, 말하자면 사냥터나 고기잡이 터가 망가지거나 병에 걸릴 수 있는 그런 위험이라는 사실을 깨닫지 않을 수 없다.

그러나 원시인들의 불안과 우리 문화에서 신경증이라고 불리는 불안 사이에는 차이가 있다. 원시인이 느끼는 불안의 내용물과 달리, 신경증적 불안의 내용물은 일반적인 의견과 일치하지 않는다는 점이다. 신경증적 불안이나 원시인의 불안이나 똑같이, 불안의 의미가 이해되는 순간에 터무니없는 반응이라는 인상이 사라진다. 예를 들어, 죽음에 대해 영원히 불안을 품고 사는 사람들이 있다. 반면에 현재 당하고 있는 고통 때문에 죽고 싶은 소망을 은밀히 품고 있는 사람들도 있다. 사람들이 죽음에 대해 품는 다양한 공포는 은근히 죽음을 동경하는 사고와 맞물려 작용하면서 눈앞의 위험에 대한 걱정을 아주 강하게 일으킨다. 이 모든 요소들을 두루 고려한다면, 우리는 죽음에 대한 그들의 불안을 모두 적절한 반응이라고 부르지 않을 수 없다. 단순화한 또 다른 예가 바로 낭떠러지나 높은 창에 가까이 다가서거나 높은 다리 위에 섰을 때 무서워하는 사람들의 내면에서 확인된다. 여기서도 겉으로만 보면 공포 반응이 부적절해 보일 수 있다. 그러나 그런 상황은 그 사람들의 내면에 살고 싶은 소망과 이런저런 이유로 아래로 뛰어내리고 싶은 유혹 사이에 갈등을 일으키거나 혼란을 일으킨다. 불안을 야기하는 것은 바로 이 갈등이다.

이 모든 고려들은 공포와 불안의 정의(定義)에 어떤 변화를 암시한다. 공포와 불안은 똑같이 위험에 대한 적절한 반응이지만, 공포의 경우에는 위험이 분명하고 객관적이며 불안의 경우에는 위험이 숨어 있고 주관적이다. 말하자면, 불안의 강도는 그 상황이 당사자에게 지니는 의미에 비례하며, 그가 그렇게 불안해하는 이유는 기본적으로 그 사람에게 알려져 있지 않다.

공포와 불안의 구분이 실제로 암시하는 바는 신경증 환자가 불안에서 벗어나도록 하려는 시도는 어떤 것이든 아무런 소용이 없다는 점이다. 신경증 환자의 불안은 현실에서 실제로 일어나고 있는 상황에 관한 것이 아니고 그의 마음에 보이는 상황에 관한 것이다. 그러므로 치료상의 과제는 단지 어떤 상황이 신경증 환자에게 지니는 의미를 찾아내는 것에 지나지 않는다.

불안이 어떤 것인지를 알았으니, 이젠 불안이 신경증에서 하는 역할을 알아야 한다. 우리 문화의 평균적인 사람은 불안이 자신의 삶에서 지니는 중요성을 거의 알지 못하고 있다. 대체로 평균적인 사람은 어린 시절에 불안을 느꼈고, 불안에 관한 꿈을 간혹 꾸었으며, 일상을 벗어난 상황에 처할 경우에, 예를 들어 유명한 인물과 중요한 만남을 앞두고 있거나 시험을 앞둔 경우에 과도하게 걱정을 많이 했다는 것을 기억하고 있다.

이런 기억과 관련해 우리가 신경증 환자들로부터 듣는 정보는 절대로 일정하지 않다. 일부 신경증 환자들은 자신이 불안 때문에 괴로워하고 있다는 사실을 충분히 알고 있다. 불안이 표출되는 방식도 크게 다르다. 불안 발작의 형식으로 나타나기도 하고, 명확한 상황이나 행동에 수반되어 나타날 수도 있다. 후자의 예를 들면 높은 곳이나 거리, 공연 등이 있다. 또 불안은 미쳐버리거나 암에 걸리거나 핀을 삼키는 따위의 불상사에 대한 걱정처럼 분명한 내용을 가질 수도 있다. 또 일부 신경증 환자들은 자신이 간혹 불안을 느낀다는 것을 깨닫는다. 이때 환자들은 불안을 일으키는 조건을 알고 있거나 모르고 있다. 그러나 환자들은 불안에 중요성을 부여하지 않는다. 마지막으로, 우울증이나 자신이 주변의 사랑을 받지 못한다는 느낌, 성생활 장애 등을 갖고 있다고만 알고 있을 뿐 자신이 불안을 느꼈거나 느낀다는 사실에 대해서는 전혀 모르는 신경증 환자들도 있다. 그러나 면밀히 조사해보면, 이 환자들이 최초로 제시한 진술은 대체로 부정확한 것으로 드러난다. 이런 환자들을 분석하다 보면, 자신의 불안을 알고 있는 환자들보다 더 크지는 않아도 비슷한 크기의 불안이 표면 아래에서 틀림없이 발견된다. 분석 작업이 이런 신경증 환자들로 하여금 옛날의 불안을 의식하도록 만든다. 그러면 환자들은 불안에 관한 꿈이나 걱정했던 상황을 떠올릴 것이다. 그럼에도 이 환자들이 인정하는 불안의 범위는 정상적인 수준을 넘어서지 않는다. 이는 곧 사람들이 불안에 대해 아무것도 모르면서 불안을 느낄 수 있다는 점을 암시한다.

이런 식으로 접근하다 보면, 여기에 얽혀 있는 문제의 의미가 드러나지 않는다. 그 문제는 보다 포괄적인 어떤 문제의 한 부분이다. 우리는 애정과 분노와 의심의 감정을 느낀다. 그러나 그 감정들은 너무나 빨리 지나가버리기 때문에 우리의 의식을 거의 뚫지 못하고, 우리의 기억에 각인되지도 못한다. 이 감정들은 정말로 부적절하고 일시적일 수 있다. 하지만 이 감정들의 뒤에도 역동적인 힘이 작용하고 있다고 보는 것이 타당하다. 어떤 감정을 자각하는 정도가 그 감정의 힘이나 중요성을 암시하는 것은 아니다. 이는 사람들이 불안에 대해 알지 못하는 가운데서도 불안을 느낄 수 있을 뿐만 아니라 불안이 우리가 의식하지 않는 상태에서도 우리의 삶에 결정적인 요소가 될 수 있다는 것을 의미한다.

실제로, 사람들은 불안을 피하거나 불안을 느끼지 않기 위해 온갖 노력을 다 기울이는 것 같다. 그렇게 해야 하는 이유는 여러 가지가 있다. 가장 일반적인 이유는 심각한 불안이야말로 인간이 경험할 수 있는 가장 심한 고문이기 때문이다. 불안 발작을 몹시 아프게 경험한 환자들은 그런 경험을 다시 하느니 차라리 죽는 게 낫겠다고 말할 것이다. 이 외에, 불안에 담긴 일부 요소들은 개인에게 특별히 견디기 힘들 수 있다. 그런 요소 하나가 바로 무력감이다. 사람들은 대단한 위험 앞에서 능동적이고 용맹스러울 수 있다. 그러나 불안 상태에서는 사람은 무력감을 느끼고 실제로도 무력하다. 무력감은 권력이나 우월 혹은 상황에 대한 지배력을 이상(理想)으로 여기는 사람에게 특별히 더 견디기 힘든 감정이다. 그런 사람들은 자신들의 반응이 터무니없이 나약하다는 사실에 충격을 받으며 그런 반응 자체에 분개를 느낀다. 마치 그것이 나약함이나 소심함을 폭로하는 것처럼 말이다.

불안에 담긴 또 다른 요소는 명백한 비합리성이다. 비합리적인 요소들이 자신을 통제하는 것을 특별히 잘 참지 못하는 사람들이 있다. 자신의 뜻과 반대되는 내면의 비합리적인 힘들에게 짓눌릴 위험에 처해 있다고 은밀히 느끼고 있는 사람들에겐 그런 상황을 견디기가 더 힘들어진다. 또 엄격한 지적 통제를 발휘하도록 무의식적으로 스스로를 훈련시킨 사람들에게도 그런 상황은 아주 힘든다. 따라서 그런 사람들은 비합리적인 요소들을 의식적으로 참지 않을 것이다. 이 같은 반응에는 개인적인 동기뿐만 아니라 어떤 문화적인 요소도 작용한다. 우리 문화가 합리적인 사고와 행동을 대단히 크게 강조하는 한편 비합리성이나 비합리적으로 보이는 것들을 열등한 것으로 여긴다는 점에서 보면, 그 반응에는 문화적 요소가 수반되고 있다.

불안의 마지막 한 요소는 불안의 비합리성과 어느 정도 연결되어 있다. 불안은 그 비합리성 때문에 우리 내면에 무엇인가가 잘못 돌아가고 있다는 경고를 은연중에 하고, 따라서 우리 내면의 그 무엇인가를 찾아내 점검하는 것이 하나의 도전이 된다는 점이다. 그렇다고 우리가 그것을 의식적으로 도전으로 받아들인다는 뜻은 아니다. 우리가 그것을 도전으로 인정하든 안 하든, 그 무엇인가는 은연중에 우리에게 도전이 되고 있다. 그 어떤 사람도 그런 도전을 좋아하지 않는다. 자신의 태도 일부를 변화시켜야 한다는 사실을 깨닫는 것보다 더 못마땅한 것은 없다고 말해도 무방할 것이다. 그러나 공포와 방어의 복잡한 그물망에 갇혀 절망감을 강하게 느끼는 사람일수록, 그 사람은 자신이 매사에 옳고 완벽하다는 망상에 그만큼 더 강하게 집착하고 또 자신에게 잘못된 점이 있거나 변화할 필요가 있다는 암시를 더욱 본능적으로 부정할 것이다.

우리 문화에는 불안에서 탈출하는 방법이 4가지가 있다. 불안을 합리화하거나, 불안을 부정하거나, 불안을 마비시키거나, 마지막으로 불안을 일으킬 생각이나 감정, 충동과 상황 자체를 피하는 것이다.

첫 번째 방법, 즉 합리화는 책임 회피에 가장 좋은 방법이다. 합리화는 불안을 합리적인 두려움으로 바꿔놓는 것을 말한다. 이런 전환의 정신적 가치를 모른다면, 우리는 불안을 공포로 바꿔놓는다고 해서 달라질 게 뭐가 있을까 하고 생각할 것이다. 지나치게 세심한 어머니는 자신이 불안을 품고 있다는 사실을 인정하든 안하든, 혹은 자신의 불안을 합리적인 공포로 해석하든 안하든 자기 아이들을 걱정하고 있다. 그러나 우리는 그런 어머니에게 그런 반응은 실제의 위험에 비해 터무니없을 만큼 강하고 개인적인 요소들을 수반하고 있다는 점을 암시하면서 그 반응은 합리적인 공포가 아니라 불안이라고 말할 수 있다. 그러면 그녀는 이 같은 암시에 반박할 것이고 또 당신이 완전히 틀렸다는 점을 증명하는 데 에너지를 다 쏟을 것이다. 메리가 유치원에서 전염병에 걸렸잖아? 자니가 나무를 오르다 다리를 부러뜨렸잖아? 최근에 어떤 남자가 캔디를 사주겠다면서 아이들을 유혹하려 했잖아? 그녀의 행동이 전적으로 애정과 의무 때문만은 아니지 않는가?

누군가가 비합리적인 태도를 이런 식으로 맹렬히 옹호하는 것을 볼 때마다, 우리는 옹호되고 있는 그 태도가 그 사람에게 중요한 기능을 갖는다고 확신할 것이다. 그런 어머니는 자신의 감정에 무력하게 희생당하고 있다고 느끼지 않고 자신이 그 상황에 능동적으로 대처하고 있다고 느낀다. 그녀는 자신의 나약함을 인정하지 않고 오히려 자신의 높은 기준에 긍지를 느낀다. 그녀는 비합리적인 요소들이 자신의 태도를 지배하고 있다는 점을 인정하지 않고 자신이 전적으로 합리적이고 정당하다고 느낀다. 그녀는 자신의 내면의 무엇인가를 변화시켜야 한다는 도전을 직시하며 받아들이지 않고 계속해서 책임을 외부 세계로 떠넘기고 그렇게 함으로써 자신의 욕구를 직시하는 것을 회피한다. 물론 그녀는 이런 일시적 이점에 대한 대가를 지불해야 한다. 절대로 걱정을 떨치지 못하는 것이 그 대가이다. 아이들도 그 대가를 치러야 한다. 그러나 그녀는 그 같은 사실을 깨닫지 못하며 엄격히 말하면 그것을 깨닫길 바라지 않는다. 왜냐하면 그녀가 자신은 하나도 변하지 않아도 어쨌든 어떤 변화로 야기될 이점을 모두 누리게 될 것이라는 착각에 무의식적으로 매달리고 있기 때문이다.

불안은 그 내용을 불문하고 하나의 합리적인 공포라고, 이를 테면 출산이나 질병, 재난, 빈곤 등에 대한 공포라고 믿으려 드는 경향에도 이 원칙은 그대로 통한다.

불안으로부터 도피하는 두 번째 방법은 불안이 존재한다는 사실 자체를 부정하는 것이다. 실제로 보면, 이런 경우엔 불안을 부정하는 것, 즉 불안을 의식에서 배제시키는 것 외에는 아무런 조치를 취하지 않는다. 이때 공포나 불안에 따르는 전율과 발한, 급한 심장 박동, 질식의 느낌, 잦은 소변, 설사, 구토 등 육체적 징후가 나타나고 정신의 영역에서 초조함과 급박한 감정이 일어난다. 우리는 무서워하거나 무섭다는 것을 자각할 때 이런 감정과 육체적 감각을 느낀다. 이 감정과 육체적 감각은 억눌려 있는 기존의 불안이 밖으로 드러나는 것일 수 있다. 이 경우에 개인이 자신의 조건에 대해 알고 있는 것은 어떤 조건에서 소변을 자주 봐야 한다거나, 기차 여행을 할 때면 멀미를 하게 된다거나, 간혹 식은땀이 난다는 사실과 같은 외적 증거뿐이다.

그러나 불안을 의식적으로 부정하거나 의식적으로 극복하려고 노력하는 것도 가능하다. 이는 정상적인 수준에서 공포를 과감하게 무시하면서 제거하려고 시도할 때 일어나는 현상과 비슷하다. 정상적인 수준에서 일어나는 이런 노력 중에서 가장 익숙한 예가 바로 공포를 극복하려는 충동에서 영웅적인 행동을 하는 군인이다.

신경증 환자도 자신의 불안을 극복하기로 의식적으로 결정을 내릴 수 있다. 예를 들어, 사춘기가 끝날 때까지 특히 도둑과 관련해 불안에 시달린 소녀는 의식적으로 불안을 무시하고 다락에서 혼자 자고 아무도 없는 집의 정원을 혼자 걸어 다니기로 결정했다. 그녀가 분석 시간에 제시한 최초의 꿈은 이런 태도의 여러 변형을 보여주었다. 꿈은 그녀가 아주 무서운 상황에서도 용감하게 대처하는 장면을 여럿 담고 있었다. 그 중 한 장면에서 그녀는 한밤에 정원에서 발자국 소리를 듣고 발코니로 나가 "거기 누구예요?"라고 물었다. 그녀는 도둑에 대한 두려움을 떨치는 데 성공했다. 그러나 그녀의 불안을 일으키는 요소에는 아무런 변화가 없었기 때문에, 여전히 그녀의 내면에 있던 불안의 다른 결과들은 그대로 남아 있었다. 그녀는 계속해서 혼자 지내고, 소심하고, 자신은 주변 사람들의 사랑을 받지 못하는 존재라는 느낌을 받고, 건설적인 일은 조금도 하지 못했다.

신경증 환자들이 의식적인 결정을 전혀 내리지 못하는 경우도 자주 있다. 신경증 환자들이 의식적으로 결정을 내리지 못하게 되는 과정은 저절로 일어난다. 그러나 정상인과 다른 점은 결정을 의식하는 정도에 있는 것이 아니라 그 결정으로 인해 생긴 결과에 있다. 그 소녀가 도둑에 대한 공포를 버린 것처럼, 신경증 환자가 "자제력을 집중함으로써" 이룰 수 있는 것은 불안의 특별한 징후를 버리는 것뿐이다. 나는 그런 결과를 낮게 평가할 뜻은 없다. 그런 결과도 실질적 가치를 지닐 수 있으며, 자존감을 강화하는 것으로 정신적 가치를 누릴 수 있다. 그러나 그런 결과가 대체로 과대하게 평가되기 때문에, 그 결과의 부정적인 측면을 지적할 필요가 있다. 성격의 근본적인 동력은 변화하지 않은 채 그대로 남아 있다. 그것만이 아니다. 신경증 환자가 기존의 장애들의 두드러진 어떤 징후를 버릴 때, 그 사람은 그와 동시에 그 장애들에 맞서 싸울 결정적인 자극까지 잃게 된다.

불안을 과감하게 누르는 과정은 많은 신경증 환자의 내면에서 중요한 역할을 하는데도 언제나 제대로 평가받고 있지는 못하다. 예를 들어, 많은 신경증 환자들이 어떤 상황에서 보이는 공격성은 종종 실제의 적의(敵意)를 표현한 것으로 여겨지지만, 그것이 공격당하고 있다는 느낌에 눌려 무모하게 기존의 소심함을 짓밟는 것일 수도 있다. 신경증 환자에게 어느 정도의 적개심이 언제나 있을 수 있지만, 대부분의 신경증 환자는 자신이 진정으로 느끼는 침해를 크게 과장할 수 있다. 이는 신경증 환자의 불안이 그로 하여금 소심함을 극복하고 나서도록 자극하기 때문에 나타나는 현상이다.

불안으로부터 해방되는 세 번째 방법은 불안을 마비시키는 것이다. 이 방법은 알코올을 섭취하거나 마약을 복용함으로써 의식적으로 행해질 수 있다. 그러나 불안과의 연결을 뚜렷이 보이지 않고도 불안으로부터 탈출할 수 있는 방법이 여럿 있다. 그 중 하나는 홀로 있는 것에 대한 두려움 때문에 사회적 활동에 몰입하는 것이다. 이 두려움이 진짜 외로움에 대한 두려움으로 인식되든 아니면 막연한 걱정으로 인식되든, 그런 활동은 그 상황을 바꿔놓지는 못한다. 불안을 마비시키는 또 다른 방법은 불안을 일 속에 빠뜨려버리는 것이다. 이 같은 방법은 일의 충동적인 성격과 일요일이나 공휴일에 느끼는 불편함이라는 측면에서 해석될 것이다. 수면으로 얻어지는 상쾌함이 별로 크지 않긴 하지만, 수면에 대한 과도한 욕구도 똑같은 목적에 이바지할 수 있다. 마지막으로, 성적 행위도 불안을 배출할 수 있는 안전판의 역할을 할 수 있다. 불안이 충동적인 자위를 자극할 수 있다는 것은 오래 전부터 알려져 있다. 그러나 이는 모든 종류의 성적관계에 똑같이 적용된다. 성행위를 불안을 해소하는 수단으로 이용하는 사람들은 단기간이라도 성적 만족을 누릴 기회를 전혀 갖지 못하게 될 경우에 몹시 초조해하고 불안해할 것이다.

불안에서 벗어나는 네 번째 방법은 아주 근본적이다. 불안을 일으킬 수 있는 모든 상황이나 생각 혹은 감정을 아예 피해버리는 것이다. 다이빙이나 등반을 무서워하는 사람이 그런 활동을 하지 않는 때처럼, 이는 의식적인 과정일 것이다. 더 정확히 말하면, 그 사람은 자신이 불안해 한다는 것을 자각하고 또 자신이 불안을 피한다는 것을 알고 있을 것이다. 그러나 그 사람은 또한 자신이 불안해하고 있다는 것을 어렴풋이만 알거나 전혀 알지 못할 수도 있다. 또 자신이 그런 활동을 피하고 있다는 사실을 어렴풋이 알고 있거나 전혀 알지 못할 수도 있다. 예를 들어 신경증 환자는 자신이 모르는 가운데 불안과 연결된 일을, 이를테면 결정을 내리거나 병원에 가거나 편지를 쓰는 일을 질질 끌 수 있다. 혹은 신경증 환자는 자신이 고려하는 행위들, 예를 들면 토론에 참석하거나 직원들에게 지시를 내리거나 다른 사람과 헤어지는 일 따위를 중요하지 않은 것처럼 "꾸미거나" 중요하지 않다고 믿을 수도 있다. 혹은 그는 어떤 일들을 하기를 좋아하지 않는 것처럼 "꾸밀" 수도 있고 그런 바탕에서 그 일들을 포기할 수도 있다. 이를테면 파티에 가자니 무시당할까 두렵다는 생각을 품은 소녀는 자신은 사교 모임을 좋아하지 않는다고 믿으면서 아예 그런 곳에 나가는 것 자체를 피할 수 있다.

이보다 한 걸음 더 멀리, 말하자면 그런 기피가 자동적으로 일어나는 지점까지 나아가면, 거기서 억제라는 현상이 보일 것이다. 억제는 어떤 것을 하거나 느끼거나 생각하지 못하는 무능력을 일컬으며, 억제의 역할은 그 사람이 그것을 하거나 느끼거나 생각하려 할 경우에 일어날 불안을 피하는 것이다. 그러면 불안이 자각되는 일도 절대로 있을 수 없고, 의식적 노력으로 억제를 극복하는 능력도 있을 수 없다. 억제는 히스테리성 기능 상실, 예를 들면 히스테리성 시각 장애와 언어 장애, 사지 마비 등에서 아주 극적으로 나타난다. 성적 영역에서는 불감증과 발기부전이 그런 억제를 대표한다. 물론 성적 억제의 구조는 이보다 훨씬 더 복잡할 수 있다. 정신적 영역에서 정신 집중이나 의견 형성, 의견 표현, 사람들과의 접촉 등에 억제가 나타난다는 것은 잘 알려진 사실이다.

억제가 일어나는 빈도와 그 형식의 다양성을 인상적으로 보여주기 위해 여기서 몇 페이지를 할애해 억제들을 단순히 나열하는 것도 충분히 가치 있는 일일 것이다. 그러나 나는 억제를 관찰하는 과제는 독자들에게 넘기는 것이 더 바람직하다고 생각한다. 왜냐하면 오늘날에는 억제가 아주 흔한 현상이고, 충분히 발달할 경우에는 쉽게 식별되기 때문이다. 그럼에도 불구하고, 억제가 일어나고 있다는 것을 아는 데 필요한 조건들을 간략히 고려해 보는 것은 의미 있을 것이다. 그렇게 하지 않으면, 우리가 대체로 억제를 얼마나 많이 하고 있는지를 잘 모르기 때문에 억제의 빈도를 낮게 평가하게 될 것이다.

가장 먼저, 무엇인가를 하지 않는 무능력이 존재한다는 것을 깨닫기 위해선 그것을 하고자 하는 욕망부터 자각해야 한다. 예를 들어, 야망을 억제하고 있다는 사실을 깨달으려면, 먼저 야망을 갖고 있다는 사실부터 알아야 하는 것이다. 이때 적어도 우리가 자신이 원하는 것이 무엇인지를 언제나 알고 있는가 하는 질문을 던질 수 있을 것이다. 그러나 이런 질문을 던지는 사람은 거의 없다. 여기서 어떤 논문의 발표에 귀를 기울이면서 그 논문에 대해 비판적으로 생각하고 있는 사람이 있다고 가정해보자. 그런 경우에 가벼운 억제가 작용한다면 비판을 표현하는 데 대해 겁을 먹게 될 것이다. 그러나 강한 억제가 작용한다면, 그가 생각을 체계적으로 다듬으려는 노력 자체가 힘들어질 것이다. 그 결과 그 논문에 대한 비판은 토론이 다 끝난 뒤나 이튿날 아침에나 머리에 떠오를 것이다. 그러나 비판적인 생각 자체가 떠오르지 않을 만큼 억제가 강하게 일어날 수도 있다. 이런 경우라면 그 사람은 자신이 진짜로 비판적이라고 단정하면서 토론회에서 나오는 말을 맹목적으로 받아들이거나 심지어 감탄하는 모습까지 보일 것이다. 그러면서도 그 사람은 자신이 억제하고 있다는 사실을 모르고 있을 것이다. 바꿔 말하면, 억제가 소망이나 충동을 저지하는 단계에 이를 경우에는 그 억제가 존재한다는 것을 인식하는 것이 불가능해진다는 뜻이다.

억제를 인식하지 못하도록 막는 두 번째 요소는 다음과 같은 경우에 나타난다. 어떤 억제가 그 사람의 인생에서 아주 중요한 기능을 하고 있다. 그래서 그 사람은 그 억제가 바꿀 수 없는 하나의 사실이라고 고집한다. 이런 경우엔 억제를 인식하기가 어려워진다. 예를 들어, 어떤 사람이 경쟁이 치열한 일과 관련하여 엄청난 불안을 겪고 있다. 그 일이 아주 힘들다보니, 그 사람은 그 일을 할 때마다 엄청난 피로에 시달리게 된다. 이런 경우에 그 사람은 자신은 그 일을 감당할 만큼 강하지 못하다고 고집을 부릴 수 있다. 그 같은 믿음은 그를 보호해줄 것이지만, 만약에 그가 자신이 억제하고 있다는 사실을 인정하게 된다면, 그는 다시 그 일로 돌아가서 그 지긋지긋한 불안을 다시 겪게 될 것이다.

세 번째 가능성은 다시 문화적 요인으로 눈을 돌리도록 만든다. 만약에 어떤 개인의 억제가 문화적으로 용인된 억제나 기존의 이데올로기와 어쩌다 일치한다면, 개인적 억제를 깨닫는 것은 영원히 불가능할 것이다. 여자에게 다가가는 것을 심각하게 억제한 환자는 여자는 성스러운 존재라는 관념에 비춰 자신의 행동을 판단하고 있었기 때문에 자신이 억제하고 있다는 사실을 알지 못했다. 요구사항을 제시하는 것을 억제하는 태도는 겸손은 미덕이라는 고정관념을 근거로 쉽게 이해된다. 또 정치나 종교를 비롯한 특정 분야를 지배하고 있는 독단적인 주장에 대해 비판적인 사고를 억제하는 것은 사람들의 주의를 끌지도 못할 것이다. 이때 사람들은 처벌이나 비판, 혹은 고립에 노출되는 것에 대한 불안이 존재한다는 사실조차 깨닫지 못할 것이다. 그러나 어떤 상황을 판단하기 위해서, 우리는 당연히 개인적인 요인들을 세세하게 알아야 한다. 비판적인 사고가 없다는 점이 반드시 억제가 존재한다는 것을 암시하지는 않는다. 정신이 전반적으로 게을러서 비판적인 사고가 일어나지 않을 수도 있는 것이다. 아니면 우둔함 때문일 수도 있고 사회를 지배하는 신조와 정말로 일치하는 그런 신념 때문일 수도 있다.

이 세 가지 요소는 기존의 억제를 잘 인식하지 못하는 무능력도 설명해주고 경험 많은 정신분석가들조차도 억제를 탐지하는 것이 대단히 어렵다고 깨닫는 사실에 대해서도 설명해준다. 그러나 이 모든 억제를 파악할 수 있다 하더라도, 억제가 일어나는 빈도에 대한 평가는 여전히 실제보다 크게 낮을 것이다. 억제의 단계까지 충분히 발달하지 않은 상태이지만 어쨌든 억제에 가까이 다가서고 있는 반응들도 고려되어야 한다. 지금 내가 염두에 두고 있는 그런 태도를 보이면서도 사람들은 여전히 일을 처리할 수 있다. 그러나 그 태도와 연결된 불안은 사람들의 활동 자체에 영향을 미칠 것이다. 그 영향을 보도록 하자.

먼저, 불안을 느끼게 만드는 행동을 하는 것 자체가 긴장이나 피로나 고같의 느낌을 낳는다. 나의 환자를 예로 들어보자. 길을 걷는 데 대한 공포로부터 회복 중이던 이 환자는 길을 걷는 행동에 대해 엄청난 불안을 느꼈기 때문에 일요일에 산책을 한 뒤면 거의 파김치가 되다시피 했다. 이 고갈이 육체적 허약 때문이 아니라는 점은 그녀가 힘든 집안일은 별다른 피로를 느끼지 않고 수행할 수 있다는 사실로 뒷받침된다. 고갈을 야기한 것은 야외에서의 산책과 연결된 불안이다. 불안은 그녀가 야외에서 걸을 수 있을 만큼은 약해졌지만 여전히 그녀를 피로하게 만들 만큼은 강하게 작용하고 있었던 것이다. 과로의 탓으로 돌려지는 많은 장애도 실제로 보면 일 자체가 아니라 일에 대한 불안이나 동료들과의 관계에 대한 불안 때문이다.

둘째, 어떤 활동과 연결된 불안은 그 활동의 기능을 훼손시킬 수 있다. 예를 들어, 명령을 내리는 일에 대해 불안을 느끼고 있다면, 명령은 변명하듯 비효과적인 방식으로 전달될 것이다. 말을 타는 데 대한 불안은 말을 통제하는 능력을 크게 떨어뜨릴 것이다. 자각의 정도도 다 다르다. 불안 때문에 자신이 일을 만족스럽게 처리하지 못한다는 사실을 깨달을 수도 있고, 아니면 막연히 자신이 모든 일을 제대로 처리하지 못한다고 느낄 수도 있는 것이다.

셋째, 어떤 행위와 연결된 불안은 불안이 없었더라면 누릴 수 있었을 쾌락을 망쳐놓을 것이다. 가벼운 불안은 여기에 해당되지 않는다. 가벼운 불안의 경우에는 오히려 흥미를 돋우는 자극제로 작용할 것이다. 약간의 걱정을 하면서 롤러코스터를 타는 행위는 스릴을 더욱 높일 것이지만, 강한 불안을 버리지 못한 상태에서 롤러코스터를 타는 행위는 고문이 될 것이다. 성관계와 연결된 강한 불안은 성관계를 전혀 재미없는 일로 만들 것이다.

그러나 만약 어떤 사람이 불안을 전혀 느끼지 않는다면, 그는 성관계가 아무런 의미를 지니지 않는다고 느낄 것이다.

이 마지막 사항은 혼란스럽게 느껴질 수 있다. 앞에서는 내가 혐오의 감정이 불안을 피하는 수단으로 이용될 수 있다고 말해놓고는 지금은 혐오가 불안의 결과라는 식으로 말을 하고 있으니 말이다. 실제로 보면, 두 가지 진술 다 맞는 말이다. 혐오는 회피의 수단이 될 수도 있고 불안을 느낀 결과일 수도 있다. 이것은 정신적 현상을 이해하는 것이 얼마나 어려운지를 보여주는 작은 예이다. 정신적 현상은 대단히 복잡하고 불명확하다. 그렇기 때문에 우리가 복잡하게 뒤얽힌 수많은 상호작용을 고려하기로 마음을 먹지 않는다면, 심리학적 지식에는 어떤 진전도 일어나지 않을 것이다.

불안 앞에서 우리 자신을 어떻게 방어하는가 하는 문제를 논의하는 목적은 가능한 모든 방어 기제의 그림을 포괄적으로 정확히 제시하는 것이 아니다. 사실 우리는 불안이 일어나지 않도록 막는 보다 근본적인 방법을 곧 배우게 될 것이다. 지금 나의 주된 관심은 사람이 스스로 자각하는 것보다 더 많은 불안을 느낄 수도 있거나 전혀 자각하지 못하는 가운데서도 불안을 느낄 수 있다는 주장을 증명하는 데 있다. 또한 불안을 찾을 수 있는 곳 일부를 제시하는 것도 나의 관심사이다.

요약하면, 불안은 급한 심장 박동이나 피로 같은 육체적으로 불편한 느낌 뒤에도 숨어 있을 수 있다. 불안은 또한 합리적이거나 합당해 보이는 다수의 공포에도 가려져 있을 수 있다. 불안은 또 우리가 술을 마시게 하거나 온갖 종류의 오락에 빠지도록 몰아붙이는 숨겨진 힘일 수도 있다. 우리는 종종 불안이 어떤 일을 하거나 즐기지 못하는 원인이라는 사실을 발견할 것이다. 또 언제나 불안이 억제의 뒤에서 억제를 강화하는 요소로 작용하고 있다는 사실을 발견할 것이다.

앞으로 논의하게 될 이유들 때문에, 우리 문화는 그 안에 살고 있는 개인들의 내면에 불안을 아주 많이 일으킨다. 그래서 거의 모든 사람이 내가 설명한 이런저런 방어 장치들을 구축해놓고 있다. 신경증적 경향이 강한 사람일수록, 그 사람의 성격은 그런 방어 장치의 지배를 더 많이 받고 있으며 따라서 그가 하지 못하거나 하려고 생각하지 않는 일들은 더욱 많아지게 된다. 본인의 활력이나 정신적 능력 혹은 교육적 배경을 고려하면 그런 것들을 할 것이라고 충분히 기대할 수 있는데도, 그 사람은 자신의 능력을 제대로 발휘하지 못하게 된다. 신경증이 심할수록, 포착하기 어렵거나 노골적인 억제 또한 그만큼 더 커진다.

4장

불안과 적개심

공포와 불안의 차이를 논하면서, 그 첫 번째 결과로 불안은 기본적으로 주관적인 요인을 수반하는 공포라는 사실을 발견했다. 그렇다면 이 주관적인 요인의 본질은 무엇인가?

어떤 사람이 불안을 겪는 동안에 한 경험을 묘사하는 것으로 논의를 시작하도록 하자. 그 사람은 탈출 불가능한 어떤 위험에 처해 있다는 느낌을 강하게 받았다. 그 위험 앞에서 그는 자신이 완전히 무력하다고 느꼈다. 불안이 어떤 식으로 표현되든, 그러니까 그것이 암에 대한 공포든 폭풍우에 대한 불안이든 고소(高所)에 대한 공포든 불문하고, 두 가지 요인, 즉 압도적인 위험과 그 위험 앞에서 느끼는 무력감은 어느 경우에나 다 있다. 간혹 그 사람이 무력감을 느끼게 만드는 위험한 힘이 외적인 것으로 느껴질 수도 있다. 폭풍우나 암, 사고 같은 것이 그런 예이다. 또 가끔은 그 위험이 그 사람 본인의 충동에서 오는 것으로 느껴질 수도 있다. 높은 곳에서 뛰어내리는 행위에 대한 공포나 누군가를 칼로 찔러야 할 때의 공포가 그런 예이다. 또 가끔은 그 위험은 불안 발작처럼 전혀 감이 잡히지 않고 모호할 수도 있다.

그러나 그런 느낌 자체는 불안만의 특징은 아니다. 그런 느낌은 사실에 입각한 위험과 그 위험에 대한 무력감이 수반되는 어떤 상황에서나 똑같이 나타날 수 있다. 나는 지진이 일어나는 동안에 사람들이 겪는 주관적인 경험이나 2세 이하 아이들이 잔인성에 노출될 때 겪는 주관적 경험은 폭풍우에 대한 불안을 겪고 있는 사람의 주관적 경험과 전혀 다르지 않을 것이라고 상상한다. 공포의 경우에 그 위험은 현실 속에 있고, 그 무력감은 그 현실 때문에 생겨난다. 그러나 불안의 경우에 그 위험은 정신내적 요인들에 의해 일어나고 증폭되며, 그 무력감은 그 사람의 태도에 좌우된다.

따라서 불안의 주관적 요인에 관한 질문은 다음과 같이 보다 구체적인 물음으로 압축할 수 있다. 위험이 급박하게 닥치고 있다는 느낌이나 그 위험 앞에서 무력한 태도를 일으키는 정신적 조건은 무엇인가? 이것은 어쨌든 심리학자가 제기해야 할 질문이다. 육체 안의 화학적 조건도 불안감을 낳고 육체적 증상을 수반하는 것은 화학적 조건이 우쭐한 기분이나 수면을 부를 수 있다는 사실만큼이나 심리학적인 성격이 덜한 문제이다.

불안 문제를 풀려고 노력하면서, 프로이트는 다른 문제에서도 그랬듯이 우리에게 추구할 방향을 제시했다. 그는 불안과 관련 있는 주관적인 요인은 우리 자신의 본능적 충동에 있다는 것을 발견했다. 달리 표현하면, 불안이 예상하는 위험과 그 위험 앞에서 느끼는 무력감은 우리 자신의 충동의 폭발력에 의해 생겨난다는 뜻이다. 프로이트의 관점에 대해서는 이 장의 끝부분에서 보다 세세하게 다룰 것이다. 또한 나의 결론과 프로이트의 결론이 어떤 점에서 서로 다른지에 대해서도 설명할 것이다.

원칙적으로, 어떤 충동이든 불안을 촉발시킬 잠재력을 갖고 있다. 그 충동의 발견이나 추구가 다른 결정적인 관심사나 필요를 침범한다는 것을 의미하는 한, 그리고 충동이 충분히 긴요하거나 열정적인 한, 그 충동은 불안을 일으킬 수 있다. 빅토리아 시대처럼 성적 터부가 분명하고 엄격했던 시대에, 성적 충동에 굴복하는 것은 종종 현실적인 위험을 초래하는 것을 의미했다. 예를 들어, 미혼의 소녀는 양심의 고문이나 사회적 수치 등의 현실적인 위험에 직면해야 했다. 또 자위 충동에 굴복하는 사람도 거세나 치명적인 육체적 부상 혹은 정신적인 병에 대한 걱정에 시달렸다는 점에서 보면 마찬가지로 현실적인 위험에 직면해야 했다. 오늘날에도 일부 도착적인 성 충동에 굴복할 경우에 현실적인 위험을 감수해야 한다. 노출증적인 충동이나 아이들에게 성적으로 끌리는 충동이 그런 예에 속한다. 그러나 우리 시대에는 "정상적인" 성적 충동에 관한 한, 태도가 대단히 관대해졌으며 그 결과 그런 충동을 인정하거나 현실에서 실천하더라도 심각한 위험이 따르지 않게 되었다. 따라서 성적 충동에 관한 한 걱정할 이유가 크게 줄어들었다.

나의 경험에 따르면, 성적 충동이 불안의 뒤에서 작동하는 원동력으로 확인되는 경우는 극히 드물다. 이는 섹스를 대하는 우리 문화의 태도에 나타난 변화 때문일 것이다. 이 같은 주장은 다소 과장된 것처럼 보일 수도 있다. 왜냐하면 틀림없이 표면적으로 보면 불안이 성적 욕망과 연결되어 있는 것처럼 보일 것이기 때문이다. 신경증적인 사람들은 종종 성교와 관련하여 불안을 느끼거나 불안의 영향으로 성교를 억제하는 것으로 확인된다. 그러나 보다 깊이 분석해보면, 불안의 근거는 언제나 성적 충동에 있지 않고 성적 충동과 결합된 적대적인 충동에 있는 것으로 확인된다. 성교를 통해 파트너를 괴롭히거나 수치심을 안겨주고 싶은 충동이 그런 예이다.

사실, 다양한 종류의 적대적 충동은 신경증적 불안이 생겨나는 중요한 원천이다. 이 같은 새로운 주장이 일부 환자들에게만 통하는 진실을 근거로 한 부당한 일반화로 들리지 않을까 걱정이 된다. 그러나 적개심과 적개심이 촉진하는 불안 사이의 직접적 연결이 확인되는 환자들만을 근거로 한 주장이 절대로 아니다. 만약에 심각한 적대적 충동을 추구하는 것이 곧 자기의 목적을 좌절시키는 것을 의미한다면, 이 충동이 불안의 직접적인 원인이 될 수 있다는 것은 잘 알려져 있다. 여기서 예를 제시하면 이해에 도움이 될 것이다.

F는 메리라는 소녀와 함께 산을 오르고 있다. 그는 이 소녀에게 정성을 다 쏟고 있다. 그런데도 그는 질투심이 일어나면서 소녀에게 격분한다. 깎아지른 듯한 산길을 그녀와 함께 걸을 때, 그는 심각한 불안 발작을 겪는다. 호흡이 가빠지고, 심장이 벌떡거린다. 소녀를 낭떠러지로 밀어버리고 싶은 의식적인 충동 때문이다. 이런 불안의 구조는 성적인 원인에서 비롯된 불안의 구조와 똑같다. 굴복하기만 하면 자기에게 대재앙을 안길 수 있는 그런 긴급한 충동인 것이다.

그러나 대다수의 사람들에게는 적개심과 신경증적 불안 사이의 직접적 인과관계가 분명하게 보이지 않는다. 그렇다면 내가 우리 시대의 신경증의 경우에는 적대적 충동이 불안을 촉발시키는 심리적 힘이라고 강조하는 이유를 분명하게 밝히기 위해, 여기서 적개심의 억압에서 생겨나는 심리적 결과를 깊이 들여다볼 필요가 있다.

적개심을 억압한다는 것은 모든 일이 다 잘 돌아가고 있는 것처럼 "꾸민다"는 것을, 따라서 싸워야 할 때나 싸우기를 원할 때 싸움을 삼간다는 것을 의미한다. 그래서 그런 억압의 피할 수 없는 첫 번째 결과는 무방비의 느낌이다. 더 정확히 표현하면, 억압이 이미 있던 무방비의 느낌을 더욱 강화한다고 할 수 있다. 만약 어떤 사람의 이익이 실제적으로 침해를 당한 상황에서 적개심을 억누른다면, 타인들이 그 사람을 이용할 수 있다.

화학자 C의 경험은 일상적으로 일어나고 있는 이런 종류의 예를 잘 보여주고 있다. C는 과로의 결과 신경쇠약으로 여겨지는 증상을 보였다. 그는 탁월한 재능을 타고 났으며, 야망이 큰 사람이었다. 그런데도 본인은 야망이 큰 사람이라는 사실을 모르고 있었다. 여러 가지 이유 때문에, 그는 야심적인 모습을 억누르고 겸손하게 보였다. 그가 아주 큰 화학회사의 연구실에 취업했을 때, C보다 나이가 많고 직위가 높았던 G가 C를 보호하면서 온갖 호의를 다 보였다. 타인의 애정에 대한 의존이나 비판적 관찰에 대한 두려움, 그리고 자신의 야망을 인식하지 못함에 따라 타인의 내면에도 그런 야망이 있다는 것을 파악하지 못하는 무능함 등 다수의 개인적 요소들 때문에, C는 G의 호의를 행복한 마음으로 받아들이면서 G가 실은 자신의 경력에만 신경을 쓰고 있다는 점을 관찰하지 못했다. 그러다 G가 발명품으로 이어질 잠재력을 지닌 어떤 아이디어를 실제로 C의 아이디어인데도 마치 자신의 아이디어인 것처럼 보고하는 일이 벌어졌다. 그것은 C가 G와 우정 어린 대화를 하던 중에 털어놓은 아이디어였던 것이다. 순간적으로 C는 불신을 강하게 품었다. 그러나 그의 야망이 그의 내면에서 적개심을 엄청나게 일으켰기 때문에, C는 즉시 이 적개심을 억눌렀을 뿐만 아니라 합당한 비판과 불신까지도 함께 억눌렀다. 따라서 그는 G가 자신의 최고 친구라는 믿음을 그대로 간직했다. 그래서 G가 어떤 연구를 중단하는 것이 낫겠다는 의견을 제시할 때에도, C는 그 조언을 액면 그대로 받아들였다. 그러다 G가 C가 할 수도 있었던 어떤 발명품을 내놓았을 때, C는 단지 G의 재능과 지능이 자신보다 월등히 낫다고만 느꼈다. 심지어 C는 그런 존경할 만한 친구를 두고 있다는 사실에 행복을 느끼기까지 했다. 따라서 C는 자신의 불신과 화를 억압함으로써 결정적인 문제에서 G가 친구가 아니라 적이라는 사실을 눈치 채지 못하게 되었다. C는 자신이 호감을 얻고 있다는 망상에 사로잡혀 지냄으로써 자신의 이익을 위해 싸울 준비를 포기하고 말았다. C는 심지어 자신의 결정적인 이익이 침해당하고 있다는 사실조차 깨닫지 못했으며 따라서 자신의 이익을 위해 싸우지도 못하고 타인이 자신의 약점을 이용하도록 내버려두게 되었다.

억압에 의해 극복되는 공포는 적개심을 의식의 통제 하에 묶어 놓을 때에도 극복될 것이다. 그러나 사람이 적개심을 통제하느냐 억압하느냐 하는 것은 선택의 문제가 아니다. 왜냐하면 억압은 일종의 조건반사 같은 과정이기 때문이다. 어떤 사람이 특별한 어떤 상황에서 자신이 적개심을 품고 있다는 사실을 아는 것이 참을 수 없는 일일 때, 그런 경우에 억압이 일어난다. 당연히 그런 경우에는 의식적인 통제가 이뤄질 가능성은 전혀 없다. 적개심에 대한 자각이 참을 수 없는 것이 되는 이유도 여러 가지이다. 적개심을 품고 있는 그 사람을 사랑하거나 필요로 할 수도 있고, 적개심을 촉발시켰을 수 있는 시기심이나 소유욕 같은 것을 직시하고 싶지 않을 수도 있고, 또 자신의 내면에서 누군가에 대한 적개심을 확인하는 것이 놀라운 일일 수도 있기 때문이다. 그런 상황에서 억압이야말로 안전을 확보하는 첩경이다. 본인을 놀라게 만드는 적개심은 억압에 의해 의식에서 사라지거나 의식 속으로 들어오는 것이 차단된다. 나는 이 문장을 다른 표현으로 바꿔 다시 쓰고 싶다. 왜냐하면 이 문장이 아주 간단함에도 제대로 이해되는 경우가 무척 드물기 때문이다. 달리 쓰면 이렇게 된다. 만약 적개심이 억압된다면, 그 사람 본인은 자신이 적개심을 품고 있다는 생각조차 하지 않게 될 것이다.

그러나 안전을 얻는 가장 빠른 길이라고 해서 장기적으로 반드시 가장 안전한 길은 아니다. 적개심은 억압 과정에 의해 의식적 자각에서 제거되지만 폐지되는 것은 아니다. 이 문장에서는 적개심의 역학적 성격을 암시하기 위해 적개심이라는 표현보다는 분노라는 표현이 더 어울릴 것 같다. 어쨌든 적개심은 그 사람의 성격의 본가지에서 찢겨 나갔고, 그래서 통제력 밖에 놓이게 되었다. 이런 상태에서 적개심은 하나의 감정으로, 말하자면 폭발력이 매우 강하고 따라서 방출의 경향이 있는 그런 감정으로 그의 내면을 떠돌아다니게 된다. 억압된 감정은 바로 그 고립 때문에 보다 크고 종종 공상적인 차원의 성격을 띤다. 이 때문에 억압된 감정의 폭발성은 그 만큼 더 강력하다.

사람이 적개심을 자각하는 한, 그 적개심의 확장은 3가지 길로 제한된다. 첫째, 처한 상황의 환경을 고려하면, 그 사람이 적에게 할 수 있는 것과 할 수 없는 것이 드러난다. 둘째, 만약에 화가 그 일만 아니었더라면 그 사람이 존경하거나 좋아하거나 필요로 했을 누군가에게로 향한 것이라면, 그 화는 조만간 그의 전체 감정으로 융합될 것이다. 마지막으로, 사람이 적절한 행동을 판단하는 감각을 키웠을 것이기 때문에, 이것 역시 그 사람의 적대적 충동을 제한할 것이다.

만약에 화가 억눌러진다면, 이처럼 화를 제한할 수 있는 길에 접근하는 것 자체가 차단된다. 그러면 적대적 충동은 공상 속에서이긴 하지만 그 제한을 안팎으로부터 침해하는 결과를 낳게 된다. 만약에 앞에서 언급한 화학자가 자신의 충동을 따랐더라면, 그는 타인들에게 G가 자신의 우정을 어떤 식으로 악용하는지에 대해 말하거나 상관에게 G가 자신의 아이디어를 훔쳤다거나 G가 자신이 그 아이디어를 계속 추구하지 않도록 막았다는 점을 넌지시 암시하고 싶어 했을 것이다. 그러나 화가 억눌러졌기 때문에, 그 화는 그의 성격에서 분리되어 별도로 확장되게 되었다. 그래서 그 화는 그의 꿈에 나타났을 수도 있을 것이다. 만약에 꿈을 꾸었다면, 그는 자살을 시도하거나 아니면 치욕스럽게 망하는 가운데 존경 받는 천재가 되는 그런 내용의 꿈을 꾸었을 확률이 높다.

바로 이 분리 때문에, 억눌린 적개심은 시간이 흐르면서 대체로 외부 원인에 의해 더욱 심화될 것이다. 예를 들어, 회사 직원이 사장이 자신과 사전에 상의하지 않고 약속을 잡았다는 이유로 사장에게 화가 나 있으면서도 그 절차에 대해 항의를 전혀 하지 않고 꾹꾹 누른다면, 사장은 계속 이 직원을 무시하며 자기 마음대로 일을 처리할 것이다. 그러면 이 직원은 화를 계속 쌓게 될 것이다.

적개심을 억누를 때 나타나는 또 하나의 결과는 사람이 통제력을 벗어난, 폭발력이 매우 강한 감정이 존재한다는 것을 자신의 내면에 등록한다는 사실에서 비롯된다. 이런 사실의 영향에 대해 논의하기 전에, 우리는 그 사실이 암시하는 어떤 질문을 고려해야 한다. 어떤 감정 혹은 충동을 억압한 결과는 그 정의상 그 사람이 그 감정 혹은 충동의 존재를 더 이상 자각하지 못하게 된다는 점이다. 그래서 그 사람은 의식에서는 자신이 다른 사람에게 악감정을 품고 있다는 것을 모른다. 그렇다면 내가 그 사람의 내면에 억압된 감정의 존재를 "등록한다"는 식으로 말을 해도 괜찮을까? 이 물음에 대한 대답은 의식과 무의식 사이에는 완전한 대체가 절대로 없다는 사실에, 그리고 해리 스택 설리번(Harry Stack Sullivan)이 어느 강의에서 지적한 바와 같이 의식의 층이 여럿이라는 사실에 들어 있다. 억압된 충동은 여전히 효력을 발휘하고 있을 뿐만 아니라(이것은 프로이트의 기본적인 발견이다), 의식의 보다 깊은 층에서는 그 사람 본인도 억압된 충동이 존재한다는 사실을 알고 있다. 아주 단순하게 표현하면, 이는 기본적으로 우리는 절대로 자기 자신을 속이지 못한다는 것을, 또 우리가 일반적으로 생각하는 것보다 자기 자신을 더 잘 관찰할 수 있지만 자신의 관찰을 인식하지 말아야 할 강력한 이유들을 갖고 있다는 것을 의미한다. 타인에게 받은 첫인상을 수정하는 예에서 보듯, 우리는 타인을 관찰하는 일에서도 생각보다 더 훌륭한 능력을 보인다. 나는 우리 내면에서 일어나고 있는 일을 자각하지 않아도 알게 된다는 뜻으로 "등록한다"(register)라는 표현을 쓸 것이다.

적개심과 그 적개심이 다른 이해관계들에 미칠 잠재적 위험이 충분히 크기만 하다면, 적개심의 억압에 따른 이런 결과들은 그 자체로도 불안을 일으키기에 충분할 것이다. 이런 식으로 막연한 불안의 상태가 생겨날 것이다. 그러나 이 과정은 여기서 끝나지 않는 경우가 자주 있다. 왜냐하면 내면에서 그 사람의 이해관계와 안전을 위협하는 위험한 감정을 긴급히 제거해야 할 필요성이 제기되기 때문이다. 그러면 반사작용 같은 두 번째 과정이 시작된다. 개인이 자신의 적대적인 충동을 외부 세계로 "투사"하는 것이다. 첫 번째 "가면"인 억압은 두 번째 가면을 필요로 하는 법이다. 그래서 그 사람은 파괴적인 충동이 자신이 아닌 외부의 다른 누군가 혹은 무엇인가에서 오는 것처럼 "꾸민다". 논리적으로 보면, 그의 적대적 충동이 투사되는 사람은 바로 그 충동이 향할 사람이다. 그 결과 이 사람은 투사하는 사람의 마음에서 아주 무서운 존재로 부각된다. 그 이유는 이 사람도 투사하는 사람의 억압된 충동이 갖고 있는 냉혹한 특성을 똑같이 갖고 있기 때문이기도 하고, 또 어떠한 위험이든 그 크기는 실제 조건뿐만 아니라 그 조건을 대하는 태도에도 좌우되기 때문이기도 하다. 무방비 상태라는 느낌이 클수록, 위험은 그만큼 더 커 보이게 마련이다.

부차적인 기능으로서 투사는 또한 자기 정당화의 욕구를 충족시킨다. 그 사람 본인이 속이고, 훔치고, 악용하고, 창피를 주기를 원하는 것이 아니고, 타인들이 그가 그런 짓을 하도록 바란다. 어느 아내가 남편을 망쳐놓고 싶어 하는 자신의 충동에 대해서는 모르는 가운데 자신이 아주 헌신적이라고 주관적으로 확신하고 있다고 가정해보자. 그러면 이 아내는 이 같은 무의식적 기제(機制) 때문에 자기 남편을 자신에게 해를 입히길 원하는 짐승으로 볼 수도 있다.

투사의 과정은 똑같은 목적에 이바지하는 또 다른 과정의 뒷받침을 받을 수도 있고 받지 않을 수도 있다. 억압된 충동에 보복에 대한 두려움이 더해질 수 있는 것이다. 이런 경우에, 타인을 괴롭히거나 속이길 원하는 사람은 또한 그 타인도 자신에게 똑같은 짓을 할 것이라는 두려움을 갖게 된다. 보복에 대한 두려움이 인간의 천성에 얼마나 보편적으로 각인되어 있는 특징인지, 또 보복에 대한 두려움이 죄와 처벌의 원초적 경험에서 얼마나 쉽게 일어날 수 있는지, 그리고 그 두려움의 바탕에 깔린 개인적 복수의 욕구가 얼마나 강한지 등에 관한 물음에 대해서는 나는 대답을 하지 않고 그냥 넘어갈 것이다. 틀림없이 보복에 대한 두려움은 신경증적인 사람의 내면에서 큰 역할을 하고 있다.

억압된 적개심에 의해서 일어나는 이런 과정은 불안의 감정을 낳는다. 사실, 억압은 불안의 특징으로 꼽히는 바로 그 상태를 일으킨다. 외부에서 비롯되는 압도적인 위험에 대한 무방비의 느낌이 바로 그것이다.

불안이 생성되는 단계들은 원칙적으로 간단하다. 그럼에도 실제로 보면 불안의 조건을 이해하기가 대체로 어렵다. 불안의 조건에 대한 이해를 어렵게 만드는 요인 하나는 억압된 적대적 충동들이 실제로 관련 있는 사람에게로 투사되지 않고 엉뚱한 사람에게로 투사되는 경우가 자주 있다는 사실이다. 예를 들어, 프로이트가 제시한 사례들을 보면, 꼬마 한스는 자기 부모에게 불안을 느끼지 않고 흰색 말에게 불안을 느꼈다. 분별력 있는 나의 환자 한 사람은 자기 남편에 대한 적개심을 억누른 뒤 돌연 자신의 집 수영장 안에 있던 파충류들에게 불안을 느꼈다. 세균에서부터 폭풍우에 이르기까지, 불안을 일으키지 않을 만큼 우리와 거리가 먼 것은 하나도 없는 것 같다. 사람들이 불안을 관련 당사자로부터 다른 곳으로 옮기려는 경향을 보이는 이유는 꽤 분명하다. 만약에 그 불안이 실제로 부모나 남편, 친구, 혹은 아주 가까운 사람과 관련이 있다면, 적개심을 품는 것 자체가 기존의 권위나 사랑 혹은 존중의 관계와 양립 불가능한 것으로 느껴진다. 이런 경우에 행동

원칙은 주변에 대한 적개심을 부정하는 것이다. 그 사람은 자신의 적개심을 억누름으로써 자신에게 적개심이 있다는 사실 자체를 부정하고 또 자신의 억눌린 적개심을 폭풍우로 투사함으로써 상대방의 적개심까지 부정한다. 행복한 결혼생활에 많이 보이는 착각들은 이런 종류의 현실 도피 방침에 따른 것이다.

적개심의 억압이 반드시 불안을 낳는다고 해서, 억압 과정이 일어날 때마다 불안이 분명해진다는 뜻은 아니다. 불안은 생성되는 즉시 우리가 이미 논했거나 앞으로 논하게 될 보호 장치에 의해서 즉시 제거될 수 있다. 그런 상황에 있는 사람은 예를 들어 수면에 대한 욕구를 키우거나 알코올을 섭취하는 것과 같은 수단을 빌려서 스스로를 보호할 수 있다.

적개심을 억압한 결과 일어날 수 있는 불안은 아주 다양한 변형을 보인다. 그 그림을 보다 잘 이해하기 위해, 다양한 가능성을 대략적으로 제시할 것이다.

A: 위험이 본인의 충동에서 비롯되는 것처럼 느껴진다.

B: 위험이 바깥에서 비롯되는 것처럼 느껴진다.

적개심을 억누른 결과라는 측면에서 보면, 집단 A는 억압의 직접적 산물처럼 보이는 반면에 집단 B는 투사를 전제로 하고 있다. A 집단과 B 집단은 다시 2개의 하부집단으로 각각 나뉠 수 있다.

Ⅰ : 위험이 자신에게로 향하는 것처럼 느껴진다.

II : 위험이 타인에게로 향하는 것처럼 느껴진다.

이젠 불안이 4개의 집단으로 분류될 것이다.

A. I : 위험이 자기 자신의 충동에서 비롯되고 또 자기 자신에게로 향하는
것처럼 느껴진다. 이 집단에서 적개심은 이차적으로 자기 자신에게로 향
한다. 이 과정에 대해서는 앞으로 논하게 될 것이다. 예를 들면, 높은 곳에
서 뛰어내려야 할 때 느껴지는 공포증이 있다.

A. II : 위험이 자기 자신의 충동에서 비롯되고 타인에게로 향하는 것처럼
느껴진다. 예를 들면, 타인을 칼로 부상을 입혀야 할 때 느껴지는 공포증이
있다.

B. I : 위험이 외부에서 비롯되고 자기 자신과 관련 있는 것으로 느껴진
다. 예를 들면, 폭풍우에 대한 공포가 있다.

B. II : 위험이 밖에서 비롯되고 타인과 관련 있는 것처럼 느껴진다. 이 집
단의 경우에 적개심은 바깥 세계로 투사되고 적개심의 원래 대상은 그대
로 간직된다. 예를 들면, 자식을 위협하는 위험들을 지나치게 걱정하는 어
머니의 불안이 있다.

당연히 이 분류의 가치는 제한적이다. 이 분류는 경향을 신속히 제시하는
데에는 도움이 되지만 일어날 수 있는 예를 모두 망라하지 못한다. 예를 들
어, A 유형의 불안을 일으키는 사람들은 자신의 억눌린 적개심을 절대로 투
사하지 않는다는 식으로 추론해서는 곤란하다. 단지 이 특별한 유형의 불안

의 경우에는 투사가 일어나지 않는다고 추론할 뿐이다.

적개심이 불안을 일으킬 능력을 알았다고 해서, 적개심과 불안의 관계가 말끔히 정리되는 것은 아니다. 그 과정은 또한 반대 방향으로도 작용한다. 위협을 당하고 있다는 감정에 바탕을 둔 불안이 그에 대한 방어로 적개심을 쉽게 촉발시키는 것이다. 이 측면에서 본다면 불안은 공격성을 촉발시키는 공포와 어느 모로나 다르지 않다. 반동적인 적개심도 마찬가지로 억압될 경우에 불안을 일으킬 수 있으며, 따라서 순환의 고리가 형성된다. 적개심과 불안 사이의 이 같은 상호의존의 효과를 고려한다면, 신경증 환자들의 내면에서 엄청난 크기의 적개심이 확인되는 이유가 이해될 것이다. 이 같은 상호간의 영향은 또한 심각한 신경증 환자들이 외부 조건이 특별히 더 힘들지 않는 상황에서도 종종 악화되는 모습을 보이는 이유를 설명해준다. 불안이나 적개심이 일차적 요인인지 여부는 별로 중요하지 않다. 신경증의 역학에 대단히 중요한 것은 불안과 적개심이 서로 밀접하게 얽혀 있다는 사실이다.

대체로 보면, 내가 제안한 불안의 개념은 기본적으로 정신분석적인 방법으로 다듬어지고 있다. 이 불안 개념은 무의식적인 힘들, 즉 억압과 투사 등의 역학을 다루고 있다. 그러나 더욱 깊이 파고든다면, 나의 불안 개념은 프로이트가 취한 입장과 몇 가지 점에서 다르다.

프로이트는 불안과 관련해서 두 가지 관점을 제안했다. 첫 번째 관점을 요약하면, 불안은 충동의 억압에서 비롯된다는 것이다. 이 관점은 전적으로 성욕 충동에 대해 언급하고 있으며 또 순수하게 생리학적인 해석이다. 생리학적 해석이라고 보는 이유는 이 관점이 성적 에너지의 방출을 막을 경우에 그 에너지가 육체적 긴장을 낳을 것이고 이 긴장이 불안으로 바뀌게 될 것이라는 믿음에 근거를 두고 있기 때문이다. 프로이트의 두 번째 관점에 따르면, 불안 혹은 그의 표현대로 신경증적 불안은 자칫 외적 위험을 초래할 수 있는 충동에 대한 두려움에서 비롯된다. 심리학적인 두 번째 해석은 성적 충동만 아니라 공격성의 충동도 언급하고 있다. 불안에 대한 이런 해석에서, 프로이트는 충동의 억압이나 비(非)억압에는 전혀 관심을 두지 않고 오직 추구하다 보면 외적 위험을 부를 수 있는 그런 충동에 대한 두려움에만 관심을 두고 있다.

나의 불안 개념은 전체 그림을 제대로 이해하기 위해서는 프로이트의 두 가지 관점을 통합시켜야 한다는 믿음에 바탕을 두고 있다. 그래서 나는 프로이트의 첫 번째 개념에서 순수하게 생리학적인 바탕을 배제시킨 다음에 그 개념을 두 번째 개념과 결합시켰다. 대체로 보면 불안은 우리의 충동에 대한 두려움에서보다는 억압된 충동에 대한 두려움에서 비롯된다. 내가 볼 때, 프로이트가 자신의 첫 번째 개념을 제대로 이용하지 않은 이유는 그가 심리학적으로 관찰을 독창적으로 해놓고는 그 관찰을 생리학적으로 해석한 데 있는 것 같다. 그렇게 할 게 아니라, 프로이트는 이런 심리학적 질문을 던졌어야 했다. '만약에 누군가가 어떤 충동을 억누른다면, 그 사람의 정신에는 어떤 일이 벌어지고 있을까?'

프로이트와 다른 두 번째 견해는 이론적 중요성보다는 실질적 중요성을 지닌다. 자칫 표현했다가는 외적 위험을 자초할 수 있는 모든 충동에서부터 불안이 생겨날 수 있다는 프로이트의 견해에 나도 전적으로 동의한다. 성적 충동은 확실히 이런 종류의 충동일 것이다. 그러나 그것도 성적 충동에 대한 엄격한 개인적 및 사회적 터부 때문에 그 충동이 위험해지는 때로 한정

된다. 이 관점에서 보면, 불안이 성적 충동으로 인해 일어나는 횟수는 주로 기존의 문화가 성욕을 보는 태도에 좌우된다. 나는 성욕 자체가 불안의 특별한 원천이라고 보지 않는다. 그러나 나는 적개심 안에, 아니면 더 정확히 억눌린 적대적 충동 안에 그런 특별한 원천이 있다고 믿는다. 내가 이 장에서 설명하고 있는 개념을 간단히 정리하면 이렇게 될 것이다. 나는 불안이나 불안의 징후를 볼 때마다 마음에 이런 질문들이 떠오른다. 어떤 민감한 곳이 상처를 입고 이런 적개심을 자극하고 있으며, 무엇이 그 적개심을 억압하도록 하고 있을까? 나의 경험에 따르면, 이런 방향으로 탐구를 하다 보면 종종 불안을 만족스럽게 이해할 수 있게 된다.

프로이트의 의견에 동의할 수 없는 세 번째 사항은 출생 당시에 겪는 불안에서부터 거세 공포에 이르기까지, 불안은 오직 어린 시절에만 일어날 뿐이며 훗날 일어나는 불안은 유아기의 상태 그대로 남은 반응들에 바탕을 두고 있다는 그의 가설이다. "우리가 신경증 환자라고 부르는 사람들은 위험을 대하는 태도가 유아기 상태 그대로 남아 있음에 틀림없고, 그들은 어릴 적 불안을 느끼던 조건에서 벗어나지 못하고 있다."〈Freud, "New Introductory Lectures", chapter on 'Anxiety and Instinctual Life', p. 123〉

이 해석에 담긴 요소들을 분리해서 고려해보자. 프로이트는 사람들이 어린 시절에 불안의 반응을 보이기가 특별히 쉽다고 주장한다. 이것은 반박 불가능한 사실이다. 아이가 적대적인 영향들 앞에서 상대적으로 무기력하다고 느낄 것이기 때문에, 어린 시절에 불안을 곧잘 느끼는 것은 충분히 이해가 된다. 실제로 성격 신경증을 보면 불안의 형성이 어린 시절 초기에 시작되었거나 적어도 내가 근본적인 불안이라고 부르는 것의 바탕이 그 시기에 닦여졌다는 점이 예외 없이 확인된다. 그러나 이것 외에, 프로이트는 성인 신경증 환자의 내면에서 일어나는 불안도 여전히 애초에 그 불안을 촉발시켰던 조건과 연결되어 있다고 믿는다. 예를 들면, 이는 성인 남자가 거세 공포를 변형된 형식으로 소년시절 만큼이나 강하게 느낄 수 있다는 것을 의미한다. 틀림없이, 적절히 자극을 받으면 유아기의 불안 반응이 훗날에도 똑같은 모습으로 나타나는 환자도 드물게 있다. 그러나 대체로 우리가 발견하는 것은 한마디로 말해 반복이 아니고 발달이다. 분석 과정을 통해서 신경증의 발달을 어느 정도 이해할 수 있게 된 환자들을 보면, 어린 시절 초기의 불안에서부터 성인의 기이한 태도에 이르는 그 과정 동안에 끊기지 않는 반응의 고리들이 발견된다. 따라서 훗날의 불안은 특히 어린 시절에 존재했던 구체적인 갈등에 의해 생긴 요소들을 포함하고 있을 것이다. 그러나 전체적으로 볼 때 불안은 유아기의 반응은 아니다. 불안을 유아기의 반응으로 본다면, 두 가지 서로 다른 것을 혼동하게 되고 따라서 유아적인 태도를 단순히 어린 시절에 생겨난 태도로만 여기게 될 것이다. 어쨌든 불안을 유아기의 반응이라고 부를 수 있다면, 불안을 어린 아이의 내면에 있던 조숙한 태도라고 불러도 된다는 말이 아닐까?

5장

신경증의 근본 구조

불안은 실제로 일어나는 갈등적 상황에 의해 충분히 설명될 수 있다. 그러나 만약에 성격 신경증에서 불안을 일으키는 어떤 상황이 발견된다면, 우리는 언제나 그 특별한 예에서 적개심이 일어나 억압되는 이유를 설명하기 위해 그 전에 존재하던 불안들을 고려해야 한다. 그러면 이 기존의 불안도 마찬가지로 그 전에 존재하던 적개심의 결과라는 것이 확인될 것이다. 전체 전개가 어떤 식으로 시작되었는지를 이해하려면, 우리는 어린 시절로 돌아가야 한다.

이것은 내가 어린 시절 경험을 다루는 몇 안 되는 예 중 하나일 것이다. 나 자신이 일반적인 정신분석 관련 글들에 비해 어린 시절을 덜 언급하는 이유는 다른 정신분석 분야의 저자들에 비해 어린 시절의 경험을 덜 중요하다고 판단해서라기보다는, 이 책이 신경증적 성격을 낳는 개별적 경험보다는 신경증적 성격의 실제 구조를 다루고 있기 때문이다.

아주 많은 신경증 환자들의 어린 시절을 조사하면서, 나는 그들의 공통점은 다음에 소개하는 특징들이 다양한 방식으로 서로 결합되는 그런 환경을 갖고 있다는 점이라는 것을 알 수 있었다.

근본적인 악은 분명 순수한 친밀과 애정이 결여되어 있다는 사실이다. 아이는 자신이 모두의 사랑을 받는 존재라는 점을 마음 속 깊이 느끼고 있는 한 젖을 뗀다든가 간혹 일어나는 폭력과 성적 경험 같은, 정신적 외상으로 여겨질 만한 일도 잘 견뎌낸다. 두말할 필요도 없이, 아이는 주변의 사랑이 진정한지를 예리하게 느끼며 어른들의 연기에 절대로 속아 넘어가지 않는다. 아이가 충분한 애정과 온기를 받지 못하는 중요한 원인은 부모가 신경증 때문에 따스함과 애정을 쏟지 못한다는 사실에 있다. 나의 경험에 따르면, 온기가 근본적으로 결여되어 있다는 사실이 가려지는 경우가 아주 많으며, 그런 상황에서도 부모는 아이의 이익을 염두에 두고 있다고 주장한다. 교육 이론과 과도한 걱정, "이상적인" 어머니의 자기희생적인 태도가 미래에 불안감을 조성하는 근본적인 요소들이다.

더욱이, 우리는 부모들의 행동이나 태도 중에서 아이의 적개심을 일으키지 않을 수 없는 것들을 다양하게 발견한다. 예를 든다면, 자식들에 대한 선호도 차이와 부당한 비난, 지나친 집착과 멸시 사이를 오가는 종잡을 수 없는 변덕, 지켜지지 않은 약속 등이 가장 먼저 꼽힌다. 이 외에 아이의 요구를 대하는 부모의 태도도 중요하다. 그 태도를 보면, 부모가 아이의 요구를 일시적으로 전혀 고려하지 않는 것에서부터 아이의 타당한 소망을 집요하게 방해하는 것까지 다양하게 나타난다. 부모가 아이의 우정에 간섭하고, 아이의 독립적인 사고를 조롱하고, 아이가 예술이나 운동이나 기계 분야에서 자신의 관심을 추구하는 것을 방해하는 것이다. 요약하면, 이 같은 부모의 태도는 분명 그럴 의도는 아니었겠지만 그럼에도 불구하고 아이의 의지를 사실상 깨뜨려놓게 된다.

아이의 적개심을 불러일으키는 요소들을 다룬 정신분석 논문을 보면, 주로 아이의 소망의 좌절, 특히 성적 분야의 소망의 좌절과 질투가 강조되고 있다. 아이의 적개심이 전반적으로 쾌락을, 구체적으로 성적 호기심이든 자위든 아니면 다른 아이들과의 성적인 놀이든 어린이의 성적 관심을 금지하는 문화적 분위기 때문에 일어날 수도 있다. 그러나 좌절이 반항적인 적개심의 유일한 원인이 아닌 것은 확실하다. 관찰에 따르면, 성인뿐만 아니라 아이도 박탈이 정당하고 공정하고 필요하다고 느껴질 때에는 상당한 정도의 박탈을 감수한다. 예를 들어, 부모들이 청결을 과도하게 강조하지 않거나 그런 문제를 갖고 아이들을 교묘하게 협박하지 않는다면, 아이는 청결 교육에 반대하지 않는다. 또 아이는 자신이 사랑받고 있다는 확신이 서고 또 처벌이 정당하고 일부러 괴롭히거나 수치심을 안겨주기 위한 것이 아니라는 믿음을 갖게 되면 처벌에도 반대하지 않는다. 불만 자체가 적개심을 낳는가 하는 문제는 판단이 어렵다. 왜냐하면 아이에게 박탈이 이뤄지는 환경에는 언제나 도발적인 다른 요소들이 있기 때문이다. 중요한 것은 좌절 자체보다는 좌절이 어떤 정신 상태에서 강요되고 있는가 하는 점이다.

여기서 내가 이 점을 특별히 강조하고 있는 이유는 좌절 자체의 위험에 초점을 맞추다 보면 많은 부모가 프로이트보다 더 멀리 나가면서 아이에게 좌절을 안겨주지 않기 위해 아이를 전혀 간섭하지 않을 것이기 때문이다.

질투는 어른들뿐만 아니라 아이들에게도 무서운 증오를 일으키는 원인이 될 수 있다. 형제자매간의 질투와 부모 사이의 질투가 신경증을 앓는 아이의 내면에서 어떤 영향을 행사한다는 사실에는 의문의 여지가 없다. 또이 같은 태도가 훗날의 삶에 영향을 미친다는 데에도 의문의 여지가 없다. 그러나 이 질투를 일으키는 조건에 관한 질문이 던져져야 한다. 이 질투의 반응들이 형제자매간의 경쟁이나 오이디푸스 콤플렉스에서 관찰되는 것처럼 모든 아이들에게서 일어나는가, 아니면 어떤 명백한 조건에 의해서 생기는가?

　오이디푸스 콤플렉스에 관한 프로이트의 관찰은 신경증을 앓는 사람들을 대상으로 한 것이었다. 프로이트는 신경증 환자들의 내면을 들여다보면서 부모 중 어느 한쪽에 대한 강한 질투가 본질적으로 공포를 불러일으킬 정도로 파괴적이라는 점을, 그리고 그 반응이 그 사람의 성격 형성과 개인적인 관계에 오랫동안 영향을 미칠 가능성이 크다는 점을 발견했다. 우리 시대의 신경증 환자들의 내면에서 이런 현상을 자주 관찰하면서, 프로이트는 그것이 보편적인 현상이라고 단정했다. 그는 오이디푸스 콤플렉스가 신경증의 핵심이라고 주장하는 데서 그치지 않았다. 그는 더 나아가 이를 바탕으로 다른 문화권에서 발견되는 다양한 현상을 이해하려고 노력했다. 미심쩍은 부분은 바로 이 일반화이다. 일부 질투의 반응은 우리 문화 안에서 부모와 자식 사이 뿐만 아니라 형제자매간의 관계에도 쉽게 일어난다. 가까이 함께 사는 모든 집단에서 질투의 반응이 일어날 수 있는 것과 다를 바가 없다. 그러나 오이디푸스 콤플렉스나 형제자매간의 경쟁에 대해 이야기할 때 흔히 떠올리는 그런 파괴적이고 지속적인 질투의 반응이 다른 문화는 말할 것도 없고 우리 문화 안에서도 프로이트의 주장만큼 흔하다는 증거는 전혀 없다. 질투의 반응은 대체로 인간적인 반응이지만, 아이가 성장하는 환경을 통해서 인공적으로도 생겨난다.

구체적으로 어떤 요소가 질투를 일으키는지는 뒤에서 신경증적 질투의 전반적인 의미를 논할 때 충분히 이해하게 될 것이다. 여기서는 이런 결과를 낳는 친밀의 결여와 경쟁심에 대해 언급하는 것만으로도 충분할 것이다. 게다가, 지금까지 논한 그런 환경을 조성하는 신경증적인 부모들은 대체로 자신의 삶에 만족하지 못하고 있고, 정서적 혹은 성적 관계를 만족스럽게 영위하지 못하고 있고, 따라서 자기 아이를 자신의 사랑의 대상으로 여기는 경향을 보인다. 그런 부모는 애정에 대한 욕구를 아이들에게 쏟는다. 그들의 애정 표현은 언제나 성적인 분위기를 띠는 것은 아니지만 어쨌든 감정을 강하게 싣고 있다. 아이와 부모의 관계 그 바닥을 흐르는 성적 암류(暗流)가 잠재적 장애를 일으킬 만큼 강하지 않을까, 하고 나는 의심한다. 여하튼, 나는 신경증에 힘들어하는 어린이 환자들 중에서 공포나 유혹을 통해 이런 열정적인 애정을 받아들이도록 강요하는 신경증적 부모를 두지 않은 예를 지금까지 한 번도 보지 못했다. 이런 부모가 자식에게 쏟는 애정에는 온갖 소유욕과 프로이트가 묘사한 질투심이 실려 있다.

우리는 아이가 가족이나 가족 구성원에게 품는 적개심이 아이의 발달에 부정적으로 작용할 것이라고 믿는다. 아이가 신경증적인 부모의 행동에 맞서 싸워야 하는 상황이라면, 그건 당연히 불행한 일이다. 그러나 부모에게 반대하는 이유가 건전하다면, 아이의 성격 형성에 미칠 위험은 적대적인 반대를 느끼고 항의를 표시하는 행위보다는 그것을 억압하는 데에 있다. 비판이나 항의 혹은 비난을 억압할 경우에 예상되는 위험이 몇 가지 있다. 한 가지 위험은 아이가 모든 탓을 자기 자신에게로 돌리면서 스스로 주변의 사랑을 받을 가치가 없는 존재라고 느낄 수 있다는 점이다. 이런 상황이 의미하는 바에 대해서는 뒤에서 논할 것이다. 여기서 주목해야 할 위험은 억압된 적개심이 불안을 일으키고 지금까지 논한 그런 전개를 촉발시킬 수 있다는 점이다.

그런 환경에서 자라는 아이가 적개심을 억누르는 이유는 다양하다. 무력감과 두려움, 사랑 혹은 죄책감이 그 이유이다. 이 요소들도 아이마다 그 정도가 서로 다 다르며 또 다양하게 결합하며 작용한다.

아이의 무력감은 종종 생물학적 사실로만 여겨진다. 비록 성인보다 경험도 적고 육체적 힘도 약한 아이가 일상의 욕구를 충족시키기 위해 몇 년 동안 실제로 환경에 의존할지라도, 그럼에도 불구하고 그 문제의 생물학적 측면을 지나치게 강조하는 측면이 있다. 세상에 태어나서 2년 내지 3년이 지나면, 전적으로 생물학적으로 의존하던 상태에서 정신적, 지적, 영적 삶을 포함하는 그런 의존으로 바뀌는 결정적인 변화가 일어난다. 이 같은 변화는 아이가 삶을 자신의 힘으로 영위할 수 있게 되는 성인 초기 단계까지 계속된다. 그럼에도, 아이가 부모에게 의존하는 정도는 저마다 크게 다르다. 이 차이는 부모가 자식 교육을 통해서 추구하는 것이 무엇이냐에 좌우된다. 아이를 강하고, 용감하고, 독립적이고, 온갖 상황에 잘 대처하는 존재로 키우는 것을 중요하게 여기느냐, 아니면 아이에게 피난처를 제공하고 아이가 복종하도록 만들고 아이가 세상을 모르고 살도록 하는 것을, 한마디로 말해 아이가 스무 살이 넘도록 아이로 남도록 키우는 것을 중요하게 여기느냐에 따라 아이가 크게 다르게 성장하는 것이다. 적대적인 조건에서 성장하고 있는 아이들의 내면에서, 무력감은 협박에 의해, 어린애 취급에 의해, 아니면 아이를 정서적 의존의 단계에 묶어놓는 행태에 의해 인위적으로 강화된다. 아이를 무력한 존재로 만들수록, 아이가 반대 의견을 표현하려는 용기는 더욱 약해지고 또 그런 반대의 표현은 점점 더 뒤로 밀려날 것이다. 이 같은 상황에서 아이는 마음 깊은 곳에서 이런 느낌을 받을 것이다. 나는 당신들을 필요로 하는 존재이기 때문에 적개심을 눌러야 해. 이런 감정을 아마 좌우명이라고 불러도 무방할 것이다.

공포는 위협이나 금지 혹은 처벌에 의해, 또 성격의 폭발이나 아이가 목격하는 폭력적 장면에 의해 직접적으로 생겨날 수도 있다. 공포는 또한 아이에게 병균이나 거리의 자동차, 이방인, 교육이 제대로 안 된 아이, 나무를 오르는 행위 등 삶의 위험을 통한 간접적인 위협에 의해서 일어날 수도 있다. 아이가 겁을 많이 먹을수록, 그 아이는 적개심을 표현하지 않으려 할 것이고 심지어 적개심을 느끼지 않을 수도 있다. 여기서는 이런 좌우명이 작용하고 있다. '당신들이 무섭기 때문에, 나는 적개심을 눌러야 해.'

사랑도 적개심을 억누르게 하는 이유가 될 수 있다. 순수한 애정이 결여되어 있을 때, 거기에는 사랑의 말만 요란하게 오가게 된다. 부모가 아이를 너무너무 사랑한다거나 아이를 위해 마지막 한 방울의 피까지 희생할 것이라는 식으로 요란을 떨게 되는 것이다. 이미 다른 이유로 겁을 먹은 아이라면 이런 사랑의 대체물에 집착할 것이며, 온순하게 구는 데 따르는 보상을 놓치지 않기 위해 반항적으로 비치지 않으려고 노심초사할 것이다. 이런 상황에는 다음과 같은 좌우명이 작용하고 있다. '사랑을 잃을까 겁이 나기 때

문에, 나는 적개심을 눌러야 해.'

지금까지 우리는 아이가 적개심을 표현했다가는 부모와의 관계를 망쳐 놓을지 모른다는 두려움 때문에 자신의 적개심을 억누르는 상황에 대해 논했다. 아이는 거인 같은 어른들이 자신을 버리거나 호의를 거둬들이거나 아니면 자신에게 등을 돌릴지도 모른다는 공포의 영향을 강하게 받는다. 더욱이, 우리 문화는 아이가 언제나 적개심과 반대의 뜻을 느끼거나 표현하는 데 대해 죄책감을 느끼도록 만들고 있다. 말하자면, 아이는 부모에게 분개를 느끼거나 표현하는 경우나 부모가 정한 규칙을 깨뜨릴 경우에 스스로에 대해 무가치하거나 경멸스런 존재라고 느끼게 되어 있다는 뜻이다. 죄책감을 일으키는 이 두 가지 원인은 서로 밀접하게 얽혀 있다. 금지된 영역을 침범하는 데 대해 죄책감을 강하게 느끼도록 키워진 아이일수록, 아이가 부모에게 앙심을 품거나 비난하려 드는 성향도 약해질 것이다.

우리 문화 안에서, 성적 영역은 죄책감이 가장 빈번하게 건드려지고 있는 영역이다. 금지가 무거운 침묵에 의해 표현되든 공개적인 협박과 처벌에 의해 표현되든, 아이는 성적 호기심과 성적 활동이 금지된다는 느낌을 자주 받을 뿐만 아니라 그런 것에 몰입하게 되는 경우에는 스스로에 대해 지저분하고 경멸스런 존재라고 생각하게 된다. 만약에 아이가 부모 중 어느 한쪽에게 성적 공상과 소망을 품고 있다면, 이 공상과 소망은 성적 관심을 금지하는 태도 때문에 표현되지 않을지라도 아이로 하여금 죄의식을 느끼도록 만들 수 있다. 이런 상황이라면 좌우명은 이럴 것이다. '적개심을 느끼면 나쁜 아이가 된다. 그렇기 때문에 나는 적개심을 눌러야 해.'

지금까지 언급한 요소들은 서로 다양하게 결합하여 작용하면서 아이가 적개심을 억누르게 하고, 따라서 불안을 느끼게 할 것이다.

그러나 아이의 모든 불안이 반드시 신경증으로 이어질까? 우리의 지식은 아직 이 물음에 적절한 대답을 내놓을 만큼 깊지 않다. 나의 믿음은 어린 시절의 불안이 신경증의 발달에 필요한 요소이긴 하지만 충분한 원인은 아니라는 것이다. 주변 상황이 초기에 변화하거나 영향을 상쇄할 수 있는 환경이 조성된다면, 신경증의 발달을 미연에 방지할 수 있다. 그러나 자주 일어나고 있는 바와 같이, 삶의 조건이 불안을 약화시킬 수 있는 그런 조건이 아닌 경우에는 이 불안은 지속될 뿐만 아니라 앞으로 보게 되듯이 점점 더 깊어지면서 신경증을 일으킬 모든 과정을 작동시키게 된다.

아이의 불안을 더욱 악화시킬 수 있는 요인들 중에서, 내가 특별히 고려하고 싶은 요인이 한 가지 있다. 아이가 적개심과 불안을 느끼게 만든 사람들에게만 그런 감정을 표현하는 것과 아이가 아무에게나 그런 감정을 표현하는 것 사이에는 엄청난 차이가 있다는 점이다.

만약에 어떤 아이가 운이 좋아서 마음이 너그러운 할머니나 이해심 깊은 선생, 착한 친구들을 두게 되었다면, 그 아이는 이들과의 경험을 근거로 사람들로부터 악한 것만을 기대하지는 않을 것이다. 그러나 가족 안에서 어려움을 많이 경험하는 아이는 부모와 다른 아이들에게도 증오의 반응을 일으킬 뿐만 아니라 모든 사람에게 심술궂은 태도를 보일 것이다. 아이가 다양한 경험을 하지 않고 고립되어 지낼수록, 그런 발달은 더욱 촉진될 것이다. 최종적으로, 아이가 자기 부모의 태도에 동조하든가 하는 방법을 통해서 가족에 대한 원한을 깊이 숨길수록, 그 아이는 자신의 불안을 외부 세계로 더 많이 투사하고 따라서 "세상"은 대체로 위험하고 무서운 곳이라는 확신을 더 강하게 품게 된다.

"세상"에 관한 전반적인 불안도 점진적으로 발달하거나 커질 것이다. 앞에 묘사한 그런 환경에서 성장한 아이는 타인들과의 접촉에도 상대방만큼 과감하게 나서지 못할 것이다. 아이는 자신이 사랑받는 존재라는 확신을 잃어버릴 것이고 심지어 아무런 해를 입히지 않는 지분거림도 잔인한 거부로 받아들일 것이다. 아이는 다른 사람들보다 더 쉽게 상처를 받을 것이고, 스스로를 방어하는 능력도 떨어질 것이다.

앞에서 언급한 요인들에 의해 촉진되거나 초래되는 조건은 적대적인 세상에 홀로 무력하게 서 있다는 느낌이다. 분개가 일어날 때마다 예리하게 반응하다 보면, 그 반응은 성격적 태도로 굳어지게 된다. 이 태도 자체가 신경증이 되는 것은 아니지만, 이 태도는 언제라도 신경증이 발달할 수 있는 그런 비옥한 토양이 되어준다. 이 태도가 신경증에서 하는 근본적인 역할 때문에, 나는 거기에 특별한 명칭을, 즉 '근본적인 불안'이라는 이름을 붙였는데, 이 태도는 근본적인 적개심과 서로 밀접하게 얽혀 있다.

정신분석을 통해서 온갖 형식의 불안을 치료하다 보면, 모든 인간관계의 바탕에 근본적인 불안이 작용하고 있다는 사실이 확인된다. 개별적인 불안은 현실적인 원인에 의해 촉발되지만, 근본적인 불안은 실제 상황에 구체적인 자극이 전혀 없을 때에도 지속적으로 존재한다. 신경증의 전체 그림을 어떤 국가 안에서 일어나고 있는 정치적 소요의 상태와 비교한다면, 근본적인 불안과 근본적인 적개심은 정권에 대해 품고 있는 불만이나 항의와 비슷할 것이다. 두 경우 모두 표면적인 징후는 전혀 보이지 않을 수도 있고 다양한 형식으로 나타날 수도 있다. 국가의 경우에는 그 징후가 폭동이나 파업,

집회, 시위 등으로 나타나고, 심리 영역의 경우에는 불안이 온갖 종류의 증상으로 나타날 것이다. 불안의 모든 징후는 구체적인 자극과 상관없이 한 가지 공통적인 배경에서 나온다.

간단한 상황 신경증인 경우에는 근본적인 불안이 나타나지 않는다. 상황 신경증은 실제 상황에 대한 신경증적 반응으로 나타나며, 이 경우에 신경증적 반응을 하는 사람의 개인적인 관계는 방해를 받지 않는다. 다음에 소개하는 예는 심리 치료 과정을 통해서 이런 상황 신경증이 어떤 것인지를 쉽게 보여줄 것이다.

45세인 한 여성은 밤에 식은땀을 많이 흘리고 불규칙한 심장 박동과 불안 상태로 힘들어 한다고 호소했다. 그녀에게서 근본적인 발견은 하나도 나오지 않았으며, 모든 증거들을 근거로 할 때 그녀는 건강한 사람이었다. 그녀는 가슴이 따뜻하고 꽤 진솔한 여인이라는 인상을 주었다. 20년 전에, 그녀는 그녀 자신보다는 상황에 따른 이유 때문에 자기보다 스물다섯 살이나 위인 남자와 결혼했다. 그녀는 그와의 결혼생활을 매우 행복하게 영위했으며, 성적으로도 만족했다. 두 사람 사이에 낳은 아이 셋도 예외적일 만큼 잘 자라주었다. 그녀는 주부로서 부지런하고 유능했다. 지난 5, 6년 동안, 그녀의 남편은 다소 신경질적으로 변했으며 성적으로도 능력이 떨어졌지만, 그녀는 신경증적 반응을 보이지 않고 이를 잘 견뎌냈다. 문제는 7개월 전에 시작되었다. 그녀의 나이와 비슷한 남자가 그녀에게 개인적으로 관심을 보이기 시작한 때였다. 그때 그녀는 나이 많은 남편에게 적개심을 느끼기 시작했지만 그녀의 정신적 및 사회적 배경과 기본적으로 훌륭한 결혼관계 때문에 이 감정을 철저히 억누르고 있었다. 몇 차례 면담을 하는 동안에 그녀는 약간의 도움을 받아 갈등 상황을 직시할 수 있었고, 그 결과 불안을 제거할 수 있게 되었다.

이 경우처럼 간단한 상황 신경증 집단에 해당하는 환자들의 개인적인 반응과 성격 신경증 집단에 속하는 환자들의 개인적인 반응을 비교하면, 근본적인 불안의 중요성이 잘 드러난다. 간단한 상황 신경증은 충분히 이해할 만한 이유로 어떤 갈등 상황을 의식적으로 풀지 못하는 건강한 사람들에게서도 발견된다. 갈등 상황을 의식적으로 풀지 못한다는 것은 갈등의 존재와 본질을 보지 못하기 때문에 결정을 명쾌하게 내리지 못한다는 뜻이다. 두 가지 유형의 신경증의 두드러진 차이 하나는 상황 신경증의 경우에 심리 치료가 훨씬 더 쉽다는 점이다. 성격 신경증의 경우에는 심리 치료가 대단히 어려워진다. 따라서 치료가 아주 오랫동안 이어지게 된다. 간혹 그 기간이 환자가 기다리지 못할 만큼 길어질 수도 있다. 그러나 상황 신경증은 비교적 쉽게 풀린다. 상황을 놓고 이해하려는 마음을 품은 상태에서 논의하는 행위 자체가 종종 대증요법(対症療法)이 될 뿐만 아니라 원인 요법(causal therapy)이 되기도 한다. 원인 요법은 환경을 변화시킴으로써 장애를 제거하는 것을 일컫는다.

따라서 상황 신경증에는 갈등 상황과 신경증적 반응 사이에 적절한 관계가 있는 것처럼 보이지만, 성격 신경증의 경우에는 이 관계가 실종된 것처럼 보인다. 언제나 존재하는 근본적인 불안 때문에, 약간의 분개도 아주 치열한 반응을 끌어낼 수 있다. 이 점에 대해서는 뒤에서 더 상세하게 살필 것이다.

불안의 형식 혹은 불안에 맞서는 보호의 형식의 범위가 무한하고 또 개인에 따라 다르지만, 근본적인 불안은 어느 곳에서나 다소 같으며 다만 그 범위와 강도에서만 다를 뿐이다. 근본적인 불안은 대략적으로 자신이 작고, 무의미하고, 무력하고, 버림받았고, 위험에 처해 있고, 학대와 사기, 공격, 굴욕, 배신, 시기 등이 난무하는 세상에 홀로 서 있다는 느낌으로 묘사될 수 있다. 나의 환자 한 사람은 이런 느낌을 그림으로 표현했다. 그림을 보면 그녀는 공격 준비가 되어 있는 온갖 종류의 무서운 괴물과 인간, 동물들이 그녀를 에워싸고 있는 가운데 자그마하고 무력하고 발가벗은 아기로 홀로 앉아 있다.

정신이상 환자를 보면 종종 그런 불안이 존재한다는 것을 상당히 예리하게 자각하고 있는 것이 확인된다. 편집증 환자의 경우엔 이 불안은 한 사람 혹은 몇 사람의 명백한 사람들에게로 제한된다. 정신분열증 환자들의 경우에는 종종 주변 세계의 잠재적 적대감을 예리하게 자각하고 있는 것이 확인되며, 그래서 정신분열증 환자는 타인이 베푸는 친절마저도 잠재적 적대감으로 받아들이는 모습을 보인다.

그러나 신경증 환자의 경우에는 근본적인 불안 혹은 근본적인 적개심의 존재를 거의 자각하지 않는다. 적어도 근본적인 불안이 전체 삶에 어떤 무게와 의미를 지닌다는 자각은 신경증 환자에겐 보이지 않는다. 나의 환자 한 사람은 꿈에서 자신이 자그마한 쥐로 나타났다고 한다. 그래서 밟히지 않기 위해 구멍에 숨어야 했다고 한다. 이 꿈은 그녀가 실제 삶에서 어떤 식으로 행동하고 있는지를 완벽하게 보여주는 내용이었다. 그런데도 그녀는 자신이 모든 사람을 무서워하고 있다는 생각은 조금도 하지 않았으며, 나에게 자신은 불안이 어떤 것인지도 모른다고 말했다. 모든 사람에 대한 근본적인 불신은 사람은 대체로 선한 존재라는 피상적인 믿음에 가려질 수 있다. 또 근본적인 불신을 품은 가운데서도 타인들과 피상적으로 좋은 관계를 유지할 수 있을 것이다. 모든 사람을 향한 깊은 경멸도 언제든 사람들을 찬미하려는 태도에 가려질 수 있다.

근본적인 불안이 사람들에게 영향을 미치고 있을지라도, 그 불안은 개별적인 성격을 완전히 버리고, 폭풍우나 정치적 사건, 병균, 사고, 통조림 등으로 인해서 위험해지고 있다는 느낌이나 불운한 운명이라는 느낌으로 변환될 수 있다. 노련한 관찰자가 이런 태도들의 바탕을 확인하는 것은 그다지 어렵지 않다. 그러나 신경증을 앓는 사람 본인이 자신의 불안은 병균 등과 관계가 없고 사람과 관계있다는 사실을 깨닫기까지, 그리고 자신이 사람들에게 품고 있는 화는 실제 자극에 대한 반응으로 적절하지도 않을 뿐만 아니라 기본적으로 엉뚱한 사람에게 적개심을 품고 있다는 사실을 깨닫기까지는 치열한 정신분석적 노력이 요구된다.

근본적인 불안이 신경증에 미치는 영향을 설명하기 전에, 우리는 지금쯤 많은 독자들이 마음속에 품고 있을 한 가지 궁금증부터 먼저 논의해야 한다. 사람들에 대한 근본적인 불안과 적개심의 태도가 신경증의 기본적인 요소로 묘사되고 있는데, 이런 불안과 적개심은 정도야 약하겠지만 우리 모두가 은밀히 품고 있는 "정상적인" 태도가 아닌가? 이 물음을 고려할 때, 우리는 두 가지 관점을 구별해야 한다.

만약 "정상적인"이라는 표현이 일반적인 인간의 태도라는 의미에서 쓰이고 있다면, 근본적인 불안은 정말로 독일의 철학적 및 종교적 언어가 "피조물의 불안"(Angst der Kreatur)이라고 표현한 것과 비슷하다고 할 수 있다.

이 표현이 의미하는 바는 우리 모두는 사실상 우리 자신보다 더 강력한 힘들, 이를테면 죽음과 질병, 세월, 자연의 재앙, 정치적 사건, 사고 앞에서 무력하다는 뜻이다. 우리 인간이 이를 처음으로 인식하는 것은 어린 시절 무력함을 느낄 때이다. 그러나 이 깨달음은 우리의 인생 내내 우리와 함께한다. "피조물의 불안"과 근본적인 불안은 큰 힘들 앞에서의 무력함이라는 요소를 공통적으로 갖고 있지만, "피조물의 불안"은 이 큰 힘들에 대한 적개심을 암시하지 않는다.

그러나 만약에 "정상적인"이라는 표현이 우리 문화에 정상이라는 의미로 쓰이고 있다면, 우리는 이런 식으로 말할 수 있을 것이다. 우리 문화 안에 사는 어떤 사람의 삶이 보호를 지나치게 많이 받고 있지 않다면, 대체로 그 사람은 경험을 쌓고 성숙해감에 따라 사람들에게 보다 조심스러운 태도를 보이게 되고, 또 사람들의 행동은 솔직하지 못하고 주로 소심과 편의의 지배를 받게 된다는 사실에 더욱 친숙하게 된다. 만약 그 사람이 정직한 사람이라면, 그는 자신을 이 범주 안에 포함시킬 것이다. 그러나 정직하지 못한 사람이라면, 그는 이 모든 것을 타인의 내면에서 더 선명하게 볼 것이다. 한 마디로 요약하면, 우리 문화 안의 사람은 근본적인 불안과 매우 비슷한 어떤 태도를 발달시킬 것이다. 그러나 거기엔 다음과 같은 차이가 있다. 건강하고 성숙한 사람은 이런 인간적인 실패 앞에서도 무력하다는 느낌을 받지 않을 것이고, 그런 사람의 내면에는 기본적인 신경증적 태도에서 발견되는 무차별성이 전혀 보이지 않는다. 그는 순수한 우정과 신념을 일부 사람들에게 많이 베푸는 능력을 갖고 있다. 아마 이 차이는 다음과 같은 사실로 설명될 것이다. 건강한 사람은 불행한 경험 중 많은 것을 자신이 그 경험을 충분히 지배하고 통합시킬 수 있는 나이에 한 반면, 신경증적인 사람은 그런 경험을 자신이 통제할 수 없는 나이에 했으며 따라서 무력함 때문에 그 경험에 불안의 반응을 보였다는 사실로 설명될 수 있을 것이다.

근본적인 불안은 자기 자신과 타인을 대하는 태도에 영향을 확실히 미친다. 근본적인 불안은 정서적 고립을 의미한다. 근본적인 불안은 자아가 허약하다는 느낌과 동시에 일어나기 때문에 견디기가 그 만큼 더 힘들다. 근본적인 불안은 바로 자신감의 바탕을 약화시킨다. 근본적인 불안은 타인을 의지하려는 욕구와, 타인에 대한 깊은 불신과 적개심 때문에 그렇게 하지 못하는 현실 사이에 갈등을 일으킬 씨앗을 품고 있다. 근본적인 불안은 사람이 타고난 허약함 때문에 모든 책임을 타인에게로 넘기고 보호와 보살핌을 받고 싶어 하는 욕망을 느끼는 한편, 근본적인 적개심 때문에 너무 큰 불신이 존재하는 까닭에 이 욕망을 실현시키기가 어렵다는 것을 의미한다. 그 결과 사람은 많은 에너지를 안전을 확보하는 데 쏟지 않을 수 없게 된다.

불안이 견딜 수 없을 만큼 커지면, 보호 수단도 그 만큼 더 철저해야 한다. 우리 문화에는 사람이 근본적인 불안에 맞서 자신을 보호할 수 있는 길이 4가지 있다. 애정과 복종, 권력과 초연(超然)이 그 방법들이다.

첫째, 어떤 형태의 것이든 애정의 확보는 불안에 대한 막강한 보호가 될 것이다. 이런 경우에 좌우명은 '나를 사랑한다면, 당신은 나를 해치지 못할 거야'이다.

둘째, 복종은 특정한 사람이나 제도에 관한 것인지 여부에 따라서 세분될 수 있다. 예를 들어, 전통적인 견해나 일부 종교 의례나 일부 막강한 사람의 요구에 복종하는 데에는 명확한 초점이 있다. 이런 경우엔 이 규칙들을 준수하거나 요구사항을 충족시키는 것이 모든 행동의 결정적인 동기가 될 것이다. 이런 태도는 "선"해야 한다는 형식을 취할 수 있다. 물론 이때도 "선"의 의미는 지켜져야 하는 규칙이나 요구에 따라 달라진다.

동조의 태도가 어떤 제도나 사람과 결부되지 않을 때, 동조는 모든 사람들의 잠재적 소망을 따르면서 분개를 일으킬 수 있는 것이면 무엇이든 피하는, 보다 일반적인 형식을 취하게 된다. 그런 경우에 개인은 자신의 모든 요구를 억누르고, 타인들에 대한 비판을 억누르고, 자기 자신을 지키려 들지 않고 학대당하도록 내버려두고, 타인들을 무차별적으로 도울 준비를 하게 된다. 사람들은 이따금 자신의 행동의 바닥에 불안이 작용하고 있다는 사실을 자각하지만 대체로 보면 이 같은 사실을 전혀 자각하지 못한다. 그러면서 엉뚱하게도 자기 자신의 소망을 부정하고 나설 정도로 깊은 이타심이나 자기희생을 실천하고 있다고 생각한다. 제한적인 복종이나 일반적인 복종이나 똑같이, 좌우명은 '굴복하라. 그러면 다치지 않을 거야.'이다.

복종적인 태도는 또한 애정을 통해 안전을 확보한다는 목표에도 이바지할 것이다. 만약 어떤 사람에게 애정이 안전감을 안겨줄 만큼 중요하다면, 그 사람은 애정을 위해 어떠한 대가라도 치르려 할 것이다. 이런 태도는 곧 타인의 소망에 순응한다는 것을 의미한다. 그러나 사람이 어떠한 애정도 믿지 못하는 경우가 자주 있다. 그런 경우에, 그 사람의 순응하려는 태도는 애정을 얻는 일로 모아지지 않고 보호를 얻는 일로 모아진다. 세상에는 엄격한 복종을 통해서만 안전을 느낄 수 있는 사람들이 있다. 그들의 내면에는 불안이 아주 크고 애정에 대한 불신이 너무나 철저하기 때문에 애정이 비집고 들어설 틈이 없다.

근본적인 불안에 맞서 스스로를 보호하려는 세 번째 시도는 권력을 통하는 것이다. 실질적인 권력이나 성공 혹은 소유, 존경, 지적 우월 등을 획득함으로써 안전을 성취하려고 노력하는 방법이다. 이런 방식으로 불안으로부터 스스로를 지키려는 경우에 그 좌우명은 '권력을 가져라. 그러면 아무도 당신을 해치지 못할 거야.'이다.

네 번째 보호 수단은 초연이다. 앞에서 소개한 보호 장치들은 세상과 싸우고, 이런저런 방식으로 세상에 대처하려는 의지를 공통적으로 갖고 있다. 그러나 세상사에 초연한 것도 보호의 수단이 될 수 있다. 그렇다고 광야로 들어가거나 완벽한 은둔을 의미하지는 않는다. 초연은 타인들이 나의 내적 및 외적 필요에 영향을 미치는 상황에서 이 타인들로부터의 독립을 성취하는 것을 의미한다. 외적 필요와 관련한 독립은 이를테면 소유물의 축적을 통해 이룰 수 있다. 이 소유욕은 권력이나 영향을 위한 소유욕과 전적으로 다르다. 마찬가지로 소유물의 용도도 완전히 다르다. 소유물이 독립을 위해 축적되는 경우에는 불안이 언제나 지나치게 크기 때문에 소유를 즐기지 못한다. 이런 경우엔 소유는 절약의 태도를 통해서 지켜지게 된다. 왜냐하면 유일한 목적이 온갖 우발적 사건에도 자신을 지키는 것이기 때문이다. 외적으로 타인들로부터 독립을 지킨다는 목적에 이바지하는 또 다른 수단은 자신의 필요를 최소한으로 제한하는 것이다.

내적 필요와 관련한 독립은 이를테면 어떠한 일이 있어도 실망하거나 마음을 다치는 일이 없도록 정서적으로 사람들을 멀리하는 노력을 통해 이뤄질 수 있다. 이 같은 독립은 자신의 정서적 필요를 죽인다는 의미이다. 이런 무관심의 한 표현은 무엇이든 진지하게 받아들이지 않는 태도이다. 심지어 자기 자신마저도 진지하게 받아들이지 않으려 한다. 이런 태도는 지식인들 사이에서 종종 발견된다. 자기 자신을 진지하게 받아들이지 않는다는 말을 자기 자신을 중요하게 여기지 않는다는 뜻으로 받아들이지 않도록 하라. 실제로 이 태도들은 서로 모순을 일으킬 수 있다.

이 초연의 장치들은 복종 혹은 순종의 장치와 비슷한 점을 갖고 있다. 두 가지 장치가 소망의 포기를 수반한다는 점에서 보면 그렇다. 그러나 복종 혹은 순종의 장치를 보면 소망의 포기가 안전을 느끼기 위해 "선한" 존재가 되거나 타인의 욕망을 따르는 데 이바지하는 한편, 초연의 장치에서는 "선하게" 된다는 관념은 전혀 아무런 역할을 하지 못하며 소망을 포기하는 목표는 오직 타인들로부터 독립을 성취하는 데 있다. 여기서 작용하고 있는 좌우명은 이렇다. '내가 초연하면, 아무도 나를 해치지 못할 거야.'

근본적인 불안에 맞서 자신을 보호하기 위해 벌이는 다양한 시도가 신경증 환자의 내면에서 하는 역할을 제대로 평가하기 위해선, 이 시도들의 잠재적 강도를 알 필요가 있다. 이 보호의 시도들은 쾌락이나 행복의 욕구를 충족시키려는 소망에 의해 촉발되는 것이 아니라 안전에 대한 욕구 때문에 촉발된다. 하지만 그렇다고 해서 이 보호의 시도가 본능적 욕구보다 덜 강하다거나 덜 긴급하다는 뜻은 절대로 아니다. 경험에 비춰보면, 예컨대 야망을 추구하는 노력의 영향도 성적 충동만큼 강하거나 그보다 더 강할 수 있다.

이 4가지 장치 중 어느 것이라도 전적으로나 중점적으로 추구될 경우에 원하는 안전을 끌어낼 수 있다. 그러나 조건이 있다. 그런 일방적인 추구가 언제나 성격의 전반적 불모를 대가로 치르게 되어 있다는 사실은 차치하더라도, 갈등을 일으키지 않고 그 장치를 추구할 수 있는 상황이 갖춰져야 한다는 점이다. 예를 들어 보자. 순종의 길을 따르고 있는 어떤 여자는 가족이나 남편에 대한 복종과 전통의 준수를 여자에게 요구하는 문화에서 평화와 상당한 수준의 부차적인 만족을 발견할 것이다. 그러나 어떤 목표를 직접적으로 추구하는 노력이 그 목표를 성취하지 못하는 경우가 종종 있다. 왜냐하면 그 요구가 지나치게 과도하거나 무모하여 주변 환경과 갈등을 빚을 것이기 때문이다. 대체로 보면 근본적인 불안을 떨치고 안전을 얻으려는 노력은 한 가지 방법으로만 전개되지 않고 여러 방법으로 추구된다. 그런데 이 방법들이 서로 양립 불가능하다. 따라서 신경증적인 사람은 모든 사람을 지배하면서도 모든 사람으로부터 사랑을 받으려는 욕구, 타인들의 뜻을 따르려 하면서도 타인들에게 자신의 의지를 강요하려는 욕구, 사람들을 멀리하려 하면서도 사람들의 애정을 받고 싶어 하는 욕구에 동시에 휘둘리게 된다. 신경증의 역동적인 센터에는 이런 해결 불가능한 갈등들이 자리 잡고 있는 것이다.

가장 빈번하게 충돌을 일으키는 두 가지 시도는 애정을 추구하려는 시도와 권력을 추구하려는 시도이다. 따라서 다음 장에서는 이 시도들에 대해 세세하게 논할 것이다.

내가 지금까지 논한 신경증의 구조는 신경증은 본능적 충동과 사회적 요구 사이에 일어나는 갈등의 결과라는 프로이트의 이론과 원칙적으로 모순되지 않는다. 그러나 나는 개인적인 노력과 사회적 압박 사이의 갈등이 모든 신경증의 필수조건이라는 데는 동의하지만 그것이 충분조건이라고는 믿지 않는다. 개인적 욕망과 사회적 요구 사이의 충돌은 반드시 신경증을 낳지는 않지만 삶에서 여러 가지 제약을 낳게 될 것이다. 말하자면 그 충돌이 욕망의 억제 혹은 억압으로, 다시 말해 실제적 고통으로 이어질 수도 있다는 뜻이다. 오직 이 갈등이 불안을 일으키고 또 불안을 누그러뜨리려는 시도가 방어적인 경향들을 낳을 때에만, 신경증이 일어난다. 이 방어적인 경향들은 똑같이 긴급하게 필요할지라도 서로 양립하지는 못한다.

6장

신경증적 애정 욕구

틀림없이 우리 문화 안에서 불안에 맞서 자신을 보호하는 이 4가지 방법이 많은 사람들의 삶에 결정적인 역할을 할 것이다. 사랑받거나 인정받기 위해 최대한 노력하면서 그 소망을 성취하기 위해 매진하는 사람들도 있고, 다른 사람들과의 일치를 중요하게 여기면서 다른 사람들의 의견을 따르며 자기 주장은 조금도 하지 않는 사람들도 있다. 또 성공이나 권력 혹은 소유에 집착하는 사람들도 있고, 다른 사람들을 멀리하면서 그들로부터 독립하려는 경향을 보이는 사람들도 있다. 그러나 여기서 내가 이 같은 경향들을 놓고 근본적인 불안으로부터 자신을 보호하려는 노력이라고 선언하는 것이 과연 맞는가, 하는 물음이 제기될 수 있다. 이 노력들은 어쩌면 인간이 가진 가능성의 정상적인 범위 안에 드는 욕망의 표현이 아닐까? 이런 식의 생각이 저지르는 실수는 그 질문을 양자 택일의 형식으로 제시하는 데에 있다. 실제로 보면, 두 가지 관점은 서로 모순되지도 않고 서로 배타적이지도 않다. 사랑에 대한 소망과 동조의 경향, 영향이나 성공을 위한 노력, 세상을 멀리 하려는 경향 등은 다양한 형식의 결합을 보이면서 어떠한 신경증도 암시하지 않는 가운데 우리 모두의 내면에 존재하고 있다.

더욱이, 이 경향들 중 이것 혹은 저것은 어떤 문화에서 지배적인 태도로 여겨질 수 있다. 이것은 이 경향들이 인간이 지닌 정상적인 잠재력일 수 있다는 점을 뒷받침하는 하나의 사실이다. 애정의 태도나 모성애적 보살핌과 타인의 소망에 동조하려는 태도는 마가렛 미드(Margaret Mead)가 묘사한 바와 같이 파푸아뉴기니의 아라페쉬 부족 사이에 널리 보이고 있다. 또 야만적인 형식으로 위엄을 추구하는 태도는 루스 베네딕트(Ruth Benedict)가 지적했듯이 캐나다의 콰키우틀 부족 사이에 높이 인정받는 패턴이다. 세상을 멀리하려는 경향은 불교에서 지배적인 경향이다.

나의 개념은 이 욕구들의 정상적인 성격을 부정하는 것이 아니고, 그보다는 이 욕구들 모두가 일부 불안에 맞서 안전을 얻는 데 기여할 수 있다는 점을, 더 나아가서 이 욕구들이 이런 보호적인 기능을 획득함으로써 성격에 변화를 일으키면서 완전히 다른 무엇인가가 될 수 있다는 점을 강조하는 것이다. 나는 욕구들의 성격이 이런 식으로 달라지는 것을 유추를 빌려 설명하고 싶다. 우리는 자신의 힘과 기술을 테스트하고 꼭대기에서 경치를 내려다보기 위해 나무에 오를 수 있다. 아니면 야생 동물에 쫓기다가 나무를 오를 수도 있다. 두 경우 모두 우리가 나무를 오르지만 나무를 오르는 동기는 서로 다르다. 전자의 경우에 나무를 오르는 것은 쾌락을 위해서이고, 후자의 경우는 안전을 위해서이다. 첫 번째 예의 경우에 우리는 나무를 오를 수도 있고 오르지 않을 수도 있다. 그러나 후자의 경우에는 우리는 긴박한 필요성 때문에 나무를 오른다. 첫 번째 예의 경우에 우리는 목적을 달성하는 데 가장 적절한 나무를 찾을 수 있다. 그러나 후자의 경우엔 우리가 닿을 수 있는 첫 번째 나무를 무조건 올라야 하는 외에 다른 선택이 있을 수 없다. 꼭 나무라야 할 필요도 없다. 깃대일 수도 있고 집일 수도 있다. 보호의 목적에 도움이 되는 것이면 무엇이든 좋다.

원동력의 차이는 또한 감정과 행동의 차이를 낳는다. 만약에 우리가 어떤 만족에 대한 소망에 따라 행동하게 된다면, 우리의 태도는 자발성과 차별성을 보일 것이다. 그러나 만약에 우리가 불안에 휘둘리고 있다면, 우리의 감정과 행동은 충동적이고 무차별적일 것이다. 분명히 그 사이에도 중간 단계들이 있다. 굶주림과 섹스처럼, 박탈로 인해 야기되는 생리적 긴장에 크게 좌우되는 본능적 충동을 보자. 이런 충동의 경우 육체적 긴장이 아주 심하게 축적될 수 있다. 그러면 어느 정도 충동적으로, 또 무차별적으로 만족을 추구할 것이다. 이 충동성과 무차별성은 불안의 영향을 강하게 받는 욕구의 특징이다.

게다가, 성취되는 만족에도 차이가 있다. 일반적으로 표현하면, 쾌락과 안전의 차이이다. 그러나 이 구분은 생각하는 것보다 덜 분명하다. 굶주림이나 섹스 같은 본능적 충동의 만족은 쾌락이지만, 만약에 육체적 긴장이 팽팽하게 억눌러져 있다면 그때 얻어지는 만족은 불안으로부터 풀려날 때 얻는 만족과 매우 비슷할 것이다. 두 경우 모두 견디기 힘든 긴장으로부터의 해방이 일어난다. 강도(强度)에 대해 말하자면, 쾌락과 안전은 똑같이 강할 것이다. 성적 만족도 그 종류에 있어서는 조금 다를지라도 지긋지긋한 불안에서 갑자기 풀려난 사람이 느끼는 감정만큼 강할 것이다. 대체로 말하면, 안전을 확보하려는 노력은 본능적인 충동만큼 강할 뿐만 아니라 똑같이 강력한 만족을 낳을 수 있다.

안전을 위한 노력은 또한 앞 장에서 논의한 바와 같이 다른 부차적인 만족의 원천을 포함하고 있다. 예를 들어 사랑받거나 인정받는 느낌과 성공을 거두고 영향력을 행사하는 느낌은 안전의 확보와 별도로 꽤 만족스러울 것이다. 더욱이, 지금 곧 확인하게 되겠지만, 안전을 얻기 위한 다양한 접근법은 억눌려 있던 적개심의 방출을 허용하고 따라서 긴장으로부터 또 다른 종류의 위안을 얻을 수 있다.

우리는 불안이 어떤 충동의 원동력이 될 수 있다는 것을 보았으며, 그런 식으로 생긴 가장 중요한 충동들을 조사했다. 이젠 신경증에서 가장 큰 역할을 하는 두 가지 충동을 자세하게 살필 것이다. 그 충동이란 애정에 대한 갈망과 권력과 통제에 대한 갈망이다.

애정에 대한 갈망은 신경증에서 아주 자주 나타나고 있으며 훈련 받은 관찰자에게 아주 쉽게 식별된다. 그래서 이 갈망은 어떤 불안이 존재한다는 사실과 그 불안의 강도를 짐작케 하는 가장 확실한 지표의 하나로 여겨지고 있다. 실제로 어떤 사람이 위협적이고 적대적일 게 틀림없는 세상 앞에서 자신이 기본적으로 무력하다는 느낌을 받는다면, 그런 경우엔 애정을 찾는 것이 호의나 도움이나 평가를 얻는 방법으로 가장 확실하고 또 가장 논리적인 방법이다.

만약 신경증 환자의 정신적 조건이 그가 평소에 자신에 대해 생각해왔던 그대로라면, 그가 애정을 얻는 것은 반드시 쉬워야 한다. 신경증 환자가 자기 자신에 대해 느끼고 있는 바를 글로 대충 그린다면, 그 인상은 아마 다음과 같을 것이다. 신경증 환자가 원하는 것은 본인에게 너무나 사소해 보인다. 사람들이 그에게 친절하게 대하고, 조언을 해주고, 또 그가 가난하고 해를 끼치지 않고 외로운 존재이면서도 다른 사람의 감정을 다치게 하지 않으려 노력하는 사람이라는 점을 인정해주기만 하면 된다. 그가 보거나 느끼는 것은 바로 그런 식이다. 그는 자신의 예민함이나 적개심, 혹은 까다로운 요구사항이 자신의 인간관계를 훼손시키고 있다는 점은 절대로 인정하지 않는다. 또 그는 자신이 다른 사람에게 남기는 인상이나 다른 사람이 자신에게 하는 반응에 대해 적절한 판단을 내리지 못한다. 따라서 그는 자신의 우정과 결혼관계, 연애, 직장 내 관계가 그렇게나 불만스런 이유를 이해하지 못해 쩔쩔맨다. 그러면서 그는 엉뚱하게도 다른 사람들이 잘못하고 있다고, 다른 사람들이 이해심이 부족하고 충직하지 못하고 남을 이용하려 든다고, 아니면 납득할 수 없는 이유로 자신은 인기를 끌 재능을 타고나지 못했다고 결론을 내리기 쉽다. 따라서 그는 사랑의 유령을 계속 다시 찾게 된다.

여기서 독자 여러분이 억압된 적개심이 어떤 식으로 불안을 낳고, 거꾸로 불안이 어떻게 적개심을 낳는지를, 한마디로 말해 불안과 적개심이 어떻게 서로 밀접하게 얽히게 되는지를 논한 내용을 떠올린다면, 신경증 환자의 사고에 담긴 자기기만과 실패의 이유들이 확인될 것이다. 신경증 환자는 본인은 모르고 있지만 자신이 사랑하는 능력을 갖추지 못한 상태에서 다른 사람의 사랑을 간절히 필요로 하는 그런 딜레마에 빠져 있다. 여기서 우리는 너무나 단순해 보이는데도 대답하기가 대단히 어려운 어떤 질문에 걸려 넘어진다. 무엇이 사랑인가, 혹은 우리 문화에서 사랑은 무슨 의미인가? 가끔 사랑에 대해 애정을 주고받는 능력이라는 식으로 즉흥적으로 정의하는 사람이 보인다. 이 정의도 일부 진리를 포함하고 있겠지만, 이 정의는 너무 광범위하기 때문에 우리가 지금 관심을 두고 있는 문제들을 명쾌하게 설명하는 데는 도움이 되지 않는다. 우리 대부분은 간혹 애정 넘치는 모습을 보일 수 있다. 그러나 애정은 사랑할 줄 모르는 무능력을 수반할 수 있는 자질이다. 여기서 중요하게 고려해야 할 것은 애정이 나오고 있는 그 태도이다. 애정이 다른 사람을 대하는 긍정적인 태도의 표현인가, 아니면 예를 들어 그 사람을 잃을 수 있다는 두려움에서 나오는 것인가, 아니면 그 사람을 좌지우지하려는 소망에서 나오는 것인가? 달리 말하면, 의식적인 태도를 기준으로 삼을 수는 없다는 뜻이다.

무엇이 사랑인지에 대해 대답하는 것은 매우 힘들지라도, 우리는 사랑이 아닌 것이나 사랑과 거리가 먼 요소들에 대해서는 분명히 말할 수 있다. 우리는 어떤 사람을 대단히 좋아하면서도 간혹 그 사람에게 화를 내고, 그 사람의 일부 소망에 대해 반대 의견을 표현하고 또 혼자 남기를 바랄 수 있다. 그러나 이런 분노나 초연함 같은 일시적 반응과 타인에 대한 경계를 절대로 늦추지 못하는 신경증 환자의 태도 사이에는 차이가 있다. 신경증 환자는 상대방이 제3자에게 보이는 관심을 자신에 대한 무시로 느끼고, 모든 요구를 강요로 해석하고, 모든 비판을 굴욕으로 받아들인다. 이것은 사랑이 아니다. 어떤 성격 혹은 태도를 바로잡기 위해 거기에 대해 건설적 비판을 제시하는 것은 사랑과 양립 가능하다. 그러나 신경증 환자들이 자주 그러듯이, 편협하게 완벽을 요구하는 것은 사랑이 아니다. 이런 요구는 "만약 당신이 완벽하지 않다면, 벌이 내려질 것이라는" 식의 적개심을 암시한다.

어떤 사람이 상대방을 어떤 목적을 위한 수단으로만 이용하고 있을 때, 우리는 그런 것도 우리의 사랑 개념과 양립할 수 없다고 생각한다. 결혼 생활에서 오직 성적 욕구를 채우거나 명성을 위해서 상대방을 필요로 하는 경우가 꼭 그런 상황이다. 그러나 여기서도 문제가 아주 쉽게 흐려져 버린다. 관련된 욕구가 정신적 성격을 지닌 것일 때 특히 더 그렇게 된다. 사람은 스스로를 속이면서 자신이 다른 사람을 사랑한다고 믿을 수 있다. 예를 들어, 상대방이 쏟아내는 맹목적 찬양 때문에 그 사람을 필요로 하는 경우에조차도 그것이 사랑으로 여겨지는 것이다. 그러나 그런 경우엔 상대방이 비판적인 모습을 보이면서 찬양의 기능을 더 이상 수행하지 않게 되기만 하면, 갑자기 상대방에 대한 관심이 식어버린다.

그러나 사랑인 것과 사랑이 아닌 것 사이의 대조에 대해 논하면서, 우리는 이것 아니면 저것이라는 식의 태도를 취하지 않도록 조심해야 한다. 사랑은 사랑하는 사람을 어떤 목적에 이용하는 태도와 양립할 수 없지만, 그렇다고 사랑이 언제나 철저히 이타적이고 희생적이어야 한다는 뜻은 아니다. 또 그런 희생적인 감정만이 자신을 위해서는 아무것도 요구하지 않는 사랑의 이름으로 불릴 수 있는 것도 아니다. 사랑은 이타적이어야 한다는 식의 확신을 표현하는 사람들은 자신의 철학을 바탕으로 완벽하게 다듬은 믿음을 드러내기보다는 애정을 쏟지 않으려는 의도를 드러내고 있다. 당연히 우리는 자신이 좋아하는 사람으로부터 무엇인가를 원한다. 우리는 그 사람으로부터 만족과 충정, 도움을 원한다. 심지어 필요하다면 희생도 원한다. 그리고 그런 소망을 표현하거나 그런 소망을 이루기 위해 싸울 수 있다는 것은 대체로 정신적 건강을 보여주는 지표이다. 사랑과 신경증적 애정 욕구의 차이는 사랑의 경우에는 애정의 감정이 중요한 반면 신경증의 경우에는 안전에 대한 욕구가 더 중요하며 사랑의 착각은 오직 이차적이라는 사실에 있다. 물론 둘 사이에도 온갖 종류의 중간적인 조건들이 있다.

만약 어떤 사람이 불안에 맞서 안전을 확보할 목적으로 다른 사람의 애정을 필요로 한다면, 그 문제는 그의 의식 안에서 완전히 흐려질 것이다. 왜냐하면 그 사람은 대체로 자신이 불안으로 가득하고, 따라서 자신이 안전을 얻기 위해 아무 애정이나 절망적으로 찾고 있다는 점을 모르고 있기 때문이다. 그가 느끼는 것이라곤 여기에 자신이 좋아하거나 신뢰할 만한 사람이 있다거나 자신이 지겹다고 느끼는 사람이 있다는 것뿐이다. 그러나 그가 자연스런 사랑이라고 느끼는 것은 그에게 보여준 친절에 대한 감사의 반응에 지나지 않거나 어떤 사람 혹은 상황이 일으킨 희망이나 애정의 반응에 지나지 않을 것이다. 명시적으로나 암묵적으로 그의 내면에 이런 종류의 기대를 불러일으키는 사람은 자동적으로 중요성을 지니게 될 것이고, 그러면 그의 감정은 사랑의 환상을 키울 것이다. 그런 기대는 그가 막강하거나 영향력 있는 사람으로부터, 혹은 그에게 자신이 보다 안전한 바탕 위에 서 있다는 인상을 주는 사람으로부터 친절한 대우를 받았다는 간단한 사실에 의해서도 일어날 것이다. 그런 기대는 또한 성적 유혹에 의해서도 일어날 수 있다. 이 성적 유혹은 사랑과 아무런 관계가 없는데도 말이다. 그런 기대는 도움이나 정서적 지원을 암묵적으로 약속하는 기존의 인연을 먹고 자랄 수 있다. 그런 인연의 예를 든다면, 가족과 친구, 의사가 있다. 그런 관계 중에서도 많은 관계가 사랑을 구실로 이어지고 있다. 말하자면 실제로는 그 사랑이 자기 자신의 욕구를 충족시키기 위해서 다른 사람에게 집착하는 것에 지나지 않는데도 애정이라는 주관적 믿음 아래에서 계속되고 있는 것이다. 이 것은 순수한 애정의 감정이 절대로 아니라는 것은 어떠한 소망이라도 채워 지지 않기만 하면 금방 혐오감이 나타난다는 사실로도 확인된다. 이런 예들 에는 사랑의 근본적인 요소들, 즉 신뢰성과 감정의 지속성 중 어느 하나가 빠져 있다.

사랑을 하지 못하는 무능력의 마지막 특징은 이미 암시된 바 있지만, 나 는 여기서 그것을 특별히 한 번 더 강조하고 싶다. 타인의 개성과 특이성, 한 계, 욕구, 소망, 발달을 무시하는 것이 바로 그 특징이다. 이 같은 무시는 부 분적으로 신경증 환자가 다른 사람에게 집착하도록 만드는 바로 그 불안의 결과이다. 물에 빠져 다른 사람에게 매달리고 있는 사람은 그 타인이 자신 을 물 밖으로 데려 나갈 능력이나 의지를 갖고 있는지에 대해서는 전혀 생 각하지 않는다. 그 무시는 또한 부분적으로 사람들에 대한 기본적인 적개 심의 표현이다. 이 적개심을 이루는 요소 중에서 가장 흔한 것은 경멸과 질 투이다. 이 적개심은 자포자기적으로 관대해지려 하거나 심지어 자신을 희 생시키려 드는 노력에 의해 가려질 수 있으나, 대체로 보면 이런 노력에도 불구하고 숨기려던 반응은 밖으로 새어나오게 되어 있다. 예를 들어, 아내 는 주관적으로 자신이 남편에게 깊이 헌신하고 있다고 확신하면서도 남편 이 일이나 친구나 다른 관심사에 시간을 몽땅 쏟게 되면 분개하고 불평하고 우울해할 수 있다. 과보호하는 어머니라면 자신이 아이의 행복을 위해 모든 것을 다 바치고 있다고 확신하면서도 아이가 독립을 꾀해야 한다는 사실을 근본적으로 무시할 수 있다.

애정 욕구를 보호 장치로 갖고 있는 신경증 환자는 자신이 사랑할 줄 모른다는 점을 거의 자각하지 않는다. 그런 환자들 대부분은 타인에 대한 자신의 욕구를 개인이나 인류에 대한 사랑의 성향으로 착각할 것이다. 그런 착각을 방어하고 지켜나가야 하는 이유가 있다. 그 착각을 포기한다는 것은 사람들에게 기본적으로 적개심을 느끼면서도 동시에 그들의 애정을 원하는 그 딜레마를 겉으로 드러낸다는 의미이다. 사람은 어떤 사람을 경멸하거나 불신하거나 그 사람의 행복이나 독립을 파괴하기를 원하면서 동시에 그 사람의 애정이나 도움, 지지를 갈망할 수는 없다. 현실 속에서 서로 양립할 수 없는 두 가지 목적을 성취하려면, 사람은 적대적인 성향을 자각에서 엄격히 배제시켜야 한다. 달리 말하면, 사랑의 환상은 순수한 애정과 필요를 혼동한 결과이긴 하지만 그래도 애정을 지속적으로 추구하게 하는 기능을 분명히 갖고 있다.

신경증 환자가 애정 욕구를 충족시키면서 겪는 근본적인 어려움이 한 가지 더 있다. 신경증 환자는 자신이 원하는 애정을 적어도 일시적으로는 얻는 데 성공할지라도 그 애정을 진정으로 받아들이지는 못한다는 점이다. 신경증 환자는 자신에게 제시되는 어떠한 애정이든, 갈증에 목이 타는 사람이 물을 마시듯 그렇게 간절히 환영할 것이라고 우리는 예상해야 한다. 신경증 환자는 실제로 애정을 환영하지만 오직 일시적으로만 환영한다. 모든 의사는 환자를 통해서 친절과 배려의 효과를 잘 알고 있다. 환자에게 보살핌의 손길을 주고 그를 철저히 검사한 것 외에는 한 것이 아무것도 없는 때에도, 온갖 육체적 및 정신적 어려움이 일시적으로 사라질 수 있다. 신경증 환자가 자신이 진정으로 사랑을 받고 있다고 느낄 때, 심각한 상황 신경증까지도 깨끗이 사라질 수 있다. 영국 시인 엘리자베스 바렛 브라우닝(Elizabeth

Barrett Browning)이 유명한 예이다. 성격 신경증에서조차도, 그런 주의는 사랑이든 관심이든 아니면 의료적 보살핌이든 불문하고 불안을 누그러뜨리기에 충분할 것이고, 그러면 병세가 호전된다.

어떤 종류의 애정이라도 신경증 환자에게 피상적인 안전을, 더 나아가 행복의 느낌을 줄 수 있다. 그러나 그 같은 애정은 환자의 마음 깊은 곳에서 불신을 건드리거나 공포를 불러일으킬 것이다. 신경증 환자는 그 애정을 믿지 않는다. 왜냐하면 그는 어느 누구도 자신을 사랑하지 않을 것이라고 확신하고 있기 때문이다. 그리고 사랑받을 수 없다는 느낌은 종종 의식적인 믿음이며, 이 믿음은 그와 정반대가 진실이라는 점을 뒷받침하는 실제 경험에도 좀처럼 깨어지지 않는다. 이 같은 믿음이 설마 의식적으로 그 사람을 방해할까 하는 생각이 들 것이다. 그러나 그 믿음은 모호할 때조차도 언제나 의식적이었던 것처럼 좀처럼 흔들리지 않는 그런 믿음이다. 또한 그 믿음은 대체로 자존심 때문에 "신경 쓰지 않는" 듯한 태도에 가려져 있을 수 있다. 사랑받을 수 없는 존재라는 믿음은 사랑하지 못하는 무능력과 아주 비슷하다. 사실 그 믿음은 그 무능력의 의식적 반영이다. 순수하게 다른 사람을 좋아할 수 있는 사람이라면 다른 사람들이 자신을 사랑할 수 없을 것이라는 의문을 절대로 품지 않을 것이다.

만약에 불안이 정말로 깊다면, 제시된 애정은 어떤 것이든 신경증 환자의 불신에 봉착할 것이고, 그 즉시 신경증 환자는 그 애정이 감추어진 동기에서 비롯되었을 것이라고 생각할 것이다. 예를 들어, 정신분석 과정에 그런 환자들은 분석가가 오직 자신의 야망을 위해 환자들을 도우려 하거나 오직 치료적인 이유로만 환자들에게 평가의 말이나 격려의 말을 한다고 느낀다. 나의 환자 한 사람은 내가 그녀가 정서적으로 흥분되어 있는 주말 동안에 면담을 하자고 제안한 것을 굴욕적인 일로 받아들였다. 직접적으로 표현하는 애정은 쉽게 비웃음으로 느껴진다. 만약에 매력적인 어떤 소녀가 신경증을 앓는 남자에게 공개적으로 애정을 보인다면, 그는 그것을 집적거림으로, 심지어 교묘한 도발로 여길 것이다. 왜냐하면 그 소녀가 그를 진정으로 좋아할 수 있다는 것은 그의 상상 밖의 일이기 때문이다.

그런 사람에게 제시된 애정은 불신의 대상이 될 뿐만 아니라 불안을 일으킬 수 있다. 애정에 굴복하는 것이 거미줄에 갇히는 것과 비슷하거나 아니면 마치 애정을 믿는 것이 식인종들 사이에 살면서 경계를 풀어버리는 것과 비슷하게 느껴지기 때문이다. 신경증 환자는 자신에게 순수한 사랑이 제시되고 있다는 사실을 깨달을 때 공포감을 느낄 수 있다.

마지막으로, 애정의 증거가 의존에 대한 공포를 불러일으킬 수 있다. 곧 확인하게 되겠지만, 정서적 의존은 타인의 애정 없이는 살지 못하는 사람에겐 진정한 위험이며, 그렇기 때문에 정서적 의존을 조금이라도 닮은 것이면 무엇이든 반대하려는 투쟁을 일으킬 수 있다. 그런 사람은 어떠한 대가를 치르더라도 자신이 정서적으로 긍정적으로 반응하는 것을 피해야 한다. 왜냐하면 그런 반응이 즉시 의존의 위험을 상기시키기 때문이다. 이를 피하기 위해, 신경증 환자는 다른 사람들이 친절하거나 도움의 손길을 펴고 있다는 자각에 맹목적으로 눈을 감아야 한다. 그렇게 하면서 애정의 모든 증거를 폐기하는 한편으로 타인은 불친절하고, 무관심하고, 심지어 악의적이라는 감정을 계속 품게 되는 것이다. 이런 상황은 음식을 먹지 못해 굶주리고 있으면서도 음식에 독이 들어 있을지 모른다는 두려움 때문에 감히 먹으려 엄두를 내지 못하는 그런 사람의 상황과 비슷하다.

　요약하면, 자신의 근본적인 불안에 휘둘리고 있으면서 그 보호의 수단으로 애정을 찾고 있는 사람에겐, 그렇게 간절히 바라는 애정을 얻을 가능성은 절대로 크지 않다. 애정에 대한 욕구를 불러일으키고 있는 바로 그 상황이 그 욕구의 충족을 방해하기 때문이다.

7장

신경증적 애정 욕구의
추가적인 특징들

우리 대부분은 누군가가 자신을 좋아해주기를 원하고 사랑을 받고 싶어 하고 그렇지 못할 경우에는 분개를 느낀다. 앞에서 이미 말한 바와 같이, 아이의 조화로운 발달엔 자신이 소중한 존재라는 느낌이 대단히 중요하다. 그렇다면 신경증이라고 여겨질 수 있는 애정 욕구의 특징은 무엇인가?

이 욕구를 자의적으로 유치하다는 식으로 표현하면서 우리는 아이들을 부당하게 다룰 뿐만 아니라, 신경증적 애정 욕구를 이루고 있는 근본적인 요인들은 유치함과 아무런 관계가 없다는 점을 망각할 수도 있다. 유아의 욕구와 신경증적 욕구에 공통적인 요소는 오직 한 가지 뿐이다. 바로 무력감이다. 당연히 무력감의 바탕은 유아의 욕구나 신경증적 욕구나에 따라 다르다. 무력감을 제외하고는, 신경증적 욕구는 상당히 다른 전제 조건에서 성장한다. 되풀이하자면, 그 조건은 불안과 사랑받지 못하는 존재라는 느낌, 애정을 믿지 못하는 무능력, 모든 타인들에게 품는 적개심 등이다.

신경증적 애정 욕구에서 눈에 가장 두드러지는 특징은 그 충동성이다. 어떤 사람이 강한 불안에 쫓길 때마다, 그 결과로 반드시 자발성과 유연성의 상실이 나타난다. 쉬운 표현으로 바꾸면, 이는 신경증 환자에겐 애정의 획득이 사치도 아니고 추가적인 힘이나 쾌락의 원천도 아니며, 그저 하나의 결정적인 필요일 뿐이라는 뜻이다. 그 차이는 "나는 사랑 받기를 원하고 또 사랑 받는 것을 즐긴다"는 태도와 "나는 어떤 대가를 치르더라도 사랑을 받아야만 한다"는 태도의 차이, 혹은 식욕이 왕성한 상태에서 음식에 차별을 두며 먹는 것을 즐기는 사람과 거의 아사 직전 상태로 내몰린 탓에 어떤 대가를 치르더라도 음식을 무차별적으로 섭취해야 하는 사람의 차이와 비슷하다.

이런 충동적인 태도는 당연히 사랑 받는 것의 의미를 지나치게 높이 평가하게 되어 있다. 실제로 보면, 사람들이 대체적으로 나를 좋아하는 것은 그다지 중요하지 않다. 그보다는 몇몇 사람이 나를 좋아한다는 사실이 더 중요하다. 내가 보살피고 있는 사람과 내가 함께 일하거나 살아야 하는 사람, 혹은 나 자신이 좋은 인상을 주는 것이 중요한 그런 사람들이 나를 좋아하면 그만이다. 그런 개인이 아닌 다른 사람들이 나를 좋아하고 안 하고는 별로 중요하지 않다. 그러나 신경증적인 사람은 마치 자신의 존재와 행복, 안전이 사람들로부터 사랑을 받는 것에 좌우되는 것처럼 느끼고 또 행동한다.

신경증적인 사람들의 욕망은 모든 사람에게, 말하자면 미용사나 파티에서 만난 이방인에서부터 자신의 동료와 친구에 이르기까지, 아니 모든 여자 혹은 모든 남자로 무차별적으로 향할 수 있다. 따라서 한마디의 인사나 전화 혹은 초대의 말도 그 어감에 따라서 신경증적인 사람들의 기분을 바꿔 놓고 그들의 인생관에까지 영향을 미칠 수 있다. 이와 연결해서 한 가지 문제를 언급해야 한다. 바로 홀로 있지 못하는 무능력이다. 이 무능력도 약간의 불편함과 불안에서부터 고독에 대한 공포에 이르기까지 다양하게 나타난다. 지금 나는 어차피 따분해 하거나 다른 사람과 함께 있는 일에 쉽게 싫증을 내는 그런 사람에 대해 말하고 있는 것이 아니라, 지적이고 재치 있고 또 홀로 있지 못하는 무능력만 아니면 혼자서도 많은 것을 즐길 수 있는 그런 사람에 대해 이야기하고 있다. 예를 들면, 다른 사람이 옆에 있어야만 일을 할 수 있고 혼자서 일을 해야 하는 상황에 처하면 불행해 하는 사람들이 있다. 이처럼 일행을 옆에 두고 싶어 하는 욕구에는 다른 요소도 작용할 것이다. 그러나 일반적으로 보면, 거기엔 막연한 불안과 애정 욕구, 더 정확히 표현하면 인간적인 접촉에 대한 욕구가 작용하고 있다. 이런 사람들은 마치 버림받고 우주에서 떠도는 것 같은 느낌을 받는다. 이들에겐 어떠한 인간적 접촉이든 모두 위안이 된다. 홀로 있지 못하는 무능력이 어떤 식으로 불안을 강화하는지를 관찰하는 것도 가능하다. 일부 환자들은 보호의 장벽 뒤에 안전하게 피난하고 있다고 느끼는 한 홀로 있을 수 있다. 그러나 이 보호 장치가 분석에 의해 허물어지고 약간의 불안이 휘저어지기만 하면, 그들은 갑자기 자신이 더 이상 홀로 있지 못한다는 사실을 깨닫는다. 이는 환자의 조건에 일시적으로 일어나는 장애의 하나로 분석 과정에 반드시 거치게 되어 있다.

신경증적 애정 욕구는 한 사람, 즉 남편이나 아내, 의사, 친구에게 집중될 수 있다. 그런 경우라면, 그 사람의 헌신과 관심, 다정과 존재는 과도한 중요성을 얻게 될 것이다. 그러나 이 중요성은 역설적인 성격을 갖고 있다. 한편으로 보면, 신경증 환자는 타인의 관심과 존재를 추구하며 혹시라도 그 타인이 주변에 없기라도 하면 자신이 미움을 받는 것이 아닌가 하며 두려워하고 무시당하는 느낌을 받는다. 다른 한편으로 보면, 그는 자신의 우상과 함께 있을 때에도 전혀 행복하지 않다. 만약에 이런 모순을 의식한다면, 그는 그 같은 사실에 언제나 당혹감을 느낄 것이다. 그러나 지금까지 내가 논한 내용을 근거로 하면, 타인이 앞에 있기를 바라는 소망은 순수한 애정의 표현이 아니고 타인을 언제든 접촉할 수 있다는 사실에서 오는 안전에 대한 욕구의 표현이다. (물론 순수한 사랑과 애정을 재확인하려는 욕구는 동시에 일어날 수 있지만 언제나 동시에 일어나는 것은 아니다.)

　애정에 대한 갈망은 어떤 집단의 사람들에게로, 아마 공통의 관심사를 가진 사람들에게로 한정될 수도 있다. 예를 들면, 정치적 집단이나 종교적 집단이 있다. 아니면 애정에 대한 갈망은 남녀 중 어느 한쪽으로 한정될 수도 있다. 만약에 안전에 대한 욕구가 이성(異性)에 국한된다면, 그 조건은 겉으로 "정상"인 것처럼 보일 것이고 관계 당사자에 의해서 언제나 "정상"으로 옹호될 것이다. 예를 들면, 주위에 아무 남자도 없을 경우에 불행을 느끼며 불안해하는 여자들이 있다. 이들은 연애를 시작할 것이다. 그러다가도 조금 지나면 연애관계를 깨뜨릴 것이다. 그러면 그녀는 다시 불행해하고 불안을 느끼다가 또 다시 연애를 시작할 것이다. 그녀의 연애는 늘 그런 식으로 순환된다. 이것이 남자와의 관계에 대한 순수한 갈망이 아니라는 것은 그 관계들이 상반되고 불만스럽다는 사실에 의해 확인된다. 더 정확히 말하면, 이런 여자들은 어떤 남자든 무차별적으로 선택한다. 그들은 오직 자기 가까이에 남자를 두고 싶어 할 뿐 그 어떤 남자도 사랑하지 않는다. 대체로 그들은 육체적 만족조차 얻지 못한다. 실제로 보면, 전체 그림은 당연히 이보다 훨씬 더 복잡하다. 나는 단지 그런 여자와 남자의 관계에서 여자의 불안과 애정 욕구가 하는 역할에 대해서만 대략적으로 설명하고 있다.

남자들 사이에도 이와 비슷한 패턴이 발견될 것이다. 남자들도 아무 여자한테서나 사랑을 받고 싶은 충동을 느낄 수 있으며, 그런 남자들은 남자들과 함께 있는 자리에서 불편을 느끼게 될 것이다.

애정 욕구가 동성에 집중된다면, 이는 잠재적 혹은 명백한 동성애의 결정적인 요소가 될 것이다. 이성으로 향하는 길이 지나치게 많은 불안으로 인해 막히게 되면, 애정 욕구는 동성으로 향할 수 있다. 두말할 필요도 없이, 이 불안은 의식에 나타날 필요가 없지만, 이성에 대한 혐오감이나 무관심에 의해 숨겨질 것이다.

애정을 얻는 것이 대단히 중요하기 때문에, 신경증 환자는 애정을 위해서, 자신이 그렇게 하고 있다는 사실을 깨닫지 못하는 가운데 어떠한 대가라도 치르려 할 것이다. 대가를 지급하는 가장 흔한 방법은 동조의 태도와 정서적 의존이다. 동조의 태도는 타인의 의견을 비판하거나 반대하지 않는 태도와 헌신과 존경, 순종으로 나타난다. 만약 이런 유형의 사람들이 비판적이거나 경멸적인 발언이라도 하게 된다면, 그들은 그 발언이 아무 해를 끼치지 않을 때조차도 불안을 강하게 느끼게 된다. 동조의 태도가 지나치게 심해지면, 신경증 환자는 공격적인 충동뿐만 아니라 자기주장의 모든 경향을 버리고 자신이 학대를 당하도록 내버려두며 어떠한 희생이라도 감수하려 할 것이다. 그런 신경증 환자의 자기부정은 마치 어떤 사람이 자신이 좋아하는 사람이 당뇨병 연구에 관심을 갖고 있다는 이유로 당뇨병에 걸리기를 바라는 것과 비슷해 보인다.

동조의 태도와 아주 비슷하고 또 이 태도와 밀접하게 얽혀 있는 것이 바로 정서적 의존이다. 이 정서적 의존은 신경증 환자가 보호를 약속하는 사람에게 집착하려는 욕구에서 비롯된다. 이 의존은 끝없는 고통을 야기할 뿐만 아니라 파괴적이기까지 하다. 예를 들어, 어떤 사람이 상대방에게 무력하게 의존하는 관계도 있다. 그 사람이 그런 관계는 결코 지속적으로 이어질 수 없다는 사실을 충분히 자각하고 있을 때조차도, 그런 관계는 형성된다. 그는 상대방이 말을 친절하게 하지 않거나 미소를 짓지 않을 경우에는 마치 세상이 무너지는 것 같은 느낌을 받는다. 그는 전화를 기다리다가도 불안 발작을 경험할 수 있다. 그러다 만약에 상대방에게 그를 만나는 것을 금지하는 조치가 내려지기라도 하면, 그는 완전히 절망할 것이다. 그래도 그는 그 관계에서 발을 빼지 못한다.

대체로 정서적 의존의 구조는 아주 복잡하다. 한쪽 당사자가 상대편에 일방적으로 의존하는 관계의 경우 거기엔 반드시 상당한 정도의 분개가 존재하기 마련이다. 의존적인 사람은 자신이 노예처럼 굴고 있다는 데 대해 분노를 느낀다. 그는 자신이 상대방의 의견에 동조해야 한다는 데 대해 분노를 느끼면서도 그 사람을 잃을지 모른다는 두려움 때문에 계속 동조한다. 그런 상황을 만드는 것이 자기 자신의 불안이라는 사실을 모른 채, 그는 자신의 종속이 상대방의 강요로 인해 야기되었다고 곧잘 단정할 것이다. 그런 바탕에서 점점 더 커지고 있는 분개는 억압되어야 한다. 왜냐하면 그에겐 상대방의 애정이 간절히 필요하기 때문이다. 그런데 이 억압이 새로운 불안을 일으킨다. 그러면 안전에 대한 욕구도 그만큼 더 커지고, 상대방에게 집착하려는 충동도 더 커진다. 이렇듯 일부 신경증 환자의 경우에는 정서적 의존이 자신의 삶이 망쳐지고 있다는, 매우 현실적이고 정당하기까지 한 공포를 낳는다. 이 공포가 매우 클 때, 신경증 환자는 어느 누구도 가까이하지 않음으로써 이 의존으로부터 자신을 보호하려고 노력할 것이다.

의존을 대하는 태도가 이따금 같은 사람 안에서도 변화한다. 이런 종류의 고통스런 경험을 몇 차례 한 뒤에, 그 사람은 조금이라도 의존처럼 보이는 모든 것에 맹목적으로 반대할 수 있다. 예를 들어, 연애 사건을 몇 차례 겪었는데 모든 연애가 남자에게 결사적으로 의존하는 상태에서 끝났다고 가정해보자. 그러면 이 소녀는 모든 남자들에게 초연한 태도를 발달시킬 것이고, 남자를 만나더라도 정을 주지 않는 가운데 남자를 휘어잡으려고 들 것이다.

분석 동안에 나타나는 환자의 태도에도 이런 과정이 분명하게 드러난다. 환자의 입장에서 보면 분석 시간을 자기 자신을 이해하는 데 이용하는 것이 유익하다. 그런데도 환자는 종종 분석가의 비위를 맞추고 분석가의 인정을 얻으려 노력함으로써 자신의 이익을 무시할 것이다. 분석을 위해 시간을 내야 하고 또 여러 가지를 희생해야 하는 환자로서는 분석을 서둘러야 할 이유가 틀림없이 있는데도, 간혹 보면 이런 이유들이 환자와 완전히 무관한 것처럼 보인다. 환자는 분석가로부터 긍정적인 대답을 듣는다는 단 하나의 목적을 위해 이야기를 장황하게 몇 시간 동안 늘어놓을 것이다. 아니면 상담 시간을 재미있게 끌고가려고 애를 쓰며 분석가에게 존경을 표하려 들 것이다. 이런 태도가 너무 지나친 나머지 환자의 연상이나 꿈이 분석가를 즐

겁게 해주려는 소망을 반영하는 경우도 간혹 있다. 아니면 환자는 자신은 분석가의 사랑에만 신경을 쓴다고 믿으면서 자신의 감정의 순수성으로 분석가에게 강한 인상을 남기려다가 분석가에게 완전히 빠질 수도 있다. 모든 분석가들이 인간적인 가치의 전형으로 여겨질 수 없고 또 모든 분석가들이 개별 환자의 개인적 기대에 완벽하게 부응할 수 없는 존재라는 점을 감안한다면, 여기서도 무차별성이라는 요소가 뚜렷이 보인다. 물론 분석가가 어느 환자라도 사랑할 수 있는 그런 사람일 수 있다. 그러나 설령 그렇다 하더라도, 그 점이 분석가가 환자에게 지니는 정서적 중요성을 다 설명하지는 못할 것이다.

사람들이 "전이"라는 표현을 쓸 때 생각하는 것이 대체로 이런 현상이다. 그럼에도 "전이"라는 용어가 아주 적절하지는 않다. 왜냐하면 전이는 환자가 분석가에게 보이는 정서적 의존뿐만 아니라 비합리적인 반응들 전체를 말하는 것이기 때문이다. 여기서 문제는 이 같은 의존이 분석에서 일어나는 이유에 있지 않다. 왜냐하면 보호를 필요로 하는 사람들은 어떤 의사 혹은 사회복지사, 친구, 가족에게나 매달릴 것이기 때문이다. 그보다는 왜 이 의존이 그렇게 강하고 또 그렇게 자주 일어나는가 하는 것이 문제이다. 이에 대한 대답은 비교적 간단하다. 다른 무엇보다도 분석이란 것이 불안에 맞서 세운 방어 장벽을 허물고, 그렇게 함으로써 보호의 장벽 뒤에 숨어 있는 그 불안을 휘저어 일으키기 때문이다. 환자가 이런저런 식으로 분석가에게 매달리도록 만드는 것이 바로 불안의 증대이다.

여기서 우리는 다시 아이의 애정 욕구와 다른 점을 발견한다. 아이는 어른보다 더 무력하기 때문에 어른보다 애정이나 도움을 더 많이 원하지만,

아이의 그런 태도에는 충동적인 요소가 전혀 없다는 점이다. 이미 불안해하고 있는 아이들만 엄마의 앞치마에 매달릴 것이다.

신경증적 애정 욕구의 두 번째 특징은 그 탐욕성인데, 이것 또한 아이의 욕구와 완전히 다르다. 아이도 귀찮게 조르고, 과도한 관심을 요구하고, 사랑 받고 있다는 사실을 끊임없이 재확인하길 원할 수 있는 것도 사실이다. 그런 아이는 신경증을 가진 아이이다. 그러나 따스함과 신뢰성이 느껴지는 환경에서 성장하고 있는 건강한 아이는 자신이 사랑받고 있다고 확신하면서 그 사실에 대한 증명을 요구하지 않고 또 한동안 필요한 것이 있으면 도움을 받으면 그만이다.

만족을 모르는 신경증 환자의 욕심은 음식 섭취나 물건 구매, 윈도우 쇼핑, 소망 등에 나타나는 일반적인 특징인 탐욕으로 나타날 것이다. 탐욕은 대부분의 시간 동안 억눌려 있다가 갑자기 터질 수도 있다. 예를 들면, 평소에 옷을 사는 일에 검소한 면을 보였던 어떤 사람이 불안 상태에서 새 코트를 4벌이나 구입할 수도 있다. 탐욕은 해면이 물을 흡수하는 것처럼 다소 부드러운 형태로 일어나기도 하고, 문어 같은 공격적인 행동으로 일어나기도 한다.

탐욕의 태도는 온갖 변형과 억제와 더불어 "구순적"(口脣的) 태도라 불리며 정신분석 논문에 그런 것으로 잘 설명되어 있다. 이 전문 용어의 바탕에 깔린 이론적 관점도 그때까지 따로따로 떨어져 있던 경향들을 증후군으로 통합시켰다는 점에서 보면 소중할 수 있지만, 이 모든 경향들이 구순의 감각과 소망에서 비롯되었다는 관점은 의문스럽다. 이 관점은 탐욕이 꿈에서뿐만 아니라 음식에 대한 요구와 음식을 먹는 태도에 자주 표현된다는 관찰을 바탕으로 하고 있다. 꿈의 경우라면 예를 들어서 사람을 잡아먹는 꿈은 그런 경향을 보다 원시적인 형식으로 표현하는 것일 수도 있다. 그러나 이 현상들은 우리가 기본적으로 구순적인 욕망을 표현하고 있다는 점을 뒷받침하지는 않는다. 그러므로 이 관점보다는 음식을 먹는 것은 대체로 탐욕을 충족시키는 수단으로 가장 손쉬운 방법이라는 가설이 훨씬 더 그럴 듯할 것 같다. 꿈속에서 음식을 먹는 것이 만족을 모르는 욕구를 표현하는 가장 구체적이고 원시적인 상징인 것과 똑같은 이치이다.

"구순적" 욕망 혹은 태도들이 그 성격상 성적 충동이라는 가설도 증명이 필요하다. 성적 영역에도 탐욕의 태도가 나타날 수 있다는 데는 의문의 여지가 없다. 성교와 삼키거나 무는 행위를 동일시하는 꿈에서뿐만 아니라 실제로 성적 만족을 모르는 사람들의 태도에서도 그런 탐욕이 드러난다. 그러나 탐욕은 야망과 명성의 추구나 돈이나 옷에 대한 물욕에서도 마찬가지로 나타난다. "구순적" 욕망이 성적 충동이라는 가설을 뒷받침하는 방향으로 할 수 있는 말은 탐욕의 격함이 성적 충동의 격함과 닮았다는 점뿐이다. 그러나 모든 열정적인 충동이 성적 충동이라고 말할 수 없다면, 탐욕 자체가 성적, 다시 말해 전(前)성기기의 충동이라는 점은 증명이 필요하다.

탐욕의 문제는 복잡하고 여전히 풀리지 않고 있다. 충동성과 마찬가지로, 탐욕도 틀림없이 불안에 의해 촉진된다. 탐욕이 불안에 좌우된다는 사실은 꽤 분명하다. 예를 들어, 과도한 자위나 과도한 음식 섭취 등에서 그런 점이 확인되고 있다. 탐욕과 불안의 연결은 또한 그 사람이 사랑을 받고 있다거나 성공을 거두고 있다거나 건설적인 일을 하고 있다고 생각함으로써 다시 안전을 느끼기만 하면 탐욕이 약화되거나 사라진다는 사실로도 확인될 것이다. 예를 들어, 사랑을 받고 있다는 느낌은 금방 충동적인 구매욕을 약화시킬 것이다. 끼니마다 탐욕을 숨기지 않던 한 소녀는 자신이 대단히 좋아하던 의류 디자인 작업을 시작하자마자 허기와 식사 시간을 망각했다. 그런 한편, 적개심이나 불안이 고조되기만 하면 탐욕이 나타나거나 강화될 수 있다. 힘든 공연을 앞둔 사람이라면 강박적으로 쇼핑에 나설 수 있고, 퇴짜 맞았다는 기분이 드는 사람이라면 음식을 탐욕스럽게 먹을 수 있다.

그러나 불안을 느끼면서도 탐욕을 보이지 않는 사람도 많다. 이는 탐욕에는 불안 이 외에 다른 특별한 요인이 작용하고 있다는 점을 암시한다. 이 요인들에 대해서 어느 정도 확실하게 말할 수 있는 것은 탐욕스런 사람들은 스스로 무엇인가를 창조할 수 있는 능력을 믿지 않고, 따라서 자신의 욕구의 충족을 외부 세계에 기대게 된다는 점이다. 그런 식으로 기대면서도 그들은 어느 누구도 자신에게 무엇인가를 주려 하지 않을 것이라고 믿는다. 애정 욕구에 만족을 모르는 신경증 환자들은 대체로 시간이나 돈의 희생, 구체적인 상황에 관한 조언, 곤경에서 벗어나는 데 필요한 도움, 선물, 정보, 성적 만족 등과 같은 실질적인 것에서도 똑같이 탐욕을 보인다. 일부 환자들을 보면, 이런 욕망은 애정의 증명에 대한 소망을 분명히 드러내고 있다. 그러나 다른 환자들을 보면, 이 같은 설명은 그다지 설득력을 발휘하지 못한다. 후자의 경우에는 신경증 환자가 단지 무엇인가를 얻기를 원한다는 인상이 강하게 느껴진다. 그것이 애정일 수도 있고 전혀 애정이 아닐 수도 있다. 또 애정에 대한 갈망이 있을 경우에도 그 갈망은 다른 유형(有形)의 호의나 이익을 강탈하기 위한 구실에 지나지 않는다는 인상이 느껴진다.

이 같은 관찰은 애정 욕구의 바탕에서 일어나고 있는 현상이 아마 물질적인 것들에 대한 탐욕이 아닐까, 또 애정 욕구는 이 목표를 성취하는 한 방법에 불과한 것이 아닐까 하는 물음을 던지게 한다. 이 물음에 대한 일반적인 대답은 절대로 있을 수 없다. 곧 살피게 되겠지만, 소유욕은 불안에 대한 근본적인 방어 기제의 하나이다. 그러나 경험에 따르면, 일부 환자들의 경우에는 애정 욕구가 지배적인 보호 장치임에도 아주 깊이 억눌러져 있어서 겉으로 드러나지 않을 수 있다. 그러면 물질에 대한 탐욕이 길게 이어지거나 일시적으로 일어난다.

애정의 역할을 묻는 이 질문과 관련해, 신경증 환자들은 대충 3가지 유형으로 구분된다. 첫 번째 집단은 애정을 갈망하는 사람들이다. 물론 갈망의 형태는 다양하게 나타날 것이다. 이들은 어떤 방법을 동원해서라도 애정을 얻으려 들 것이다.

두 번째 집단의 사람들은 애정을 얻으려고 노력하지만, 어떤 사람에게서 애정을 얻지 못하게 될 경우에 그 즉시 다른 사람을 찾아 나서는 것이 아니라 모든 사람들을 멀리하게 될 것이다. 그러면서 사람에게 애착을 가지려 노력하지 않고 대신에 물건에 애착을 가지려 들 것이다. 그러면서 음식을 마구 먹거나 물건을 마구 구입하거나 책을 마구 읽을 것이다. 일반적으로 말해서, 무엇인가를 얻으려 들 것이다. 그런 변화는 간혹 괴상한 형식으로 나타나기도 한다. 예를 들면, 연애에 실패한 뒤에 강박적으로 음식을 먹어 아주 짧은 시간에 체중을 10Kg이나 20Kg 늘리는 사람도 있다. 이 사람은 그런 상태에서도 다시 연애를 하게 되면 금방 몸무게를 빼고 그 연애가 실패하면 또 다시 몸무게를 늘리게 된다. 간혹 신경증 환자들 사이에서도 똑같은 행동이 관찰된다. 분석가에게 심하게 실망한 뒤, 환자는 강박적으로 음식을 먹기 시작해 알아보지도 못할 정도로 몸무게를 불린다. 그러다가도 분석가와의 관계가 부드럽게 풀리면 다시 몸무게가 줄어든다. 음식에 대한 탐욕도 억눌러질 수 있으며, 그러면 그 억압은 식욕 상실이나 위의 기능 장애 같은 징후를 통해 겉으로 드러난다. 이 집단에 속하는 사람들의 경우에는 개인적인 관계가 첫 번째 집단의 사람들보다 더 심하게 장애를 받는다. 그들은 여전히 애정을 갈망하고 있고 그것을 얻으려 팔을 뻗고 있지만, 조금의 실망이라도 있으면 그들이 다른 사람과 맺고 있던 실은 끊어지고 만다.

세 번째 집단의 사람들은 상처를 너무 일찍부터 아주 심하게 입은 탓에 어떤 애정이든 강하게 불신하게 되었다. 그들의 불안은 뿌리가 아주 깊다. 그래서 그들은 정말 심각한 피해가 가해지지 않는 한 대체로 만족한다. 그들은 애정에 냉소적인 태도를 보일 것이고 물질적 도움과 조언, 성욕과 관련한 소망을 성취하는 것을 더 중요하게 여긴다. 그들은 불안 중 상당 부분이 해소된 뒤에야 애정을 바랄 수 있고 또 평가할 수 있게 될 것이다.

이 3가지 집단의 다양한 태도는 이렇게 요약될 수 있다. 애정에 탐욕을 보이거나, 애정 욕구와 일반적인 탐욕이 교대로 일어나거나, 애정 욕구를 전혀 보이지 않는 가운데 일반적인 탐욕을 보인다. 각 집단은 또 불안과 적개심이 동시에 높아지는 현상을 보인다.

논의의 핵심으로 돌아가서, 우리는 애정에 대한 탐욕이 일어나는 특별한 방식을 고려해야 한다. 탐욕은 주로 질투와 무조건적 사랑에 대한 요구로 표현된다.

　누군가의 사랑을 잃을 위험에 대한 반응으로 적절한, 정상적인 사람의 질투와 달리, 신경증적 질투는 그 위험에 비해 터무니없을 정도로 크다. 신경증적 질투는 그 사람 혹은 그 사람의 사랑을 잃을지 모른다는 두려움 때문에 일어난다. 따라서 그 사람이 가질 수 있는 다른 관심사는 신경증 환자에겐 잠재적 위험이 된다. 이런 종류의 질투는 모든 인간관계에 두루 나타날 수 있다. 부모가 친구를 사귀거나 결혼을 하려는 자식에게 질투를 느낄 수도 있고, 자식이 부모에게 질투를 느낄 수도 있고, 결혼한 파트너 사이에도 질투가 일어날 수 있다. 모든 사랑의 관계에도 질투가 일어날 수 있다. 분석가와의 관계도 예외는 아니다. 다른 환자를 만나고 있는 분석가에게 대단히 예민하게 구는 데서도 그런 질투가 느껴진다. 아니면 분석가가 다른 환자를 그냥 언급하기만 해도 질투가 일어나는 경우도 있다. 여기서 좌우명은 '당신은 나만을 사랑해야 해.'이다. 환자는 이런 식으로 말하고 있을 것이다. "당신이 나를 친절하게 대하고 있다는 점을 나는 높이 평가한다. 그럼에도 불구하고, 당신이 다른 환자들도 똑같이 친절하게 대하고 있기 때문에, 나에 대한 당신의 친절은 아무런 의미가 없어." 다른 사람과 공유해야 하는 애정은 그 즉시 낮게 평가를 받게 된다.

　터무니없을 만큼 강한 질투는 종종 어린 시절에 형제자매나 부모에게 경험한 질투의 영향을 강하게 받는 것으로 여겨진다. 형제자매간의 경쟁은 예컨대 갓 태어난 아기에 대한 질투처럼 건강한 아이들 사이에 일어날 때에는 그 아이가 그때까지 누렸던 사랑과 관심을 잃지 않았다는 것을 확실히 느끼기만 하면 아무런 상처를 남기지 않고 사라진다. 나의 경험에 따르면, 어린 시절의 과도한 질투도 어른의 경우와 마찬가지로 아이의 내면에 형성된 신경증적 조건 때문에 일어난다. 그런 아이의 내면에는 근본적인 불안에서 일어난 탐욕스런 애정 욕구가 이미 존재하고 있다. 정신분석 논문을 보면, 아이의 질투 반응과 성인의 질투 반응의 관계가 종종 모호하게 묘사되고 있다. 성인의 질투는 어린 시절의 질투의 "반복"으로 불리고 있을 뿐이다. 만약에 "반복"이라는 용어가 성인 여자가 자기 남편을 질투하는 것이 어릴 적에 그녀가 자기 어머니를 질투했기 때문이라는 뜻이라면, 그 같은 이론은 지지를 얻기 힘들 것이다. 아이가 부모나 형제자매와의 관계에서 느끼는 강한 질투는 훗날 어른이 되어 느끼는 질투의 원인이 아니다. 두 가지 질투는 같은 원천에서 나온다.

만족을 모르는 애정 욕구의 한 표현으로 질투보다 더 강한 것은 무조건적인 사랑의 추구이다. 이 같은 애정 욕구는 의식에 이런 식으로 나타난다. "나는 나 자신의 행동 때문이 아니라 나라는 존재 자체 때문에 사랑받기를 원한다." 이 같은 소망에는 잘못된 것이 없다. 틀림없이, 나라는 존재 자체를 근거로 사랑받기를 원하는 것은 어느 누구에게도 이상하게 여겨지지 않는다. 그러나 무조건적인 사랑에 대한 신경증적 소망은 정상적인 것보다 훨씬 더 광범위하며, 극단적인 형태로 나타날 경우에 그 소망은 성취 불가능한 것이 된다. 그것은 말 그대로 아무런 조건 없이 사랑을 요구하는 것이다. 무조건적인 사랑에 대한 요구는 여러 가지 소망을 담고 있다.

첫째, 이 요구는 사랑을 받을 만한 어떠한 행동도 하지 않는 가운데 사랑을 받고자 하는 소망을 포함하고 있다. 이 같은 소망은 하나의 안전 장치로 필요하다. 왜냐하면 신경증적인 사람은 자신이 적개심으로 가득하고 과도한 요구를 하고 있다는 사실을 마음에 은밀히 등록하고 있기에 적개심이 드러나게 될 경우에 다른 사람이 자기 곁을 떠나거나 화를 낼 수 있다는 두려움을 품고 있기 때문이다. 이런 유형의 환자는 사랑스런 사람을 사랑하는 것은 너무나 쉬운 일이기 때문에 아무런 의미를 지니지 않는다는 의견을, 또 사랑은 어떤 비뚤어진 행동이라도 견뎌내는 능력을 입증하는 것이라는 의견을 제시할 것이다. 이런 마음을 품고 있는 사람에겐 약간의 비판마저도 사랑의 철회로 느껴질 것이다. 정신분석의 목적이 성격에 변화를 이루는 것임에도 불구하고, 환자는 분석 과정에 성격의 어떤 부분을 바꿔야 한다는 암시가 제기되기라도 하면 크게 분개할 것이다. 이는 그가 그런 암시를 애정 욕구의 좌절로 느끼기 때문이다.

둘째, 무조건적 사랑에 대한 신경증적 요구에는 사랑을 주지는 않고 받기만 하려는 소망이 담겨 있다. 이런 소망이 필요한 이유는 신경증적인 사람이 자신은 따스함을 느끼지 못하거나 애정을 베풀지 못한다고 느끼고 있고 또 그렇게 할 뜻이 없기 때문이다.

셋째, 신경증 환자의 그런 요구는 상대방에게 아무런 혜택을 주지 않는 가운데 사랑을 받고자 하는 소망을 포함하고 있다. 이 같은 소망이 필요한 이유는 그 상황에서 상대방이 혜택이나 만족을 얻게 되면 그 즉시 신경증 환자의 내면에서 상대방이 그 혜택이나 만족을 위해서 자신을 사랑하는 것이 아닌가 하는 의심이 일어나기 때문이다. 성적 관계에서도 이 유형의 사람들은 상대방이 거기서 얻는 만족을 시기할 것이다. 왜냐하면 그들이 사랑을 받는 것은 바로 그 만족 때문이라는 느낌을 받기 때문이다. 정신분석에서, 이런 환자들은 분석가가 자신을 도움으로써 얻는 만족에 대해서도 시기한다. 그들은 분석가가 자신들에게 베푸는 도움을 폄하하거나 아니면 그 도움에 대해 지적으로는 높이 평가하면서도 어떠한 감사의 마음도 품지 않을 것이다. 아니면 이런 유형의 환자들은 향상을 다른 원인으로, 이를테면 약이나 친구가 해 준 조언의 덕으로 돌릴 것이다. 물론 그들은 자신이 지급해야 하는 상담료에 대해서도 시기한다. 그들은 지적으로는 그 수수료가 시간과 에너지, 지식에 대한 보상이라고 인정하면서도 정서적으로는 수수료의 지급을 분석가가 자신들에게 진정으로 관심을 두지 않고 있다는 점을 증명하는 사실로 받아들일 것이다. 이런 부류의 사람들은 선물을 하는 데 있어서도 어색해할 수 있다. 왜냐하면 그들이 사랑을 받고 있다는 확신이 선물로 인해서 흐려질 수 있기 때문이다.

무조건적인 사랑을 요구하는 행태에는 끝으로 희생을 하지 않고 사랑 받고 싶어 하는 소망아 포함되어 있다. 상대방이 신경증 환자를 위해 모든 것을 희생하기만 한다면, 신경증 환자는 자신이 사랑 받고 있다는 느낌을 확실히 받을 것이다. 이 희생은 돈이나 시간이 될 수도 있고 신념이나 개인의 존엄이 될 수도 있다. 이 요구는 예를 들어 상대방이 엄청난 피해를 입어가면서까지 신경증 환자의 편에 서야 한다는 기대를 포함하고 있다. "뱃속에서 열 달을 힘들게 키우다가 고통을 겪으며 낳았다"는 이유로 자식들에게 맹목적인 헌신과 온갖 종류의 희생을 기대하면서 순진하게도 스스로 정당하다고 느끼는 어머니들이 있다. 또 다른 어머니들은 무조건적 사랑에 대한 소망을 억압했다. 그래서 이 어머니들은 자식들에게 엄청난 도움과 지원을 베풀 수 있다. 그러나 그런 어머니들은 아이들과의 관계에서 아무런 만족을 끌어내지 못한다. 왜냐하면 앞에서 이미 언급한 예들처럼 이 어머니들은 아이들이 자신을 사랑하는 것은 자신으로부터 아주 많은 것을 받기 때문이라고 느끼고, 따라서 그들이 아이들에게 베푸는 모든 것을 은밀히 시기하기 때문이다.

무조건적인 사랑을 추구하는 행태는 상대방을 고려하지 않는다는 점에서 신경증적 애정 욕구에 숨어 있는 적개심을 다른 어떤 것보다 더 분명하게 보여준다.

다른 사람을 최대한 착취하겠다고 의식적으로 결정하는 정상적인 흡혈귀 유형과 반대로, 신경증적인 사람은 대체로 자신이 얼마나 부당하게 구는지에 대해 알지 못한다. 그는 전략적인 이유로 자신의 요구사항을 의식하지 말아야 한다. 아마 어느 누구도 솔직하게 이런 식으로 말하지는 못할 것이다. "나는 당신이 아무런 보답을 받지 않고 나를 위해 자신을 희생해주길 바라고 있어." 신경증적인 사람은 자신이 아파서 타인의 희생이 필요하다는 식으로 정당한 근거를 제시하며 요구한다. 신경증 환자의 요구는 이 근거들과 별도로 그 사람의 깊은 믿음, 말하자면 자신은 자신의 자원만으로 살아가지 못하고, 사는 데 필요한 모든 것을 타인에게서 얻어야 하고, 삶에 대한 모든 책임은 자신이 아닌 타인에게 있다는 믿음에도 뿌리를 내리고 있다. 그러므로 무조건적 사랑에 대한 요구를 포기하는 것은 삶을 대하는 태도에 변화가 있은 다음에야 가능한 일이다.

신경증적 애정 욕구의 모든 특징에는 신경증 환자 본인의 상충하는 경향들이 그에게 필요한 애정을 가로막고 있다는 사실이 공통적으로 보인다. 그

렇다면 요구사항이 부분적으로만 성취되거나 철저히 거절당하게 될 때 신

경증 환자는 어떤 식의 반응을 보일까?

8장

애정을 얻는 방법과
거절에 대한 민감성

신경증 환자들이 애정을 아주 간절히 원하면서도 애정을 얻는 것이 대단히 어렵다는 점에 대해 깊이 생각하다 보면, 그들은 정서적 분위기가 중도적인 그런 환경에서 성공할 가능성이 가장 크지 않을까 하는 생각이 들 것이다. 그러나 여기서 또 까다로운 문제가 하나 끼어든다. 신경증 환자들이 거절이나 퇴짜의 기미만 보여도 아주 고통스럽게 반응한다는 점이다. 중도적인 분위기는 어떤 점에서 보면 신경증 환자를 안심시키는 측면이 있지만, 어쨌든 그런 어정쩡한 분위기 자체가 신경증 환자에겐 퇴짜로 느껴진다.

　신경증 환자가 거절에 어느 정도 민감한지를 설명하기는 아주 어렵다. 약속이 바뀌거나, 기다리게 되거나, 대답을 즉각 듣지 못하거나, 자신의 의견에 동의하지 않는 사람이 있거나, 자신의 바람을 따르길 거부하는 사람이라도 있으면, 한마디로 말해 자신의 요구가 관철되지 않으면, 그것 자체가 퇴짜로 느껴진다. 퇴짜는 신경증 환자가 자신의 근본적인 불안을 다시 확인하도록 하는 데서 그치지 않는다. 퇴짜 자체가 그들에겐 하나의 굴욕으로 느껴진다. 신경증 환자들이 퇴짜를 굴욕으로 느끼는 이유에 대해서는 뒤에 설명할 것이다. 퇴짜는 굴욕으로 여겨질 내용물을 갖고 있기 때문에 엄청난 분노를 공개적으로 일으킬 수도 있다. 예를 들어, 고양이를 기르는 소녀는 고양이가 자신의 애무에 아무런 반응을 하지 않는다는 이유로 분노를 폭발시키며 고양이를 집어던질 수 있다. 신경증 환자들은 기다려야 하는 상황에 처하게 되면 그 같은 사실 자체를 자신이 아주 하찮게 대접받는 증거로 해석한다. 말하자면 자신들과의 약속은 제때 지킬 필요조차 없는 약속이라는 식으로 해석하는 것이다. 약속을 미루는 것은 신경증 환자의 적개심을 자극하거나 아니면 신경증 환자가 모든 감정을 거둬들이게 할 수 있다. 그러면 신경증 환자들은 냉담하게 굴며 주변의 자극에 아무런 반응을 하지 않게 된다. 몇 분 전까지만 해도 그 만남에 기대를 크게 걸었을지라도, 자신이 기다려야 한다는 사실 앞에서 신경증 환자의 기분은 급변할 수 있다.

퇴짜의 느낌이 화로 바뀌는 것은 종종 무의식적으로 일어난다. 퇴짜가 의식의 자각에 잡히지 않을 만큼 아주 미묘할 수 있기 때문에, 이런 현상은 더욱 쉽게 일어난다. 그렇기 때문에 어떤 사람이 이유를 전혀 모르는 가운데서도 화를 내거나 앙심을 품거나 피로를 느끼거나 우울증을 느끼거나 두통을 앓을 수 있다. 게다가, 적대적인 반응은 진짜 퇴짜나 퇴짜로 느껴지는 것에만 나타나는 것이 아니라 예상되는 퇴짜에도 나타난다. 예를 들어, 어떤 사람이 이미 퇴짜를 예상하고 있는 상황이라면 질문을 퉁명스럽게 던질 수도 있다. 어떤 소녀가 자신의 꽃 선물에서 숨겨진 동기를 느낄 것이라고 예상된다면, 남자는 그 소녀에게 꽃을 보내는 것을 자제할 것이다. 이 남자는 똑같은 이유로 긍정적인 감정이나 애정, 감사, 존중의 뜻을 표현하는 것도 극도로 두려워할 것이고, 따라서 자기 자신과 타인들에게 실제보다 더 냉담하고 무정하게 비칠 수 있다. 아니면 그는 여자들을 비웃으면서 예상되는 퇴짜에 대해 먼저 복수를 할 수도 있을 것이다.

퇴짜에 대한 공포가 아주 강해질 경우에 그 사람은 거절의 가능성이 조금이라도 있는 일이면 무조건 피하려 들 것이다. 이 같은 기피는 담배를 사면서 불을 빌려달라고 말하지 못하는 것에서부터 일자리를 요구하지 않는 것까지 폭넓게 나타날 것이다. 거절을 두려워하는 사람들은 거절을 당하지 않을 것이라는 확신이 서지 않는 한 자신이 좋아하는 남자나 여자에게 데이트를 신청하는 것조차 피할 것이다. 이런 유형의 남자들은 대체로 남자가 여자에게 춤을 추자고 먼저 제안해야 한다는 사실에 분개를 느낀다. 왜냐하면 여자가 단지 예의를 갖추기 위해 그의 제안을 받아들이지 않을까 두렵기 때문이다. 그러면서 이런 유형의 남자들은 춤을 추자고 먼저 제안하지 않아도 되는 여자가 이 점에서는 훨씬 더 낫겠다고 생각한다.

달리 말하면, 퇴짜에 대한 두려움은 심각한 억제를 낳을 수 있으며 이 억제는 소심함으로 비칠 수 있다. 이 소심함은 자신을 퇴짜에 노출시키지 않는 방어 기제의 기능을 한다. 자신은 사랑받을 만한 존재가 아니라는 확신도 똑같은 종류의 방어 기제로 이용될 수 있다. 이런 부류의 사람들은 스스로에게 이렇게 말하고 있는 것이나 마찬가지이다. "사람들은 어쨌든 나를 좋아하지 않아. 그러니 나는 구석에 처박혀 있는 게 최고야. 그러면 적어도 퇴짜를 맞을 위험은 없을 테니까." 따라서 퇴짜에 대한 두려움은 애정 욕구에 큰 장애가 된다. 왜냐하면 그런 두려움이 있는 사람은 자신이 주목받고 싶어 한다는 사실을 다른 사람들이 알도록 하지 않을 것이기 때문이다. 더욱이 퇴짜 맞고 있다는 느낌에 의해 일어나는 적개심은 불안이 계속 이어지게 하거나 불안을 강화하게 된다. 이 적개심은 "악순환"의 형성에 중요한 요소인데, 이 악순환의 고리는 한번 형성되기만 하면 끊기가 아주 어렵다.

신경증적 애정 욕구의 다양한 영향에 의해 형성되는 이 악순환은 대략적으로 다음과 같이 돌아갈 것이다. 배타적이고 무조건적인 사랑에 대한 요구를 포함한 과도한 애정 욕구가 일어난다. 무조건적인 사랑에 대한 요구가 받아들여지지 않을 경우에 퇴짜의 감정이 생긴다. 퇴짜에 대해 적개심을 강하게 보인다. 그런데 애정을 잃을지도 모른다는 두려움 때문에 적개심을 억압할 필요가 있다. 화로 인해 긴장이 생겨난다. 이어 불안이 더욱 커진다. 안전의 필요성이 더욱 커진다. 따라서 불안 앞에서 안전을 얻는 바로 그 수단이 오히려 적개심과 불안을 새로 일으킨다.

악순환의 형성은 여기서 논의되고 있는 맥락에서만 일어나는 것이 아니다. 대체로 말하면, 악순환의 형성은 신경증에서 가장 중요한 과정 중 하나이다. 보호 장치는 예외 없이 그 사람을 안심시키는 성격 외에 불안을 새로 일으키는 성격을 갖고 있다. 어떤 사람이 불안을 누그러뜨리기 위해 술을 마셔 놓고는 음주가 건강을 해칠 수 있다고 두려워할 수도 있다. 아니면 어떤 사람이 불안을 달래기 위해 자위를 해놓고는 자위가 자신을 아프게 할 수도 있다고 두려워할 수 있다. 아니면 불안을 해소하기 위한 치료를 받아놓고는, 곧 그 치료가 오히려 자신에게 해를 입히지 않을까 하고 걱정할 수도 있다. 악순환의 형성은 심각한 신경증을 더욱 심각하게 만드는 중요한 원인이다. 외부 조건에 아무런 변화가 없을 때조차도 이 악순환 때문에 신경증은 더욱 악화된다. 악순환과 그 영향을 찾아내는 것이 정신분석의 중요한 임무이다. 신경증 환자 본인은 악순환을 파악하지 못한다. 그는 자신이 절망적인 상황에 갇혀 있다는 느낌을 받음으로써 악순환의 결과만을 알아차릴 뿐이다. 갇힌 것 같다는 느낌은 그가 부수지 못하는 덫에 대한 반응이다. 밖으로 향하는 것 같은 길은 어느 것이든 그를 다시 새로운 위험으로 안내한다.

이런 내면적 어려움에도 불구하고 신경증 환자가 바라는 애정을 얻을 수 있는 길은 어떤 것이 있나, 하는 물음이 생긴다. 여기서 풀어야 할 문제는 두 가지이다. 하나는 필요한 애정을 어떻게 얻는가 하는 문제이다. 둘째는 그 애정에 대한 요구를 자기 자신과 타인에게 어떻게 정당화하는가 하는 문제이다. 애정을 얻을 수 있는 다양한 수단으로는 뇌물과 동정심에 대한 호소, 정의감에 대한 호소, 그리고 협박이 있다. 물론 이 같은 분류는 심리적 요인들을 나열하는 다른 예에서와 마찬가지로 엄격히 구분되는 것이 아니라 일반적인 경향을 암시하는 것에 지나지 않는다. 이 다양한 수단들은 서로 배타적이지 않다. 성격의 전반적인 구조뿐만 아니라 상황에 따라서, 그리고 적개심의 정도에 따라서, 이 수단 중 몇 가지가 동시에 채택될 수도 있고 번갈아 채택될 수도 있다. 사실 애정을 획득하는 이 4가지 수단이 언급되는 순서는 적개심의 강도를 암시하고 있다.

신경증 환자가 뇌물로 애정을 얻고자 시도할 때, 그의 좌우명은 이렇게 묘사될 수 있다. '나는 당신을 몹시 사랑한다. 그러므로 당신도 나를 사랑해야 하고 나의 사랑을 위해서 모든 것을 포기해야 한다.' 우리 문화에서 이런 전략을 남자들보다 여자들이 더 자주 이용하는 것은 여자들이 살아온 조건 때문이다. 수 세기 동안 사랑은 여성의 특별한 영역으로 여겨져 왔을 뿐만 아니라 사실 여자들이 바라는 것을 얻을 수 있는 유일하거나 중요한 수단이 었다. 남자들은 성장하면서 자신이 높은 위치에 올라서길 원한다면 무엇인가를 성취해야 한다는 확신을 갖게 되는 반면에, 여자들은 사랑을 통해서, 오직 사랑을 통해서만 행복과 안전, 명성을 얻을 수 있다는 것을 깨달았다. 문화적 지위에 나타나는 차이는 남녀의 심리 발달에 지대한 영향을 미쳤다. 여기서 이 영향에 대해 논하는 것은 적절하지 않을 수 있지만, 그 영향의 결과 하나가 신경증 환자들 중에서 사랑을 전략으로 이용하는 사람을 보면 여자가 남자보다 더 많다는 점이다. 동시에 사랑에 대한 이런 주관적인 믿음은 요구를 정당화하는 데 이용된다.

이런 유형의 사람들은 사랑의 관계에서 의존에 빠질 위험을 안고 있다. 예를 들어, 신경증적 애정 욕구를 가진 어떤 여자가 비슷한 유형의 남자에게 접근한다고 가정하자. 이때 남자는 여자가 접근해오자마자 흠칫하며 뒤로 물러설 것이다. 그러면 여자는 그런 거절에 적개심을 품게 된다. 그러면서도 여자는 그를 잃을까 두려워 적개심을 억누른다. 만약에 여자가 뒤로 빠지려 하면, 이번에는 남자가 그녀의 호의를 얻으려 나설 것이다. 그러면 그녀는 자신의 적개심을 억누를 뿐만 아니라 헌신적인 태도로 적개심을 가리려 할 것이다. 그러다 그녀는 다시 퇴짜를 맞을 것이고, 이에 대해 그녀는 더욱 치열한 사랑으로 반응할 것이다. 따라서 그녀는 자신이 억제할 수 없는 "뜨거운 열정"에 사로잡혀 있다는 확신을 점진적으로 갖게 될 것이다.

뇌물의 한 형식으로 고려될 수 있는 또 다른 방법은 어떤 사람을 이해하거나, 그 사람이 정신적 혹은 직업적 발달을 꾀하도록 돕거나, 그 사람의 문제를 해결해줌으로써 애정을 얻으려 하는 시도이다. 이 방법은 남녀 모두에게 공통적으로 쓰이고 있다.

애정을 얻는 두 번째 수단은 동정심에 호소하는 것이다. 신경증 환자는 자신의 고통과 무력함을 다른 사람들이 보도록 드러낼 것이다. 이때 좌우명은 이런 식이다. '나는 고통을 받고 있고 또 무력한 존재이다. 그러니 당신은 당연히 나를 사랑해야 한다.' 동시에 고통은 과도한 요구를 정당화한다.

간혹 그런 호소가 꽤 공개적으로 이뤄지기도 한다. 어떤 환자가 자신이 가장 심하게 고통 받는 환자이기 때문에 분석가의 관심을 끌 권리를 갖고 있다는 점을 강조할 수 있다. 그는 건강이 나은 척 구는 다른 환자들을 비웃을 것이다. 또 그는 이 전략을 자기보다 더 훌륭하게 동원하는 사람들을 싫어할 것이다.

동정심에 호소하는 행동 자체에 적개심이 다소 작용하고 있을 수 있다. 신경증 환자는 우리의 선의에 호소하거나, 우리의 지원을 끌어낼 수 있는 재앙적인 상황에 처하는 근본적인 방법을 통해서 우리에게 호의를 강요할 수 있다. 사회적 혹은 의료적 활동을 통해서 신경증 환자를 겪어본 사람들은 이 전략의 중요성을 잘 알고 있다. 자신의 곤경을 사실대로 설명하는 신경증 환자와 자신의 곤경을 극적으로 묘사함으로써 동정심을 불러일으키려 드는 신경증 환자 사이에는 큰 차이가 있다. 우리는 모든 연령대의 아이들에게서도 똑같은 경향들과 그 변형을 발견할 것이다. 아이는 어떤 불만을 근거로 위로를 얻기를 바랄 수도 있고, 밥을 먹지 못하거나 소변을 보지 못하는 등 부모를 놀래게 만들 상황을 무의식적으로 만들어냄으로써 강제로 주의를 끌려고 들 수도 있다.

동정심에 호소하는 방법은 다른 방법으로는 사랑을 획득하지 못한다는 믿음을 전제로 하고 있다. 이 믿음은 애정에 대한 전반적인 불신으로 설명될 것이다. 아니면 이 믿음은 그 특별한 상황에서는 다른 방법으로 애정을 구하는 것이 불가능하다는 뜻이다.

애정을 얻는 세 번째 수단, 즉 정의감에 호소하는 경우에 그 좌우명은 이런 식이다. '나는 당신을 위해 이것을 했다. 그러니 당신은 나를 위해 뭘 해줄 것인가?' 우리 문화에서 어머니들은 종종 자신이 자식들을 위해 많은 것을 해주었기 때문에 자식들에게 끝없는 헌신을 요구할 자격을 갖추고 있다고 주장할 것이다. 사랑의 관계에서 구애에 굴복했다는 사실은 상대방에게 요구할 권리의 근거로 이용될 수 있다. 이런 유형의 사람들은 종종 타인들을 위해 무엇인가를 지나치게 쉽게 해 준다. 그러면서 자신도 원하는 것을 받게 될 것이라는 희망을 은근히 품는다. 그러다 그들은 다른 사람들이 자신을 위해서 똑같은 것을 해 주지 않으면 크게 실망할 것이다. 여기서 나는 의식적으로 계산하는 사람들에 대해 언급하고 있지 않다. 그런 사람보다는 보상을 의식적으로 기대하는 것에 영 낯설어 하는 사람들에 대해 언급하고 있다. 그들의 충동적인 관용은 아마 주술적인 몸짓이라는 설명이 더 정확할 것이다. 그들은 자신이 타인에게 해주는 것과 똑같이 타인들도 자신에게 해주기를 바란다. 어떤 보답에 대한 기대가 실제로 작용하고 있다는 사실을 보여주는 것은 그들이 보답이 이뤄지지 않을 경우에 드러내는 실망의 깊이이다. 간혹 그들은 마음의 금전출납부를 기록하면서 밤을 뜬눈으로 새우는 것과 같은 쓸모없는 희생에 터무니없이 높은 점수를 매기고, 그들을 위해 행해진 일은 최소화하거나 무시한다. 따라서 상황을 왜곡시키고, 그 결과 그들은 자신이 특별한 관심을 요구할 자격을 갖추고 있다고 느낀다. 이 같은 태도는 신경증 환자 본인에게 영향을 미치게 된다. 왜냐하면 신경증 환자가 의무를 지는 것을 극도로 두려워하기 때문이다. 타인들을 본능적으로 자신을 기준으로 판단하면서, 신경증 환자는 자신이 타인들로부터 호의를 받게 되면 타인들이 자신을 이용할 수도 있다고 두려워한다.

신경증 환자가 정의에 호소하는 근거는 그가 기회를 갖게 될 경우에 상대방에게 해주려고 하는 것들이다. 신경증 환자는 자신이 상대방의 입장이라면 아주 사랑스럽고 자기희생적인 사람처럼 행동할 것이라는 점을 지적할 것이다. 그러면서 그 요구가 자신이 상대방에게 해 주려고 하는 것 그 이상이 아니라는 사실 하나만으로 정당화된다고 느낀다. 그러나 실제로 보면 그런 정당화의 심리학은 신경증 환자가 생각하는 것보다 훨씬 더 복잡하다. 신경증 환자가 자신을 그리고 있는 그림은 주로 자신이 상대방에게 요구하고 있는 행동을 무의식적으로 자신의 행동으로 착각하고 있다. 그러나 이 그림이 전부 기만인 것은 아니다. 왜냐하면 신경증 환자가 실제로 자기주장의 결여나 패배자와의 동일시, 그리고 타인들이 자신에게 몰입해주길 원하는 만큼 자신도 타인에게 몰입하려는 성향 등에서 비롯된 자기희생적인 경향들을 갖고 있기 때문이다.

정의에 호소하는 태도에 담겨 있을 수 있는 적개심은 그 요구사항이 어떤 상처에 대한 보상으로 제시될 때 가장 분명하게 나타날 것이다. 이때 좌우명은 이런 식이다. '당신은 내가 고통을 당하게 했거나 피해를 입혔다. 따라서 당신은 나를 도와주거나, 보살펴주거나, 지원해야 한다.' 이 전략은 '외상(外傷) 신경증'에 동원되는 전략과 비슷하다. 나는 외상 신경증 환자를 개인적으로 접해본 경험은 없지만, 외상 신경증을 앓는 사람이 이 범주에 속하며 그 상처를 요구의 근거로 이용할 것이다.

신경증 환자가 자신의 요구가 정당해보이도록 하기 위해 상대방에게 죄책감을 일으키거나 의무감을 일으키는 방법을 보여주는 예를 몇 가지 보도록 하자. 어떤 아내는 남편의 외도에 대한 반응으로 아플 수 있다. 그녀는 어떠한 비난도 표현하지 않으며 아마 의식적으로 비난을 느끼지 않을지도 모르지만, 그녀의 병 자체가 일종의 살아 있는 비난으로서 남편의 맘에 죄책감을 일으키고 그가 주의를 그녀에게 쏟도록 하는 한 방법이다.

이런 부류의 또 다른 신경증 환자는 망상에 빠지고 히스테리 증상을 보이는 사람인데, 그녀는 간혹 자신이 여형제들의 가사를 도와줘야 한다고 고집을 부리곤 했다. 그러다 하루나 이틀이 지나고 나면, 그녀는 무의식적으로 여형제들이 자신의 도움을 받아들였다는 사실에 분개하면서 몸져눕곤 했다. 증세가 점점 더 심해지면, 여형제들은 그녀의 도움을 받지 못하는 가운데 집안일을 해야 할 뿐만 아니라 그녀를 돌보는 일까지 덤터기로 떠안아야 했다. 여기서도 다시 그녀의 병세 악화는 일종의 비난이며, 상대방에게 보상을 요구하고 있다. 이 여자는 언젠가 여형제 하나가 자신을 비판하자 졸도를 하기도 했다. 이것도 분개를 표현하는 한 방법으로 여자 형제들의 동정을 끌어낼 수 있었다.

나의 환자 한 사람은 분석 중에 어느 시기에 이르자 상태가 악화되면서 분석 치료 때문에 자신이 돈을 다 써버려 엉망이 되고, 그래서 미래에 내가 그녀를 돌봐야 하는 상황이 벌어지는 그런 공상을 하곤 했다. 이런 종류의 반응은 어느 치료에나 자주 나타나며 의사에 대한 공개적 협박을 수반하기도 한다. 이런 반응은 정도가 약한 경우엔 다음과 같은 식으로 일어난다. 분석가가 휴가를 갈 때 환자의 조건이 두드러지게 나빠진다. 그러면 환자는 자신의 상황이 나빠진 것은 분석가의 잘못이라는 식으로 단정을 내리면서 그렇기 때문에 자신은 분석가의 관심을 특별히 많이 요구할 수 있다고 생각한다. 이 같은 예는 분석가들이 일상적으로 겪는 경험이다.

이 예들이 암시하는 바와 같이, 이런 부류의 신경증 환자들은 그 대가로 고통을 기꺼이 감수하려 할 것이다. 왜냐하면 그런 고통을 통해서 그들은 비난을 표현할 수 있고, 또 자신이 요구를 하고 있다는 사실을 자각하지 않은 가운데 요구를 할 수 있고, 따라서 자신이 옳다는 느낌을 계속 지켜나갈 수 있기 때문이다.

어떤 사람이 애정을 획득하는 전략으로 협박을 이용하면서 자기 자신과 타인에게 부상을 입히겠다고 위협할 수 있다. 그는 자신의 명성을 더럽히든가 아니면 타인이나 자기 자신에게 폭력을 행사하든가 하는 절망적인 행동으로 위협할 것이다. 아주 익숙한 예가 자살 위협이나 자살 시도이다. 나의 환자 한 사람은 남편 2명을 이런 식의 협박을 통해서 연달아 얻을 수 있었다. 첫 번째 남자가 헤어지려는 기미를 보일 때, 그녀는 사람이 많이 붐비는 곳에서 강물로 뛰어내렸다. 두 번째 남편이 결혼을 망설이는 것처럼 보였을 때, 그녀는 발견될 것이 확실한 시점에 가스를 켰다. 그녀의 의도는 자신은 그 사람 없이는 살지 못한다는 것을 보여주는 것이었다.

신경증 환자는 협박을 통해서 요구를 관철시키길 바란다. 그렇기 때문에 자신의 요구가 받아들여질 수 있다는 희망을 품고 있는 한, 신경증 환자는 협박을 실행하지 않을 것이다. 만약에 신경증 환자가 이 희망을 잃는다면, 그는 절망과 앙심에 눌려 협박을 행동으로 옮기게 될 것이다.

9장

성욕이 신경증적
애정 욕구에서 하는 역할

신경증적 애정 욕구는 종종 성적 탐닉 혹은 성적 희열에 대한 탐욕스런 갈망의 형식으로도 나타난다. 이 같은 사실을 바탕으로, 우리는 신경증적 애정 욕구가 성생활의 불만에서 촉발되는지, 아니면 애정과 접촉, 평가, 지원에 대한 이 모든 욕망이 안전의 필요성보다 만족하지 못한 리비도에 의해촉발되는지에 관한 질문을 던져야 한다.

프로이트는 아마 신경증적 애정 욕구를 그런 식으로 볼 것이다. 그는 많은 신경증 환자들이 다른 사람들에게 집착하고 매달리는 경향을 보인다는사실을 확인하고, 이런 태도가 만족 못한 리비도에서 비롯된다고 설명했다. 그러나 이 개념은 어떤 전제를 바탕으로 하고 있다. 이 개념은 그 자체로 성적이지 않은 징후들, 예를 들면 조언이나 평가 혹은 지원을 얻으려는 소망은 약화되거나 "승화된" 성적 욕구의 표현이라는 것을 전제로 깔고 있다. 또

이 개념은 부드러움은 성욕이 억제되거나 "승화된" 표현이라는 것을 전제로 하고 있다.

이런 전제는 증거로 뒷받침되지 않는다. 애정의 감정, 즉 부드러움의 표현과 성욕의 연결은 우리가 생각하는 것만큼 밀접하지 않다. 인류학자들과 역사학자들은 개인의 사랑은 문화적 발달의 산물이라는 이야기를 들려주고 있다. 사회 인류학자 로버트 브리폴트(Robert Briffault)의 글은 썩 설득력 있게 들리지는 않지만 성욕은 부드러움보다 잔인성과 더 밀접하다고 주장한다. 그러나 우리 문화에서 얻은 관찰을 통해서 우리는 성욕은 애정이나 부드러운 감정 없이도 존재할 수 있다는 점을, 또 애정이나 부드러운 감정은 성적 감정 없이도 존재할 수 있다는 점을 알고 있다. 예를 들어 어머니와 아이 사이의 부드러운 감정이 성적 본질을 갖고 있다는 점을 뒷받침하는 증거는 아무것도 없다. 우리가 관찰할 수 있는 것은 성적인 요소들이 있을 수 있다는 것뿐이다. 우리는 부드러움과 성욕의 연결을 많이 관찰할 수 있다. 부드러움은 성적 감정의 전조일 수 있다. 왜냐하면 사람이 부드러운 감정만을 자각하고 있는 상태에서도 성적 욕망을 갖고 있을 수 있기 때문이다. 또 성적 욕망이 부드러운 감정을 촉발시키거나 그런 감정으로 넘어갈 수도 있기 때문이다. 부드러움과 성욕 사이에 일어나는 그런 변화는 틀림없이 둘 사이에 밀접한 연결을 암시하지만, 그럼에도 불구하고 그 문제에는 조금 더 신중하게 접근하면서 두 개의 서로 다른 범주의 감정이 존재한다고 짐작하는 것이 더 바람직할 것 같다. 이 두 가지 감정은 서로 일치할 수도 있고 서로 뒤섞이거나 맞바뀔 수도 있을 것이다. 게다가, 만족 못한 리비도가 애정을 추구하는 원동력이라는 프로이트의 가설을 받아들인다면, 육체적 관점에서 볼 때 성생활이 완벽하게 만족스러운 사람들에게서 소유욕과 무조건적인 사랑, 그리고 자신이 다른 사람들에게 사랑받는 존재가 아니라는 느낌 등이 똑같이 나타나는 이유가 좀처럼 이해되지 않을 것이다. 그러나 그런 환자도 존재한다는 것은 틀림없는 사실이기 때문에, 그런 환자들의 경우에는 만족 못한 리비도로는 그 같은 현상을 설명하지 못하며 애정 욕구의 원인은 성적 영역 밖에 있다는 결론이 불가피하다.

마지막으로, 만약에 신경증적 애정 욕구가 단지 하나의 성적 현상에 지나지 않는다면, 우리는 거기에 얽혀 있는 다양한 문제들, 즉 소유욕과 무조건적인 사랑, 주변 사람들의 사랑을 받지 못하고 있다는 느낌 등을 제대로 이해하지 못해 힘들어할 것이다. 이런 다양한 문제들이 제대로 인식되어 세세하게 묘사된 것은 사실이다. 예를 들어, 질투는 형제자매간의 경쟁이나 오이디푸스 콤플렉스로까지, 또 무조건적 사랑은 구강기 성욕으로까지 거슬러 올라가고, 소유욕은 항문기 성욕으로 설명되고 있다. 그러나 실제로 보면 앞의 여러 장에서 설명한 태도들과 반응들은 모두 같은 카테고리에 속하고, 또 그것들이 하나의 전체를 이루는 부분들이라는 깨달음은 아직 없었다. 불안을 애정 욕구 뒤에서 작용하는 원동력으로 인식하지 않는다면, 우리는 애정 욕구가 강화되거나 약화되는 조건을 정확히 이해하지 못할 것이다.

자유연상이라는 프로이트의 독창적인 방법을 통하면, 분석 과정에 불안과 애정 욕구의 관계를 정확히 관찰할 수 있다. 특히 환자의 애정 욕구에 나타나는 동요(動搖)에 주의를 기울이면 그 관계가 더욱 정확히 파악된다. 어느 정도 협력적인 분위기에서 건설적인 노력이 벌어진 다음에, 환자가 갑자기 태도를 바꾸면서 분석가에게 시간을 요구하거나 분석가의 우정을 갈망하거나 분석가를 맹목적으로 존경하거나 과도하게 시기심을 나타내거나 소유욕을 보이거나 "단지 환자로만 대접받는 것"에 민감하게 반응할 수 있다. 그와 동시에 꿈이나 급박한 느낌 등을 통해서, 혹은 설사나 잦은 소변을 통해서 불안이 커지는 것이 드러날 것이다. 그래도 환자는 거기에 불안이 작용하고 있다거나 분석가에게 집착하는 것이 불안 때문이라는 점을 인정하지 않는다. 분석가가 그 관계를 인식하고 환자에게 그 사실을 일러주면, 분석가와 환자는 갑작스런 몰입이 일어나기 전에 문제들이 건드려졌고 이 문제들이 환자의 내면에 불안을 일으켰다는 사실을 발견할 것이다. 예를 들어, 환자가 분석가의 해석을 부당한 비난이나 굴욕으로 느꼈을 수 있는 것이다.

이런 반응이 일어나는 순서는 대체로 다음과 같다. 어떤 문제가 나타난다. 그러면 이 문제에 대한 논의가 환자로 하여금 분석가에게 적개심을 품도록 만든다. 환자는 분석가를 미워하기 시작하고, 분석가가 죽는 꿈을 꾼다. 환자는 즉시 크게 놀라면서 적대적인 충동을 억누른다. 그러면서 환자는 안전에 대한 욕구 때문에 분석가에게 매달린다. 이 반응들을 다 다루고 나면, 적개심과 불안, 그리고 그에 따라 더욱 커진 애정 욕구가 뒤로 물러나게 된다. 그런 후에도 불안 때문에 더욱 큰 애정 욕구가 규칙적으로 나타난다. 그럴 때면 애정 욕구를 불안이 표면 가까이 올라와 안심을 요구하고 있다는 사실을 암시하는 경고로 받아들여도 무방하다. 묘사된 과정은 절대로 정신분석에만 국한되지 않는다. 개인적인 관계에도 똑같은 반응이 일어난다. 예를 들어, 결혼관계에서 남편이 아내에게 충동적으로 집착하면서 시기심을 보이고 소유욕을 보이고 아내를 이상화하고 경탄할 수 있다. 그런 가운데서도 남편은 내면 깊은 곳에서 아내를 미워하고 두려워할 수 있다.

숨겨진 증오를 가리는 과도한 헌신에 대해 "과잉보상"이라고 말해도 무방하다. 그러나 "과잉보상"이라는 용어는 그 과정을 대략적으로 묘사할 뿐이며 그 과정의 역학에 대해서는 아무것도 말해주지 않는다는 점을 명심할 필요가 있다.

만약에 앞에서 제시한 모든 이유로 우리가 애정 욕구의 성적인 원인을 받아들이길 거부한다면, 신경증적 애정 욕구가 간혹 성적 욕망을 수반하거나 성적 욕망으로 보이는 것은 그야말로 우연인가, 아니면 애정 욕구가 성적으로 느껴지거나 표현되는 조건이 특별히 있는 것인가 하는 물음이 생긴다.

애정 욕구가 성적으로 표현되는 것은 외부 상황이 그런 표현에 호의적인지 여부에 어느 정도 좌우된다. 또 그 같은 표현은 문화나 활력, 성적 기질의 차이에 따라 서로 어느 정도 달라진다. 그리고 마지막으로 그 같은 표현은 그 사람의 성생활이 만족스러운지 여부에도 달려 있다. 왜냐하면 성생활이 만족스럽지 못한 사람은 만족스런 성생활을 영위하는 사람에 비해 성적인 방식으로 반응하기 쉽기 때문이다.

이 요소들은 자명해보이고 또 그 사람의 반응에 영향을 분명히 미침에도 불구하고 개인의 근본적인 차이를 충분히 설명하지는 못한다. 신경증적 애정 욕구를 보이는 사람들을 보면, 이 반응도 개인에 따라 다 다르다. 그러기에 다른 사람과의 접촉에 거의 충동적으로 성적 의미를 부여하는 사람이 있는가 하면, 성적 흥분이나 성적 활동을 정상적인 감정과 행동의 범위 안으로 한정시키는 사람도 있다.

전자의 집단에 속하는 사람들은 이 성적 관계에서 저 성적 관계로 쉽게 넘어가는 남녀들이다. 그들의 반응을 더 깊이 파고들면, 그들이 불안과 보호받지 못하고 있다는 느낌을 받고 있으며 전혀 아무런 관계를 맺지 않고 있거나 즉각적으로 관계를 가질 기회가 전혀 보이지 않을 때에는 꽤 이상한 모습을 보인다는 점이 확인될 것이다. 같은 집단에 속하면서도 억제를 조금 더 많이 하는 사람들은 실제로 맺는 관계는 거의 없으면서 상대가 매력적인지 여부를 떠나서 자신과 타인들 사이에 에로틱한 분위기를 엮어내는 남녀들이다. 이 외에, 성적으로 억제를 많이 하면서도 성적으로 쉽게 흥분되고 충동적으로 모든 남자나 여자를 잠재적 성적 파트너로 보는 그런 집단의 사람들이 있다. 이 마지막 하부집단의 경우엔 충동적인 자위행위가 성적 관계를 대체할 것이다.

이 집단 안에서도 육체적 만족을 느끼는 정도는 크게 다르다. 성적 욕구가 충동적인 성격을 보이는 외에, 이 집단의 또 다른 공통점은 파트너의 선택에 있어서도 식별력을 보이지 않는다는 점이다. 그들은 신경증적 애정 욕구를 가진 사람들에 대해 전반적으로 논할 때 확인되었던 그런 특징들을 갖고 있다. 게다가, 실제든 상상에서든 성적 관계를 가지려는 마음의 준비와 타인들과의 정서적 관계에 나타나는 심각한 장애 사이의 불일치가 아주 두드러져 보일 것이다. 이들의 정서적 관계에 나타나는 장애는 평균적인 사람이 근본적인 불안으로 겪는 장애보다 훨씬 더 심각하다. 이는 이 사람들이 애정을 믿지 못하기 때문이기도 하고, 그들이 실제로 사랑이 제시될 경우에 남자들의 경우에 성교 불능이 되는 등 크게 당황하게 되기 때문이기도 하다. 그들은 자신의 방어적인 태도를 자각하거나 아니면 파트너를 탓하는 경향을 보일 것이다. 후자의 경우라면, 그들은 자신이 사랑할 만한 소녀나 남자를 결코 만나지 못했다는 확신을 품고 있을 것이다.

　그들에게 성적 관계는 성적 긴장의 방출을 의미할 뿐만 아니라 인간과 접촉할 수 있는 유일한 길을 의미한다. 만약에 어떤 사람이 자신에겐 애정을 얻는 것이 사실상 불가능하다는 믿음을 품게 된다면, 육체적 접촉이 정서적 관계의 대체물이 되어줄 것이다. 그런 경우에 성욕은 타인과 접촉하는, 유일하지는 않지만 중요한 다리가 될 것이고 따라서 터무니없을 만큼 큰 중요성을 얻게 될 것이다.

　일부 사람들을 보면 식별력이 부족하다는 점이 잠재적 파트너의 성별을 통해 저절로 드러난다. 그들은 동성과 이성을 구분하지 않고 성적 관계를 적극적으로 추구하거나 이성과 동성의 성적 요구에 수동적으로 굴복할 것이다. 첫 번째 유형, 즉 동성과 이성을 구분하지 않는 유형은 여기서 우리의 관심을 끌지 못한다. 왜냐하면 그들의 경우에는 성욕이 인간적 접촉을 확립하는 데 이바지할지라도 거기에 빠지는 동기가 애정 욕구보다는 정복 충동, 더 정확히 말해 타인들을 복종시키려는 충동이기 때문이다. 이 사람들에겐 이 정복 충동이 너무나 강하기 때문에 남녀 성별을 구별하는 것은 비교적 중요하지 않게 된다. 이들에게 남자들과 여자들은 성적으로나 다른 방법으로 복종시켜야 할 대상이 된다. 그러나 두 번째 집단의 사람들, 그러니까 남녀 양쪽의 성적 제안에 쉽게 넘어가는 사람들은 끝없는 애정 욕구에, 특히 성적 요구를 거부하거나 자신에게 제시된 요구에 맞서 자신을 지키다가는 또 다시 한 사람을 잃을 수 있겠다는 두려움에 휘둘리고 있다. 그들은 그 사람을 잃고 싶어 하지 않는다. 왜냐하면 그와의 접촉이 너무나 절실히 필요하기 때문이다.

남녀 모두와 무차별적으로 관계를 맺는 현상을 양성애를 근거로 설명하는 것은 나의 의견엔 엉터리 해석인 것 같다. 이런 예들에는 순수한 동성애의 기질을 보여주는 암시가 전혀 나타나지 않는다. 겉보기에 동성애 같은 경향도 건전한 자기주장이 불안을 대체하기만 하면 금방 사라져버린다. 건전한 자기주장이 확립되면 이성의 선택에 보이던 무차별성이 사라지는 것과 마찬가지이다.

양성애 태도에 대해 한 말은 또한 동성애 문제도 어느 정도 밝혀줄 수 있다. 사실, "양성애" 유형과 동성애 유형 사이에 중간적인 단계가 여럿 있다. 동성애 유형의 사람의 삶을 보면, 이성을 성적 파트너로 배제한다는 사실을 설명하는 요소들이 있다. 물론 동성애의 문제는 매우 복잡하기 때문에 한 가지 관점에서만 이해하는 것은 허용되지 않는다. 여기서는 "양성애" 집단과 관련해 언급한 요소들을 보이지 않는 동성애자를 나 자신은 한 번도 본 적이 없다는 사실을 밝히는 것으로 충분할 것이다.

지난 몇 년 동안 정신분석 분야의 저자들 몇 사람은 성적 흥분과 성적 만족이 그 사람의 내면에 축적된 정신적 긴장과 불안을 배출시키는 역할을 하기 때문에 성적 욕망이 강화될 수 있다는 점을 지적했다. 이 같은 설명도 맞을 수 있다. 그러나 나는 불안이 성적 욕구를 증대시키는 정신적 과정이 있다는 점을, 그리고 이 과정을 파악하는 것도 가능하다는 점을 믿는다. 이 믿음은 정신분석적 관찰만 아니라 그런 환자들의 삶의 역사를 연구한 자료에도 근거하고 있다.

이런 유형의 환자들은 처음에 분석가의 사랑을 충동적으로 요구하면서 분석가에게 열중할 것이다. 아니면 그들은 분석을 하는 동안에 상당히 초연한 모습을 보이면서 성적 친밀에 대한 욕구를 다른 사람에게로, 말하자면 분석가를 닮았거나 꿈에서 분석가와 동일시된 사람에게로 전이할 것이다. 그것도 아니면, 분석가와 성적 접촉을 하려는 욕구가 꿈속에서 나타나거나 면담 도중에 성적 흥분으로 나타날 것이다. 그 환자들은 종종 자신의 성적 욕망을 명확히 보여주는 신호에 크게 놀라게 된다. 왜냐하면 그들은 분석가에게 끌리고 있다는 느낌을 전혀 받지 않고 있으며 어쨌든 분석가를 좋아하지 않기 때문이다. 사실, 분석가의 성적 매력은 눈에 띨 만한 역할을 전혀 하지 않으며, 그런 환자의 성적 기질도 다른 환자들의 성적 기질에 비해 더 충동적이거나 통제 불가능한 것도 아니며, 또 그들의 불안이 다른 환자들의 불안보다 더 크거나 작지도 않다. 그런 환자들의 특징은 순수한 애정을 깊이 불신하고 있다는 점이다. 그들은 분석가가 겉으로 드러나지 않는 동기 때문에 자신들에게 관심을 보이고 있으며 속으로는 자신들을 경멸할 것이라고, 또 자신들을 이롭게 하기보다 해를 끼칠 것이라고 믿고 있다.

신경증적 과민 반응 때문에, 모든 정신분석에 양심과 화와 의심의 반응이 나타난다. 그러나 성적 욕구가 특별히 강한 이런 환자들의 경우에는 이 같은 반응들이 서로 맞물려 작용하며 융통성 없는 태도를 형성한다. 이 반응들을 보면, 분석가와 환자 사이에 눈에 보이지 않는, 관통 불가능한 벽이 우뚝 서 있는 것처럼 보인다. 자신의 문제를 직면하게 될 때, 이런 환자들이 가장 먼저 느끼는 충동은 정신분석을 포기하고 싶다는 것이다. 그들이 분석에서 제시하는 그림은 자신들이 평생 동안 해 오던 것을 정확히 복제하고 있다. 차이가 있다면, 분석 전에는 그들이 자신의 개인적 관계가 너무나 얕고 복잡하다는 사실을 직시하지 않을 수 있었다는 점뿐이다. 그들이 성적으로 쉽게 연루된다는 점이 상황을 오해하게 만들고, 따라서 그들은 언제든 성적 접촉을 할 준비가 되어 있다는 사실은 곧 인간관계가 전반적으로 훌륭하다는 것을 의미한다는 식으로 믿게 된다.

내가 지금까지 설명한 태도들은 자주 발견된다. 그렇기 때문에 정신분석을 시작하는 단계에 환자가 분석가와 관계있는 성적 욕망이나 공상, 꿈을 드러내기 시작할 때마다, 나는 환자의 개인적 관계에서 깊은 장애를 찾아낼 준비를 한다. 분석가의 성별은 비교적 무의미하다는 사실은 이 측면에서 이뤄진 모든 관찰과 일치한다. 남자 분석가와 여자 분석가와 연이어 성공적으로 분석을 끝낸 환자들은 양쪽 모두에 똑같은 반응 곡선을 보일 것이다. 그러므로 이런 환자들의 경우에 꿈이나 다른 것으로 표현되는 동성애 소망을 액면 그대로 받아들이는 것은 중대한 실수가 될 수 있다.

따라서 반짝거리는 것이라고 해서 모두가 황금이 아니듯, 성욕처럼 보인다고 해서 모두가 성욕이 아닐 수 있는 것이다. 성욕으로 보이는 것들 중 많은 것이 실제로 성욕과 거의 아무런 관계가 없을 수 있으며, 그것이 안전에 대한 욕구의 표현일 수도 있는 것이다. 만약에 이런 점을 고려하지 않는다면, 누구나 성욕의 역할을 과도하게 평가하게 되어 있다.

자신이 모르고 있는 불안 때문에 성적 욕구가 커진 개인은 순진하게도 자신의 성적 욕구의 격렬함을 타고난 기질 탓으로 돌리거나 자신이 인습적인 터부로부터 자유롭다는 사실로 돌리는 경향이 있다. 그렇게 하면서 그 사람은 이런 사람들, 예를 들면 수면 욕구가 실제로는 억눌린 다양한 감정 때문에 일어나는데도 자신은 체질적으로 하루에 열 시간 이상 잠을 자야 한다는 식으로 생각하면서 자신의 수면 욕구를 과도하게 평가하는 사람들과 똑같은 실수를 저지르고 있다. 이런 사람들에게 수면은 온갖 갈등으로부터 벗어나는 수단이 될 수 있다. 충동적인 음식 섭취나 음주도 마찬가지이다. 음식 섭취와 음주, 수면, 성욕 등은 결정적인 욕구이다. 이 욕구들의 강도는 개인의 체질뿐만 아니라 기후나 다른 욕구의 만족 여부, 외부 자극의 존재 여부, 일의 난이도, 육체적 결함 등과 같은 다른 많은 조건에 따라서도 달라진다. 그러나 이 욕구들 모두는 무의식적인 요인에 의해서도 강화될 수 있다.

성욕과 애정 욕구의 연결은 성적 절제의 문제도 어느 정도 밝혀준다. 성적 절제의 정도는 문화와 개인에 따라 다르다. 개인의 성적 절제에 영향을 미치는 정신적 및 육체적 요소는 몇 가지 있다. 그러나 불안을 해소하는 출구로 성욕을 필요로 하는 사람은 단기간의 금욕도 참아내지 못할 것이라는 점을 이해하기는 쉽다.

이 같은 고려는 성욕이 우리 문화에서 하는 역할에 대한 생각으로 이어진다. 우리는 성욕에 개방적인 태도를 취하는 것에 대해 긍지와 만족을 느끼는 경향을 보이고 있다. 확실히, 빅토리아 시대 이후로 좋은 쪽으로 변화가 이루어졌다. 우리는 성적 관계에서 자유를 더 많이 누리고 만족을 추구하는 능력도 더욱 커졌다. 성적으로 만족하는 능력은 특히 여자들에게 더 해당되는 말이다. 성적 불감증은 여성의 경우에 더 이상 정상적인 조건으로 여겨지지 않으며 대체로 결함으로 여겨지고 있다. 그러나 이 같은 인식 변화에도 불구하고, 그 향상은 우리가 생각하는 것만큼 그렇게 광범위하지 않다. 왜냐하면 오늘날 많은 성적 행위가 순수한 성적 욕구보다는 정신적 긴장의 배출로, 따라서 순수한 성적 욕망이나 행복보다는 진정제로 여겨지고 있기 때문이다.

　문화적 상황은 정신분석의 개념들에도 반영되고 있다. 성욕에 정당한 중요성을 부여한 것은 프로이트가 이룬 위대한 성취 중 하나이다. 그러나 세부적으로 들어가면 많은 현상이 엉뚱하게 성적인 것으로 받아들여지고 있다. 실제로 보면 복잡한 신경증적 조건, 주로 신경증적 애정 욕구의 표현인데도 말이다. 예를 들어, 분석가에 대한 성적 욕망은 대체로 아버지나 어머니에 대한 성적 고착의 반복으로 해석되고 있지만, 실제로 보면 순수한 성적 소망은 전혀 아니고 불안을 누그러뜨리기 위해 안전을 안겨줄 그런 접촉을 찾는 것에 지나지 않는다. 분명히 환자는 종종 어머니의 가슴에 안기거나 자궁으로 돌아가고 싶어 하는 소망을 표현하는 연상이나 꿈에 대해 이야기한다. 이런 꿈은 아버지 또는 어머니 "전이"를 암시한다. 그러나 겉으로 드러나는 그런 전이는 애정이나 안식처에 대한 소망을 표현하는 형식일 뿐이라는 것을 잊어서는 안 된다.

　설령 분석가에 대한 욕망이 아버지나 어머니를 향한 비슷한 욕망의 반복으로 이해될지라도, 이것이 부모와 아이의 연결은 그 자체로 순수하게 성적 연결이라는 점을 뒷받침하는 증거가 될 수는 없다. 성인 신경증의 경우에 프로이트가 오이디푸스 콤플렉스의 특징으로 묘사한, 사랑과 질투의 모든 특징이 어린 시절에도 존재했다는 점을 보여주는 증거가 많이 있지만, 그 빈도는 프로이트가 짐작한 것에 훨씬 못 미친다. 앞에서 이미 언급한 바와 같이, 나는 오이디푸스 콤플렉스는 일차적 과정이 아니라 본질적으로 서로 다른 몇 가지 과정들의 결과물이라고 믿는다. 오이디푸스 콤플렉스는 성적인 느낌이 나도록 포옹하는 부모에 의해서, 성적인 장면을 목격하는 아이에 의해서, 아이를 맹목적인 헌신의 표적으로 삼고 있는 부모 중 어느 한쪽에 의해 촉발된, 아이의 단순한 반응에 지나지 않을 수 있다. 한편으로 보면 오이디푸스 콤플렉스는 훨씬 더 복잡한 어떤 과정의 결과물일 수 있다. 앞에서 이미 말했듯이, 오이디푸스 콤플렉스가 성장할 비옥한 토양이 되어주는 가족 환경에서 성장하는 아이의 내면에서 훨씬 더 큰 공포와 적개심이 일어나고 있으며, 이 공포와 적개심을 억누른 결과 불안이 나타난다. 내가 볼 때, 이런 상황에서 아이가 안전을 확보하려고 부모 중 어느 한쪽에 매달리는 것이 오이디푸스 콤플렉스인 것 같다. 프로이트가 묘사했듯이, 완전히 발달한 오이디푸스 콤플렉스는 무조건적인 사랑에 대한 과도한 요구와 질투심, 소유욕, 퇴짜에 따른 증오 같은 경향을, 말하자면 신경증적 애정 욕구의 특징을 모두 보인다. 이런 경우에 오이디푸스 콤플렉스는 신경증의 기원이 아니고 그 자체로 신경증이다.

10장

권력과 지위,
소유의 추구

애정의 추구는 우리 문화에서 불안에 맞서 안전을 확보하는 데 자주 이용되는 방법이다. 또 다른 한 방법은 권력과 지위, 소유의 추구이다.

여기서 나는 권력과 지위와 소유를 한 가지 문제의 양상들로 한꺼번에 묶어서 논하는 이유에 대해 설명해야 한다. 세부적으로 들어가면, 지배적인 경향이 이 목표들 중 어느 것을 추구하느냐에 따라 성격에 큰 차이가 난다. 안전을 확보하려는 신경증 환자의 노력에서 이 목표들 중 어느 것이 지배적인 목표가 될 것인지는 개인의 재능과 정신적 구조의 차이뿐만 아니라 외적 상황에도 좌우된다. 내가 이것들을 하나의 묶음으로 다루는 이유는 그것들이 애정 욕구와 구분되는 무엇인가를 공통적으로 갖고 있기 때문이다. 애정을 얻는 것은 타인과의 치열한 접촉을 통해서 안전을 얻는 것을 의미한다. 그런 한편 권력과 지위와 소유를 위해 노력하는 것은 타인들과의 접촉을 느슨하게 풀고 자신의 위치를 강화함으로써 안전을 얻는 것을 의미한다.

지배하고, 지위를 얻고, 부를 획득하려는 소망은 확실히 그 자체로 신경증적인 경향은 아니다. 애정에 대한 소망이 그 자체로 신경증이 아닌 것과 똑같다. 이 방향으로 나타나는 신경증적 경향의 특징을 이해하기 위해선, 그것을 정상적인 것과 비교해야 한다. 예를 들어, 권력의 느낌은 정상적인 사람의 내면에서 자신의 우월한 힘에 대한 인식에서 생겨난다. 그 힘은 육체적인 힘이나 능력, 정신적 능력, 성숙 혹은 지혜 등이 될 수 있다. 혹은 권력 추구는 일부 특별한 원인들, 이를테면 가족이나 정치적 혹은 직업적 집단, 고국, 종교적 혹은 과학적 견해 등과 연결될 수 있다. 그러나 권력에 대한 신경증적 추구는 불안과 증오, 열등감에서 비롯된다. 단정적으로 표현하면, 권력을 위한 정상적 노력은 힘에서 나오고, 권력을 위한 신경증적 노력은 허약함에서 나온다.

당연히 문화적 요인도 작용한다. 개인의 권력과 지위와 소유가 모든 문화에서 일정한 역할을 하는 것은 아니다. 예를 들어 푸에블로 인디언의 사회에선 지위를 위한 노력은 권장되지 않는다. 그곳에는 개인의 소유에 거의 차이가 없다. 따라서 지위를 위한 노력이 거의 아무런 중요성을 지니지 못한다. 그 문화에서는 안전의 수단으로 어떠한 종류든 지배를 추구하는 것은 무의미할 것이다. 우리 문화에서 신경증 환자들이 지배의 길을 추구하는 것은 우리의 사회적 구조에서 권력과 지위와 소유가 안전의 느낌을 엄청나게 줄 수 있다는 사실에서 나온 결과이다.

이런 목표들을 위해 노력하게 만드는 조건이 어떤 것인지를 찾다 보면, 애정을 통해서 근본적인 불안을 막을 안전을 발견하는 것이 불가능한 것으로 확인될 때에만 그런 노력이 일어난다는 것이 분명해진다. 나는 애정 욕구가 좌절될 때 그런 노력이 야망의 형식으로 어떤 식으로 발달하는지를 보여주는 예를 하나 제시할 것이다.

어느 소녀는 자기보다 네 살 위인 오빠와 아주 가깝게 지냈다. 오누이는 다소 성적인 성격이 느껴지는 감정에 빠졌다. 그러나 소녀가 여덟 살이 되었을 때, 오빠는 그런 종류의 장난을 치기에는 나이가 많아졌다는 점을 지적하면서 돌연 여동생을 거부했다. 이 경험이 있은 직후, 소녀는 갑자기 학교에서 치열한 야망을 키웠다. 그 야망은 분명히 애정을 추구하는 과정에 경험한 실망 때문에 일어난 것이었다. 이 실망은 소녀가 매달릴 사람이 많지 않았기 때문에 그 만큼 더 힘들었다. 아버지는 아이들에게 무관심했고, 어머니는 눈에 띄게 아들을 더 챙겼다. 그러나 소녀가 느낀 것은 실망만이 아니었다. 그녀의 자존심에 무서운 상처가 생겼다. 소녀는 오빠의 태도 변화가 단순히 사춘기에 다가서고 있다는 사실 때문에 일어났다는 것을 깨닫지 못했다. 그래서 그녀는 수치심과 굴욕감을 느꼈으며, 그녀의 자신감이 불안전한 바탕에 서 있었기 때문에 그 굴욕감은 더욱더 깊었다. 어머니는 소녀를 가장 먼저 앞세우지 않았다. 아름다운 어머니가 모든 사람에게 경탄을 불러일으켰기 때문에, 소녀는 자신이 더욱더 형편없다는 느낌을 받게 되었다. 게다가, 오빠는 어머니의 사랑만 받은 것이 아니라 어머니의 신뢰까지 얻었다. 부모의 결혼은 불행했으며, 어머니는 모든 문제를 아들과 상의했다. 따라서 소녀는 완전히 고립되었다는 느낌을 받았다. 소녀는 자신에게 필요한 애정을 얻기 위해 한 번 더 노력했다. 오빠와의 아픈 경험을 한 직후 여행에서 만난 소년을 사랑하게 된 것이다. 그러면서 소녀는 이 소년에 대해 온갖 공상의 나래를 폈다. 그러다 소년이 나타나지 않자, 소녀는 새로운 실망 앞에서 우울증을 앓았다.

이런 상황에서 자주 일어나듯이, 부모와 가족 주치의는 그녀의 상태를 학년이 높아서 그런 것으로 돌렸다. 그들은 소녀를 퇴교시키고 휴식을 위해 여름 휴양지로 보냈다가 한 학년 낮춰서 학교에 등록시켰다. 소녀가 다소 절망적인 성격의 야망을 보였던 것은 아홉 살 때의 일이었다. 소녀는 학급에서 무조건 일등을 하지 않으면 견뎌내지 못했다. 그와 동시에 다른 소녀와의 관계도 예전에는 다정했는데 지금은 눈에 띄게 훼손되었다.

이 예는 서로 결합하여 신경증적 야망을 일으키는 전형적인 요소들을 잘 보여주고 있다. 처음부터 소녀는 자신이 주변 사람들이 원하는 존재가 아니라는 느낌을 받았기 때문에 불안을 느꼈다. 그래서 상당한 적개심이 형성되었으며, 이 적개심은 가족에서 지배적인 인물인 어머니가 맹목적인 존경을 요구했기 때문에 겉으로 표현될 수 없었다. 이어 억압된 증오는 엄청난 불안을 낳았고, 그녀의 자존감은 성장의 기회를 전혀 갖지 못했다. 그녀는 굴욕감을 여러 차례 느꼈다. 소녀는 오빠와의 경험 때문에 낙인이 찍힌 것 같은 느낌에 시달렸다. 소녀는 안전을 확보하는 수단으로 다시 애정을 찾아 손길을 뻗었으나 그 노력마저도 실패했다.

권력과 지위와 소유를 위한 신경증적 노력은 불안을 보호해주는 역할을 할 뿐만 아니라 억눌린 적개심이 방전되는 경로의 역할도 한다. 먼저 이 노력들 각각이 불안에 맞서는 보호의 역할을 어떤 식으로 하는지에 대해 논할 것이다. 그런 다음에 그 노력이 적개심을 배출시키는 특별한 길이 되는 이유에 대해서도 설명할 것이다.

우선, 권력을 위한 노력은 무력감에 대한 보호 장치의 역할을 하며, 이 무력감은 우리가 본 바와 같이 불안의 근본적인 요소의 하나이다. 신경증 환자는 자신의 내면에 약간의 무력감이나 허약함이라도 보이면 질색을 한다. 그렇기 때문에 신경증 환자는 정상적인 사람이라면 너무도 평범하다고 여길 상황까지도 피할 것이다. 안내나 조언이나 도움을 받거나, 사람이나 상황에 의존하거나, 다른 사람에게 양보하거나 다른 사람의 뜻에 동의하는 것도 그런 상황에 속할 수 있다. 무력감에 대한 이런 저항은 어느 한 순간에 강력하게 일어나는 것이 아니고 점진적으로 서서히 일어난다. 신경증 환자가 억제에 의한 장애를 느끼는 정도가 강할수록, 그의 자기주장은 그 만큼 더 약해진다. 신경증 환자는 약해질수록 자신의 약점을 닮은 것이면 무엇이든 피하려고 노심초사하게 된다.

둘째, 신경증적 권력 추구는 자신이 무의미한 존재라고 느껴지거나 여겨질 위험에 대한 보호 장치의 역할을 한다. 신경증 환자는 힘을 비합리적으로 이상화하며, 또 그 힘이 어떠한 어려운 상황도 극복할 수 있을 것이라고 믿는다. 이 이상(理想)은 자존심과 연결되며, 그 결과 신경증 환자는 허약을 위험한 것만 아니라 불명예스러운 것으로 여긴다. 그는 사람들을 "강한 사람"과 "약한 사람"으로 분류하면서 전자를 존경하고 후자를 경멸한다. 그는 또 자신이 약한 것으로 여기는 것에 대해서도 극단적인 모습을 보인다. 그는 자신에게 동의하거나 자신의 소망에 굴복하는 사람들을, 그리고 억제하거나 본인의 감정을 완벽하게 통제하지 못해 언제나 흐리멍덩한 표정을 짓고 있는 사람들을 어느 정도 경멸한다. 그는 마찬가지로 자신의 내면에 있는 그와 똑같은 특성도 경멸한다. 그는 자신의 내면에 분노나 억제가 존재한다는 점을 인정해야 하는 상황에 처하면 굴욕감을 느끼고 따라서 신경증을 갖고 있다는 점에 대해 자신을 경멸하고 그 사실을 비밀로 지키려고 노심초사한다. 그는 또한 신경증을 제대로 다루지 못하는 자신을 경멸한다.

그런 권력 추구가 나타나는 형식은 어떤 권력의 부족을 가장 두려워하거나 경멸하는지에 따라 달라질 것이다. 나는 이 같은 노력이 표현되는 형식 중에서 특별히 자주 나타나는 몇 가지 형식에 대해 설명할 것이다.

우선, 신경증 환자는 자기 자신뿐만 아니라 상대방을 통제하길 바랄 것이다. 그는 자신이 주도하지 않았거나 인정하지 않은 일은 어떠한 것이든 일어나지 않기를 바란다. 이 같은 통제의 추구는 상대방에게 완벽한 자유를 의식적으로 허용하는 약한 형식을 취할 수도 있지만, 신경증 환자는 자신이 하는 모든 것에 대해 알고 있어야 한다고 고집하며 혹시 어떤 것이 비밀로 지켜지기라도 하면 화를 낸다. 상대방을 통제하려는 경향도 아주 강력히 억압될 수 있다. 그렇기 때문에 신경증 환자 본인만 아니라 주변 사람들까지도 상대방에게 자유를 허용하는 신경증 환자가 대단히 관대한 사람임에 틀림없다고 믿게 된다. 그러나 만약에 어떤 사람이 통제에 대한 욕망을 완벽히 억누른다면, 그는 상대방이 친구와 약속을 하거나 예정에 없이 집에 늦게 오기라도 하면 그때마다 우울해하거나 심각한 두통을 앓거나 위장 장애를 일으킬 것이다. 그러면 그는 장애의 원인을 알지 못한 채 그 원인을 기후 조건이나 음식 혹은 다른 무관한 조건으로 돌릴 것이다. 이렇듯 진기해 보이는 것들 중 많은 것이 상황을 통제하려는 은밀한 소망에 의해 일어난다.

또한 이 유형의 사람들은 항상 자신이 옳기를 바라는 경향을 보이며, 아주 사소한 세부적인 것에서조차도 자신이 잘못된 것으로 드러나면 화를 낼 것이다. 그들은 모든 것을 다른 사람들보다 더 잘 알아야 한다. 이 같은 태도는 경우에 따라 아주 당혹스러울 만큼 두드러질 수 있다. 그런 태도만을 빼고는 진지하고 신뢰할 만한 사람들은 답을 모르는 질문 앞에서도 마치 아는 것처럼 꾸미고 또 특별한 예에서 무지해도 자신의 신뢰성에 전혀 금이 가지 않을 때조차도 엉터리 대답이라도 내놓으려 들 것이다. 그러다 보니 일어날 일을 미리 알고 모든 가능성을 예측하는 것이 그들에겐 대단히 중요하게 된다. 이 같은 태도는 통제 불가능한 요소가 따르는 상황을 혐오하는 감정을 수반한다. 따라서 어떠한 위험도 감수해서는 안 된다. 자제를 강조하다 보니 어떠한 감정에라도 흔들리는 것을 극구 혐오하게 된다. 신경증 여자가 어떤 남자에게 느끼는 매력은 그 남자가 그녀를 사랑하게 되는 순간 경멸로 돌변할 수 있다. 이런 유형의 사람들은 자유 연상을 하면서 자신이 아주 자유롭게 떠돌도록 내버려두지 않는다. 왜냐하면 그것이 통제력의 상실을, 자신을 미지의 영역으로 흘러가도록 내버려둔다는 것을 의미하기 때문이다.

신경증 환자가 권력을 추구하는 행태에서 보이는 또 다른 태도는 자신만의 길을 가려는 욕망이다. 만약에 다른 사람이 신경증 환자가 원하는 행동을 제때에 하지 않는다면, 그것이 신경증 환자에게는 끊임없이 화의 원인이 될 것이다. 조바심치는 태도는 권력을 추구하는 노력의 이런 측면과 밀접히 연결되어 있다. 어떤 시간적 지연이나 강요된 기다림도, 심지어 교통 신호를 기다리는 것조차도 분노의 원인이 될 것이다. 그럼에도 신경증 환자는 자신에게 지배하려는 태도가 있다는 사실을 모른다. 그런 태도를 인정하지 않고 또 그것을 바꾸지 않는 것이 그의 이익에 부합한다. 왜냐하면 그것이 중요한 보호의 기능을 하기 때문이다. 다른 사람들은 그런 태도를 몰라야 한다. 다른 사람들이 그걸 알게 될 경우에 그들의 애정을 잃을 위험이 있기 때문이다.

이처럼 신경증 환자가 자신의 태도를 제대로 자각하지 않는다는 사실은 사랑의 관계에 중요한 의미를 지닌다. 만약에 연인이나 남편이 신경증 환자의 기대에 정확히 맞춰 살지 않는다면, 예를 들어 약속 시간에 늦는다거나 수시로 전화를 걸지 않는다거나 다른 도시로 간다거나 하면, 신경증 환자인 여자는 남자가 자기를 사랑하지 않는다고 느낀다. 그녀는 자신의 감정이 상대방이 자신의 바람을 따르지 않은 데 대해 평범하게 화를 내는 것이라는 점을 인정하지 않고, 대신에 그 상황을 상대방이 자신을 원하지 않는다는 사실을 증명하는 증거로 해석한다. 이 같은 오류는 우리 문화에 아주 빈번하게 일어난다. 이 오류는 스스로 다른 사람에게 사랑받는 존재가 아니라는 느낌을 갖게 만드는데, 이 느낌은 종종 신경증의 결정적인 요인이 된다. 대체로 이 오류는 부모에게서 배운다. 가족을 지배하려 드는 유형의 어머니는 자식의 불복종에 화를 내면서 아이가 자기를 사랑하지 않는다고 믿고 또 그런 식으로 소리를 지를 것이다. 이 바탕에서 사랑의 관계를 크게 훼손시킬 수 있는 기이한 모순이 일어난다. 신경증을 가진 소녀들은 약한 것을 경멸하기 때문에 "약한" 남자를 사랑하지 못한다. 그러나 그들은 자기 파트너가 언제나 굴복하기를 원하기 때문에 "강한" 남자도 제대로 다루지 못한다. 따라서 그런 소녀들이 은밀히 바라는 것은 영웅이다. 말하자면 강함과 동시에 대단히 나약하여서 모든 소망에 조금의 망설임도 없이 휘어질 수 있는 그런 존재를 바라는 것이다.

권력 추구에 나타나는 또 다른 태도는 절대로 굴복하지 않는 태도이다.

의견에 동의하거나 조언을 받아들이는 것은 그 의견이나 조언이 옳을 때조차도 약한 행위로 느껴지며, 그런 식으로 한다는 생각만으로도 반항심이 일어난다. 굴복하지 않는 태도를 중요하게 여기는 사람들은 강력히 반대하는 경향이 있으며, 또 순전히 굴복에 대한 두려움 때문에 충동적으로 정반대의 입장을 취한다. 이런 태도가 가장 흔하게 표현되고 있는 경우는 신경증 환자가 자신이 세상에 적응해야 하는 것이 아니라 세상이 자신에게 적응해야 한다는 식으로 은밀히 고집을 부리는 때이다. 바로 여기서 정신분석 치료의 기본적인 어려움 하나가 나온다. 환자를 분석하는 종국적 이유는 지식이나 통찰을 얻는 것이 아니고 이 통찰을 이용해 환자의 태도를 바꾸는 것이다. 이런 유형의 신경증 환자는 어떤 변화가 자신에게도 이롭다는 점을 인정함에도 불구하고 변화의 가능성 자체를 싫어한다. 변화라는 것이 곧 그에겐 최종적인 굴복을 암시하기 때문이다. 굴복하지 못하는 무능력도 사랑의 관계에 영향을 미친다. 사랑이 무엇을 의미하든, 사랑은 언제나 자신의 감정뿐만 아니라 연인에게도 굴복하는 항복을 암시한다. 남자든 여자든 그런 양보를 잘 못하는 사람일수록, 그 사람의 사랑의 관계는 더욱 불만스러울 것이다. 오르가슴을 느끼는 것이 완전히 자신을 놓아버리는 능력을 전제로 한다는 점에서 보면, 이 요소는 또한 성적 불감증에도 영향을 미칠 것이다.

권력 추구가 사랑의 관계에 미치는 영향을 파악하면, 신경증적 애정 욕구의 영향 중 많은 것을 보다 철저히 이해할 수 있게 된다. 권력 추구가 태도 형성에 미치는 영향을 고려하지 않고는, 애정을 얻기 위한 노력에 나타나는 태도들 중 많은 것을 완벽하게 이해하는 것은 불가능하다.

앞에서 본 바와 같이, 권력 추구는 무력감과 무의미한 존재라는 감정으로부터 보호해주는 역할을 한다. 권력 추구와 마찬가지로, 지위 추구도 무의미한 존재라는 감정으로부터 보호해준다.

지위를 추구하는 집단에 속하는 신경증 환자는 타인에게 강한 인상을 남기고, 존경을 받고, 경탄을 불러일으키고 싶은 욕구를 발달시킨다. 그는 아름다움이나 지성 혹은 다른 두드러진 성취로 타인들을 사로잡는 공상에 빠질 것이다. 그는 돈을 아낌없이, 또 사람들의 눈에 띄게 쓸 것이다. 그는 최근에 발표된 책과 연극에 대해 말할 수 있어야 하고 탁월한 사람들을 알아야 할 것이다. 그는 자신을 존경하지 않는 사람을 친구나 남편, 아내, 직원으로 두지 못할 것이다. 그의 자존감은 전적으로 자신이 경탄의 대상이 되는지 여부에 달려 있으며, 만약에 경탄을 받지 못한다면 아무런 가치가 없는 존재로 전락하고 말 것이다. 민감성이 과도한데다 그가 끊임없이 수치심을 느끼고 있기 때문에, 그에게 삶은 끝없는 시련이다. 종종 그는 자신이 굴욕감을 느끼고 있다는 사실을 모른다. 그걸 안다는 사실 자체가 너무나 큰 고통이기 때문이다. 그러나 자각하든 안 하든, 그는 그런 감정에 대해 실제로 느껴지는 고통에 비해 터무니없을 만큼 강하게 화를 낸다. 그래서 그의 태도는 적개심과 불안을 새로 일으키게 된다.

설명을 간단히 하기 위해, 그런 사람을 자기도취자라고 부를 수 있다. 그러나 만약에 그를 역학적으로 고려한다면, 자기도취자라는 용어는 오해를 부를 수 있다. 왜냐하면 그가 지속적으로 자아의 팽창에 몰두하고 있을지라도 그것이 원칙적으로 자기사랑을 위한 것이 아니라 무의미한 존재라는 느낌이나 굴욕감으로부터 자신을 보호하기 위한 것이거나, 보다 긍정적인 표현을 쓴다면, 상처 난 자존감을 고치기 위한 것이기 때문이다.

그 사람과 타인들의 관계가 멀수록, 지위를 추구하려는 그의 노력은 더욱 강하게 내면화될 수 있다. 그러면 지위 추구는 그 사람 본인의 눈에 무오류의 경이로운 욕구로 비칠 것이다. 모든 단점은 실제로 단점으로 인식되는 것이든 아니면 희미하게 느껴지는 것이든 불문하고 하나의 수치로 여겨지게 된다.

우리 문화에서는 소유를 위한 노력을 통해서도 무력감과 무의미 혹은 수치심으로부터 보호받을 수 있다. 부(富)가 권력과 지위를 동시에 안겨주기 때문이다. 소유에 대한 무분별한 추구가 우리 문화에 아주 널리 퍼져 있기 때문에, 그 추구가 획득 본능으로나 생물학적 충동의 승화로나 인간의 일반적인 본능이 아니라는 것을 확인하려면 반드시 다른 문화와의 비교가 이뤄져야 한다. 우리 문화에서조차도, 소유와 관련된 불안이 약해지거나 제거되기만 하면 소유를 위한 충동적 노력은 사라진다.

소유가 보호 장치가 되어줄 수 있는 구체적인 공포는 빈곤과 결핍, 타인에 대한 의존의 공포이다. 빈곤에 대한 공포는 사람들이 끊임없이 일을 하게 만들고 돈벌이 기회를 절대로 놓치지 않게 몰아붙이는 채찍이 될 수 있다. 이 노력의 방어적인 성격은 그 사람이 보다 큰 즐거움을 위해서 돈을 쓰지 못한다는 사실에서 잘 드러난다. 소유의 추구가 굳이 돈이나 물질적인 것을 대상으로 할 필요는 없으며, 타인을 소유하려는 태도로 나타나면서 애정을 지키는 보호 장치의 역할을 할 수도 있다. 소유욕이라는 현상이 특히 소유권에 대한 법적 근거가 주어진 결혼에 나타나면서 널리 알려지게 되었고, 또 소유욕의 특징이 권력 추구를 논할 때 묘사한 특징과 거의 똑같기 때문에, 여기서는 구체적인 예를 제시하지 않을 것이다.

이미 말한 바와 같이, 내가 설명한 3가지 노력은 불안에 맞서 안전을 얻도록 할 뿐만 아니라 적개심을 방출시키는 수단도 된다. 어느 노력이 우세하냐에 따라서, 이 적개심은 지배하려는 경향이나 굴욕감을 주려는 경향, 타인에게서 무엇인가를 박탈하려는 경향으로 나타난다.

신경증적 권력 추구의 지배하려는 특징은 반드시 타인에 대한 적개심으로 공개적으로 드러나지는 않는다. 그 특징은 사회적으로 소중하거나 인간적인 형식으로 가장할 수 있다. 예를 들면 조언을 해주거나 다른 사람의 일을 대신 처리해주거나 앞장서는 등의 태도로 나타날 수 있는 것이다. 그러나 만약에 그런 태도 안에 적개심이 숨어 있다면, 다른 사람들, 즉 자식들이나 배우자, 직원들은 그것을 느끼고 복종이나 반대의 반응을 보일 것이다. 그러나 신경증적인 사람 본인은 대체로 자신의 적개심을 알지 못한다. 일이 원하는 대로 돌아가지 않아 화가 날 때에도, 그는 자신은 기본적으로 점잖은 영혼이라는 믿음을 고수할 것이다. 그러면서 자신이 힘들어 하는 것은 사람들이 조언을 제대로 받지 못해 자신에게 반대하기 때문이라는 식으로 믿는다. 그러나 거기서 실제로 벌어지고 있는 상황은 이렇다. 신경증 환자의 적개심이 예의바른 태도에 억눌려 있다가 그가 자신의 방식을 고수하지 못하게 되는 상황에서 터져나오는 것이다. 그가 화를 내는 일들은 다른 정상적인 사람들에게는 반대로 여겨지지 않고, 단순한 의견 차이나 조언을 따르지 않는 정도로 여겨질 수 있는 것들이다. 그런데도 신경증 환자는 그런 사소한 일에도 상당한 분노를 터뜨릴 수 있다. 지배하려 드는 태도를 일정한 양의 적개심을 비폭력적인 방식으로 방전시키는 하나의 안전판으로도 고려할 수 있다. 지배하려는 태도 자체가 적개심을 완화된 형식으로 표현하는 것이기 때문에, 그 같은 태도는 파괴적인 충동을 저지하는 수단이 된다.

반감으로 인해 일어나는 화는 억눌러질 수 있으며, 우리가 본 바와 같이, 억압된 적개심은 새로운 불안을 낳을 수 있다. 이 불안은 우울이나 피로로 나타날 수 있다. 이 같은 반응을 일으키는 일들이 너무나 사사롭기 때문에, 그 일들은 사람의 눈에 띄지 않는다. 신경증 환자도 자신의 반응을 자각하지 못하기 때문에, 그런 불안이나 우울의 상태는 외부의 자극을 전혀 받지 않은 것처럼 보일 수 있다. 오직 정밀한 관찰을 통해서만 자극을 주는 사건들과 그에 따른 반응의 연결을 점진적으로 찾아낼 수 있다.

지배하려는 충동에서 비롯되는 또 하나의 특성은 그 사람이 대등한 관계를 유지하는 능력을 갖추지 못하고 있다는 점이다. 그는 관계를 이끌거나 아니면 완전히 의존 상태에 빠져 무력하게 군다. 그는 대단히 독재적이기 때문에 완벽한 지배에 조금이라도 미달하는 것이면 무엇이든 종속으로 느낀다. 만약에 그의 화가 억눌러진다면, 그 억압은 우울증이나 낙담, 피로감을 낳을 것이다. 그러나 무력감은 단지 지배력을 확실히 얻는 우회적인 길이거나 앞에서 이끌지 못하게 된 데 대한 적개심을 우회적으로 표현하는 길일 뿐이다.

여기 예로 제시하는 여인은 외국의 어느 도시에서 남편과 산책을 하고 있었다. 그녀는 어느 지점까지 지도를 살피면서 앞서 나아갔다. 그러나 두 사람이 그녀가 미리 지도를 보고 공부하지 않은 장소나 거리에 닿고 따라서 그녀가 불안을 느끼게 되면, 그녀는 산책에 대한 안내를 전적으로 남편에게 넘겼다. 그러면 그녀는 그때까지 명랑하게 떠들며 활달하게 행동하던 모습을 버리고 돌연 피로에 짓눌리는 느낌을 받으며 걸음을 한 발짝도 떼기 어려운 상황이 되었다. 우리 대부분은 결혼한 파트너와 형제자매, 친구들 사이의 관계에 대해 잘 알고 있다. 이 관계에서 신경증을 가진 사람은 다른 사람이 자신의 의지를 따르도록 강제하기 위해, 또 끝없는 관심과 도움을 끌어내기 위해 자신의 무력감을 채찍으로 이용하면서 마치 노예 감독관처럼 행동한다. 이런 상황의 특징은 신경증을 앓는 사람이 자신을 위한 노력에서 이로운 것은 절대로 끌어내지 못하고 언제나 불만과 요구사항을 새롭게 제시하거나 설상가상으로 자신이 무시당하거나 학대당했다는 비난을 쏟아낸다는 점이다.

정신분석 과정에서도 똑같은 행동이 관찰된다. 이런 부류의 환자들은 도움을 절망적으로 요청해놓고는 어떠한 제안도 따르지 않을 뿐만 아니라 오히려 도움을 받지 못했다면서 분개를 표시할 것이다. 만약에 자신의 특이점을 이해함으로써 도움을 받게 된다 하더라도, 그들은 즉시 그 직전의 짜증 상태로 다시 돌아간다. 그러면서 그들은 마치 아무런 도움도 받지 않은 것처럼, 분석가가 힘들여 얻은 결실인 그 통찰을 지우려 들 것이다. 그런 다음에 환자는 분석가가 새로운 노력을 펴도록 강요하지만, 이 노력 역시 똑같은 운명을 맞게 되어 있다.

그 환자는 그런 상황에서 이중의 만족을 얻을 것이다. 자신을 무력한 존재로 부각시킴으로써, 환자는 분석가가 노예처럼 자신을 돕도록 강요하는 데서 일종의 승리감을 느낄 것이다. 동시에 이 전략은 분석가의 내면에 무력감을 일으키는 경향이 있다. 따라서 환자는 거기서 어떤 파괴적인 지배의 가능성을 발견한다. 말할 것도 없이, 이런 식으로 얻어진 만족은 전적으로 무의식이다. 그 만족을 얻는 데 이용된 기법이 무의식적으로 적용되는 것과 똑같다. 환자가 자각하는 것은 자신이 도움을 간절히 필요로 하고 있는데도 그것을 얻지 못하고 있다는 감정뿐이다. 그러므로 환자는 자신의 눈으로 보면서 자신이 그런 식으로 행동하는 것이 아주 정당하다고 생각할 뿐만 아니라 자신이 분석가에게 화를 낼 자격까지 갖추고 있다고 느낀다. 그와 동시에 환자는 자신이 교활한 게임을 하고 있다는 사실을 마음에 등록하지 않을 수 없고, 따라서 발각이나 보복을 두려워하게 되어 있다. 그러므로 방어적 자세를 취하는 환자는 자신의 입장을 강화할 필요가 있다고 느끼면서 형세를 역전시킴으로써 자신을 강화한다. 그렇다고 환자가 은밀히 파괴적인 공격성을 수행하고 있다는 뜻은 아니다. 단지 환자가 분석가가 자신을 무시하고 속이고 이용하고 있다고 생각한다는 뜻이다. 그러나 환자가 확신을 갖고 이 같은 입장을 취하는 경우는 그가 진정으로 희생되고 있다는 느낌을 받을 때뿐이다. 이런 조건에 처한 사람은 자신이 형편없는 대접을 받고 있지 않다는 점을 인정하는 데에는 전혀 관심을 두지 않을 뿐만 아니라 정반대로 자신의 믿음을 지키는 일에 지대한 관심을 보인다. 환자가 자신이 희생당하고 있다고 줄기차게 주장하는 모습을 지켜보고 있으면, 그가 오히려 함부로 다뤄지기를 바라는 것이 아닌가 하는 인상이 들기도 한다. 실제로 보면 신경증 환자도 우리 모두와 마찬가지로 함부로 다뤄지길 원하지 않는다. 그러나 함부로 다뤄지고 있다는 믿음은 환자에게 너무나 중요한 기능을 얻었기 때문에 쉽게 버려질 수 없다.

지배하려는 태도에 너무나 강한 적개심이 실려 있기 때문에, 그 적개심 자체가 새로운 불안을 낳는다. 그러면 이 불안은 명령이나 결정을 내리지 못하게 막거나 의견을 정확히 표현하지 못하게 막는 억제를 낳을 수 있다.

그 결과 신경증 환자들은 종종 지나치게 유순해 보이게 된다. 이 때문에 환자는 억제의 태도를 타고난 싹싹함으로 착각한다.

지위에 대한 욕망이 아주 강한 사람의 내면에서, 적개심은 보통 다른 사람에게 굴욕감을 안기고 싶은 욕망으로 나타난다. 이 욕망은 굴욕감에 자존심을 많이 다쳐 앙심을 품게 된 사람들의 내면에 영원히 자리 잡고 있다. 그런 사람들은 대체로 어린 시절에 굴욕적인 경험을 많이 겪은 사람들이다. 이 경험은 아마 소수 인종 집단에 속했다든가 아니면 다른 친척은 다 부자인데 자기만 가난했다든가 하는, 그들이 성장한 사회적 상황과 관계있을 것이다. 아니면 다른 형제들 때문에 부모로부터 차별을 당했거나 왕따를 당했거나 아니면 부모의 노리개가 되었거나 어떤 때는 응석받이로 커다가 어떤 때는 냉대를 당하는 등 개인적 상황과도 관계있을 것이다. 이런 종류의 경험은 그 고통스런 성격 때문에 종종 망각되지만 굴욕감과 관련 있는 문제들이 분명하게 드러나면 의식에 다시 나타나게 된다. 그러나 성인 신경증 환자들의 내면에서는 이런 어린 시절의 상황의 직접적 결과는 절대로 관찰되지 않고 간접적 결과만 관찰될 뿐이다. 말하자면 "악순환"을 거치면서 강화된 결과만 관찰되는 것이다. 그 악순환의 고리를 보면 이런 식으로 이어진다. 타인에 의해 굴욕감을 느끼고, 따라서 타인에게 창피를 주려는 욕망이 일어나고, 보복에 대한 두려움 때문에 굴욕감에 더욱 예민해지고, 그러면 타인들에게 창피를 주려는 욕망도 더욱 커지게 된다.

신경증 환자는 자신의 민감성 때문에 굴욕감을 느낄 때 받는 상처와 앙심이 얼마나 큰지를 잘 알고 있기에 타인의 내면에 일어날 비슷한 반응에 대해서 본능적으로 두려워한다. 그럼에도 불구하고, 이런 경향들 중 일부는 신경증 환자가 알지 못하는 가운데 나타날 수 있다. 타인이 신경증 환자를 기다리게 해 본의 아니게 환자에게 무시당하고 있다는 느낌을 줄 수도 있고, 또 본의 아니게 신경증 환자가 남을 의존하게 하는 당혹스런 상황도 벌어질 수 있는 것이다. 설령 신경증 환자가 다른 사람에게 굴욕감을 안기길 원한다거나 굴욕감을 안겼다는 것을 깡그리 의식하지 못하고 있을지라도, 그와 다른 사람의 관계에는 분노가 널리 스며들게 될 것이다. 그 관계에 분노가 작용하고 있다는 사실은 환자 자신이 비난이나 굴욕을 끊임없이 예상하고 있다는 것으로 확인된다. 실패에 대한 두려움을 논할 때, 이런 두려움에 대해서 다시 상세하게 논할 것이다. 굴욕감에 대한 이 같은 민감성 때문에 억제가 생겨나면, 신경증 환자는 이 억제 때문에 다른 사람에게 굴욕감을 안길 가능성이 조금이라도 있는 것이면 무엇이든 피하려 할 것이다. 예를 들면, 그런 신경증 환자는 비판도 하지 못하고, 부탁을 거절하지도 못하고, 직원을 해고하지도 못할 것이다. 그 결과 그는 종종 배려와 예의가 지나친 것처럼 보인다.

마지막으로, 타인에게 굴욕감을 안겨주려는 경향은 타인을 존경하려는 경향에 숨어 있을 수도 있다. 굴욕감을 안기는 것과 존경은 서로 정반대이기 때문에, 존경은 굴욕감을 안기려는 경향을 숨기는 수단으로 최고이다. 이것이 바로 같은 사람의 내면에서 이런 극단적인 것들이 자주 발견되는 이유이다. 이 두 가지 태도가 안배되는 방법은 여러 가지가 있으며, 이처럼 두 가지 태도가 안배되는 이유는 개인마다 다 다르다. 이 태도들은 삶의 시기에 따라 별도로 나타날 수도 있다. 영웅 숭배의 시기가 있는가 하면, 사람들을 전반적으로 경멸하는 시기가 있을 수 있다. 남자들을 존경하는 한편으로 여자들을 경멸하는 시기도 있고, 그와 정반대의 시기도 있을 수 있다. 아니면 한두 사람을 맹목적으로 존경하는 시기도 있을 수 있다. 나머지 세상을 맹목적으로 경멸하는 시기가 있는 것과 똑같다. 현실 속에서 이 두 가지 태도가 공존한다는 사실을 분석 과정에서도 관찰할 수 있다. 어떤 환자는 분석가를 맹목적으로 존경함과 동시에 맹목적으로 경멸할 수도 있다. 이때 환자는 두 가지 감정 중 어느 한쪽을 억누를 수도 있고, 아니면 두 감정 사이를 왔다 갔다 할 수도 있다.

소유를 추구하는 태도를 보면, 적개심은 보통 타인들로부터 빼앗으려는 경향으로 나타난다. 다른 사람을 속이거나 착취하거나 좌절시키거나 다른 사람으로부터 훔치려는 소망은 그 자체로는 신경증이 아니다. 그 같은 소망은 문화적으로 다듬어졌을 수도 있고, 아니면 실제 상황에 의해 정당화될 수도 있고, 아니면 흔히 그러듯 편의의 문제로 여겨질 수도 있다. 그러나 신경증 환자의 경우에는 이런 경향에 감정이 잔뜩 실려 있다. 이 경향을 통해서 얻을 수 있는 이점이 아주 작거나 무의미할 때조차도, 신경증 환자는 성공을 거두게 될 경우에 의기양양해 하며 기분이 크게 고양되는 것을 느낄 것이다. 예를 들어, 신경증 환자는 물건 값을 깎기 위해 아끼는 돈에 비해 터무니없이 많은 시간과 에너지를 쏟을 수 있다. 신경증 환자가 성공에 만족을 느끼는 이유는 두 가지이다. 다른 사람을 따돌렸다는 느낌과 타인에게 상처를 입혔다는 느낌이다.

다른 사람에게서 무엇인가를 빼앗으려는 경향은 여러 가지 형태로 나타난다. 신경증적인 사람은 무료로 치료를 해 주지 않거나 자신의 지불 능력보다 낮은 수수료로 치료를 해주지 않는 의사에게 분개할 것이다. 그는 종업원들이 돈을 받지 않고 야간근무를 하려 하지 않을 때에도 화를 느낄 것이다. 친구와 자식들과의 관계에서, 신경증 환자가 상대방을 착취하려는 경향은 종종 친구나 자식들이 신경증 환자에게 의무를 진다는 주장으로 정당화된다. 부모는 그런 바탕에서 자식들에게 희생을 요구함으로써 자식들의 삶을 실제로 망쳐놓을 수 있다. 그 같은 경향이 그런 식으로 파괴적인 형식으로 나타나지 않는다 할지라도, 자식이라는 존재는 부모를 만족시키기 위해 존재한다는 믿음을 가진 엄마라면 아이를 정서적으로 착취하게 되어 있다. 이런 부류의 신경증 환자는 또한 타인들에게 지급해야 하는 돈도 주지 않고, 제공할 수 있는 정보도 움켜쥐고 있고, 상대방이 성적 만족을 기대하도록 해놓고는 그것마저도 무시할 수 있다. 강탈하려는 경향이 있는지 여부는 훔치는 꿈의 반복을 통해서 짐작할 수 있다. 그런 경향을 가진 사람은 의식적으로 훔치고 싶은 충동을 느끼면서도 누르고 있을 수 있다. 아니면 그 사람은 어느 시기에 도벽이 있었을 수도 있다.

이런 유형의 사람들은 종종 자신이 타인으로부터 고의로 빼앗고 있다는 사실을 자각하지 못한다. 빼앗으려는 그들의 소망과 관련된 불안은 아마 그들에게 무엇인가가 예상되는 순간 억제로 이어질 것이다. 그래서 예를 들어 그들은 예상되었던 생일 선물을 사는 것을 망각하거나 여자가 몸을 허락하겠다고 나서면 성교 불능의 상태가 될 수 있다. 그러나 이 불안이 언제나 실제적 억제로 이어지는 것은 아니며, 불안은 자신들이 타인을 착취하고 있다는 숨겨진 두려움을 통해 분명해질 수 있다. 그럼에도 그들은 의식적으로는 그런 의도를 부인한다. 신경증 환자는 이런 경향이 보이지 않는 자신의 일부 행동에 대해서도 두려움을 품을 수 있다. 그러면서도 신경증 환자는 다른 행동에서 자신이 타인을 착취하거나 박탈하고 있다는 것에 대해서는 여전히 모르고 있을 수 있다.

다른 사람들을 착취하려는 경향에는 질투가 수반된다. 우리 대부분은 다른 사람들이 우리가 갖고 싶어 하는 것을 가질 경우에 약간의 질투심을 느낄 수 있다. 그러나 정상적인 사람에게는 자신이 그 같은 이점을 누리고 싶어 한다는 사실이 중요하지만, 신경증 환자에게는 정작 자신은 그런 이점을 원하지 않으면서도 그것이 다른 사람에게로 넘어간 사실이 중요해진다. 이런 부류의 어머니들은 종종 자식들의 쾌활함을 시기하며 아이들에게 "아침 식전에 노래를 부르는 녀석들은 저녁 먹기 전에 울게 될 거야."라는 식으로 말한다.

신경증 환자는 자신의 질투심을 정당한 부러움처럼 꾸밈으로써 그런 태도의 잔인성을 가리려 할 것이다. 다른 사람들에게 돌아간 혜택은 인형이든 아니면 소녀나 여가, 혹은 직장에 관한 것이든 너무나 화려하고 훌륭해 보인다. 그렇기 때문에 신경증 환자는 자신의 부러움이 전적으로 정당하다고 느낀다. 그런데 이 정당화는 오직 사실을 악의적으로 왜곡할 때에만 가능해진다. 신경증 환자 자신이 가진 것을 지나치게 낮게 평가하거나, 타인들이 누리는 혜택이 정말로 바람직한 것이라는 착각이 있어야 한다는 뜻이다. 이때 자기기만이 아주 심하게 이뤄지기 때문에 신경증 환자는 자신이 실제로 다른 사람이 누리는 혜택을 누리지 못해 비참한 상황에 처해 있다고 믿게 된다. 그러면서 다른 많은 측면에서는 그가 타인과 처지를 바꾸기를 원하지 않는다는 점을 깡그리 잊어버린다. 신경증 환자가 이 왜곡에 대한 대가를 치르는 것은 자신이 행복할 가능성을 제대로 평가하지 못하고 또 즐기지 못하는 무능력이다. 그러나 이 무능력은 그를 그것보다 훨씬 더 무서운 타인들에 대한 질투로부터 보호해 준다.

지금까지 논한 다른 적대적인 경향들과 마찬가지로, 박탈하거나 착취하려는 경향도 훼손된 개인적 관계에서 비롯될 뿐만 아니라 그 관계를 더욱 훼손시키는 결과를 낳는다. 특히 이 경향은 늘 그렇듯 다소 무의식적이면 반드시 그 사람의 자의식을 강화시키고 타인을 소심하게 대하도록 만들게 되어 있다. 신경증 환자는 자신이 아무것도 기대하지 않는 사람에게는 자유롭고 자연스럽게 행동하고 느낄 것이지만, 누군가로부터 어떤 혜택이라도 끌어낼 가능성이 보이기만 하면 자의식이 강해진다. 그 혜택은 정보나 추천처럼 명백한 것일 수도 있고, 미래에 있을 호의의 가능성처럼 덜 분명한 것일 수도 있다. 이는 다른 모든 관계에서처럼 성애의 관계에도 그대로 통한다. 이런 유형의 여자 신경증 환자는 자신이 신경을 쓰지 않는 남자들에게는 솔직하고 자연스러울 수 있지만, 자신을 좋아해 주었으면 싶은 남자에게는 당혹감을 느끼고 억제하는 모습을 보인다. 왜냐하면 그녀에겐 그의 애정을 얻는 것이 그에게서 무엇인가를 끌어내는 것과 동일하게 여겨지기 때문이다.

이런 유형의 사람들은 돈벌이 능력이 예외적으로 출중할 수 있고, 따라서 자신의 충동을 돈 되는 경로로 돌릴 수 있다. 대체로 그들은 돈벌이와 관련해 억제를 발달시킬 것이다. 그래서 그들은 대가를 요구할 때 망설이게 되거나 적절한 보상을 받지 않고도 일을 많이 할 것이며, 따라서 실제보다 훨씬 더 관대하게 행동하는 것처럼 보인다. 그러면 그들은 터무니없는 자신의 벌이에 불만을 품을 수 있다. 그러면서도 자신이 불만을 품은 이유에 대해서는 알지 못한다. 만약에 신경증 환자의 억제가 너무나 광범위하게 퍼져 있어서 억제가 그 사람의 전체 성격에 스며든다면, 독립적으로 서는 능력이 크게 떨어지는 결과가 나타날 수 있다. 그러면 신경증 환자는 다른 사람의 지원을 받아야 할 것이다. 당연히 그는 기생적인 삶을 영위할 것이고, 따라서 자신의 착취하는 경향을 충족시키게 될 것이다. 이런 기생적인 태도는 반드시 "세상이 나의 삶을 책임지게 되어 있어."라는 식으로 총체적인 형식으로 나타나지는 않을 것이지만, 타인이 자신에게 호의를 베풀고 자신을 이끌어주고, 일에 관한 아이디어를 제기해주기를 기대하는, 보다 교묘한 형식으로 나타날 것이다. 요약하면, 다른 사람들이 그의 삶을 책임져주기를 기대하게 된다는 뜻이다. 그 결과 나타나는 것은 삶을 대하는 이상한 태도이다. 신경증 환자는 자신의 삶은 자기 자신의 것이라는 인식을 명확히 갖지 않는다. 그의 삶을 알차게 가꾸거나 망치는 것은 순전히 그에게 달렸다는 진리도 모른다. 그런 가운데 그는 마치 자신에게 일어나는 일은 자신과는 아무런 상관이 없다는 식으로, 또 선과 악은 자신과 아무런 관계가 없는 외부에서 온다는 식으로, 또 타인들에게 선한 것을 기대하고 혹시라도 나쁜 일이 생기면 그 탓을 타인에게로 돌릴 권리가 자신에게 있다는 식으로 살아간다. 이런 상황에서는 대체로 좋은 일보다 나쁜 일이 생기기 때문에, 신경증 환자가 세상을 향해 격분을 품는 것은 거의 불가피하다. 이런 기생적인 태도는 신경증적 애정 욕구에서도 발견된다. 이 애정 욕구가 물질적 호의에 대한 갈망의 형식을 취할 때, 그런 태도가 특히 더 뚜렷해진다.

착취하거나 박탈하려는 신경증 환자의 경향에서 자주 나오는 또 다른 결과물은 자신이 다른 사람에게 속거나 착취당할 수 있다는 불안이다. 그는 영원히 누군가가 자신을 이용하려 하거나 자신으로부터 돈이나 아이디어를 훔치려 한다는 식의 불안 속에서 살게 될 것이다. 그러면서 그는 사람을 만날 때마다 이 사람은 나에게서 뭘 원할까 하고 두려움을 느낄 것이다. 그러다가 만약에 그가 진짜로 속아 넘어가든가 하면 터무니없을 정도로 큰 분노가 폭발한다. 예를 들어, 택시 운전기사가 지름길로 달리지 않거나 웨이터가 식대를 과다하게 청구하거나 해도 감정이 폭발하는 것이다. 자신의 학대하는 경향을 다른 사람에게로 투사하는 행위의 정신적 가치는 명백하다. 자신의 문제를 직시하는 것보다 다른 사람에게 정당하게 분노를 느끼는 것이 훨씬 더 즐거운 일이다. 게다가 분별력이 떨어지는 사람들은 종종 비난을 협박의 수단으로 이용하거나, 다른 사람을 괴롭혀 죄책감을 느끼게 하여 학대당하도록 만든다. 미국 작가 싱클레어 루이스(Sinclair Lewis)는 도즈워스 부인이라는 인물을 통해 이런 종류의 전략을 아주 멋지게 풀어냈다.

권력과 지위와 소유에 대한 신경증적 추구의 목표와 기능은 대략적으로 다음과 같이 요약 정리할 수 있다.

목표	안전을 추구하게 만드는 특성	적개심이 나타나는 형식
권력	무력감	지배하려는 경향
지위	굴욕감	굴욕감을 주려는 경향
소유	결핍	박탈하려는 경향

이 노력들의 중요성과 이 노력들이 신경증 징후에서 하는 역할, 그리고 이 노력들이 어떤 식으로 위장되는지를 파악한 것은 알프레드 아들러의 성

취이다. 그러나 아들러는 이 노력들을 그 자체로 어떠한 설명도 필요하지 않는, 인간 본성의 근본적인 경향으로 보았다. 아들러는 신경증 환자의 내면에서 이 노력들이 치열해지는 원인을 찾아 열등감과 신체적 약점까지 더듬어 올라갔다.

프로이트도 이 같은 노력의 의미들 중 많은 것을 보았으나 그것들을 서로 같은 카테고리로 여기지 않았다. 프로이트는 지위를 위한 추구를 자기도취 경향의 표현으로 보고 있다. 프로이트는 원래 권력과 소유의 추구, 그리고 거기에 개입된 적개심을 "가학적 항문기"의 파생물로 고려했다. 그러나 훗날 그는 그런 적개심은 성적 바탕으로 압축될 수 없다는 점을 인정하고 그것들이 어떤 "죽음 본능"의 표현이라고 주장하면서 자신의 생물학적 경향에 충실한 모습을 보였다. 아들러도 프로이트도 불안이 그런 충동의 발생에서 하는 역할을 인식하지 못했다. 또 두 사람 모두 그 충동이 표현되는 형식에서 문화적 영향을 보지 못했다.

11장

신경증적 경쟁심

권력과 지위, 소유를 획득하는 방법은 문화에 따라 다 다르다. 그것들은 유산으로 물려받을 수도 있고, 또 용기와 잔꾀, 병든 사람을 치료하거나 초자연적인 힘들과 소통하는 능력, 개인이 속한 문화적 집단이 높이 평가하는 자질의 소유를 통해서 얻어질 수도 있다. 권력과 지위, 소유는 또한 특출하거나 성공적인 활동에 의해서도 획득되고, 특정한 자질을 바탕으로도 성취될 수 있고, 운 좋은 환경에 의해서도 획득될 수 있다. 우리 문화에서는 소유와 부의 유산이 틀림없이 중요한 역할을 한다. 그러나 만약에 권력과 지위와 소유가 개인의 노력에 의해서만 얻어진다면, 개인은 당연히 다른 사람과 경쟁을 벌여야 할 것이다. 경쟁은 경제적 중심에서 시작하여 방사선을 그리면서 다른 모든 활동 속으로 퍼져나가며 사랑과 사회적 관계와 놀이까지 구석구석 스며들 것이다. 그러므로 경쟁은 우리 문화 안의 모든 사람에게 하나의 문제가 되며, 거기서 신경증적 갈등들의 어떤 센터를 발견한다 하더라도 전혀 놀라운 일이 아니다.

　우리의 문화 안에서 신경증적 경쟁심은 3가지 점에서 정상적인 경쟁심과 다르다. 첫째, 신경증 환자는 자신을 다른 사람들과 끊임없이 비교한다는 점이다. 그런 비교가 전혀 요구되지 않는 상황에서조차도 신경증 환자는 다른 사람에 빗대어 가며 자신을 평가하는 것이다. 다른 사람들을 능가하려는 노력이 모든 경쟁적 상황에서 필수라 하더라도, 신경증은 어떤 면에서도 잠재적 경쟁자가 될 수 없고 또 목표에 공통점이 전혀 없는 사람과도 자신을 비교한다. 누가 더 지적이고 매력적이고 인기 있는가 하는 물음을 모든 사람에게 무차별적으로 들이대는 것이다. 그런 신경증 환자가 삶을 대하는 감정은 경마에 나선 기수의 감정과 비교할 수 있다. 기수에게는 오직 한 가지만 중요하다. 다른 기수들보다 앞서는가 하는 것만이 중요할 뿐이다. 이 같은 태도는 당연히 진정한 관심의 상실이나 훼손으로 이어지게 되어 있다. 그가 하고 있는 일의 내용은 그가 얼마나 많은 성공과 인상과 명성을 거두었는가 하는 문제에 비하면 아무것도 아니다. 신경증 환자는 다른 사람에 빗대어 자신을 평가하는 태도를 자각하고 있을 수도 있고 자신이 그런 식으로 비교한다는 사실조차 모르는 가운데 그렇게 할 수도 있다. 그러나 그는 그 비교가 자신에게 미치는 영향에 대해서는 결코 충분히 자각하지 못할 것이다.

　정상적인 경쟁심과 두 번째로 다른 점은 신경증 환자의 야망은 다른 사람들보다 더 많은 것을 성취하거나 더 큰 성공을 거두는 것일 뿐만 아니라 자신이 독특하고 예외적인 존재가 되는 것이라는 점이다. 신경증 환자는 생각은 비교급으로 할지라도 목표는 언제나 최상급이다. 그도 자신이 무모한 야망에 휘둘리고 있다는 것을 완벽하게 자각할 수 있다. 그러나 그는 자신의 야망을 완전히 억누르거나 아니면 부분적으로 가린다. 야망을 부분적으로 가리는 경우, 신경증 환자는 예를 들어 자신은 성공에 대해서는 신경 쓰지 않고 자신이 추구하는 명분에만 신경 쓴다고 믿을 수 있다. 혹은 그는 자신은 각광을 받고 싶어 하지 않고 단지 무대 뒤에서 인형의 끈을 조작하길 원한다고 믿을 수도 있다. 혹은 그는 자신이 삶의 어느 시기에 야망을 키웠지만, 예를 들어 예수 그리스도 같은 존재가 되겠다거나 제2의 나폴레옹이 되겠다거나 세상을 전쟁으로부터 구원하겠다는 꿈을 꾸었지만 그 이후로 자신의 야망이 완전히 시들어버렸다고 인정할 수도 있다. 신경증 환자는 더 나아가 자신의 야망이 완전히 짓눌려버렸다고, 그래서 예전의 야망을 일부 살려내는 것이 바람직하다고 생각할 수도 있다. 만약에 자신의 야망을 완전히 억눌렀다면, 신경증 환자는 야망은 언제나 자신에게 낯선 것이었다는 확신을 품을 수 있다. 오직 몇 겹의 보호막이 분석가에 의해 제거된 뒤에야, 그는 장엄한 성격의 공상을 떠올리거나 자기 분야에서 최고가 되겠다거나 예외적으로 똑똑하고 멋진 존재가 되겠다고 품었던 생각들이 떠오를 것이다. 그러나 대부분의 예를 보면, 신경증 환자는 야망이 자신의 반응에서 하는 막강한 역할을 모르는 가운데 그런 생각에 특별한 의미를 전혀 부여하지 않는다.

그런 야망은 간혹 한 가지 구체적인 목표, 이를테면 지성이나 매력, 혹은 어떤 종류의 성취 혹은 도덕성에 초점이 맞춰질 것이다. 그러나 간혹 보면 야망이 명확한 목표에 초점을 맞추지 않으면서 그 사람의 행동 전반으로 퍼지기도 한다. 그 사람은 자신이 건드리는 모든 분야에서 최고가 되어야 한다. 그는 위대한 발명가임과 동시에 훌륭한 의사, 타의 추종을 불허하는 음악가가 되어야 한다. 어떤 여자는 일의 특별한 분야에서 최고가 되기를 원할 뿐만 아니라 완벽한 주부와 옷을 가장 잘 입는 여자가 되기를 원할 수 있다. 이런 유형의 청년이라면 한 가지 직종을 선택하거나 추구하는 것이 어렵다는 사실을 깨달을 것이다. 한 가지를 선택한다는 것은 곧 다른 것을 부정하거나 적어도 자신이 좋아하는 관심이나 활동의 일부를 부정하는 것을 의미하기 때문이다. 대부분의 사람들에겐 건축과 외과와 바이올린을 동시에 전공하는 것은 정말로 어려운 일이다. 또한 그런 청년들은 과도한 기대와 공상을 품은 가운데, 이를테면 렘브란트만큼 그림을 잘 그리고, 셰익스피어처럼 희곡을 잘 쓰고, 실험실에서 연구를 시작하자마자 혈구수를 정확히 계산할 수 있게 되겠다는 포부를 안고 일을 시작할 수도 있다. 과도한 야망이 그들로 하여금 지나치게 많은 것을 기대하도록 만들기 때문에, 그들은 성취가 언제나 부족한 것을 확인하고 따라서 쉽게 낙담하고, 실망하고, 금방 노력을 포기하고 다른 것을 시작하게 된다. 재능을 타고난 많은 사람들이 이런 식으로 평생 동안 자신의 에너지를 허비한다. 그들은 정말로 다양한 분야에서 무엇인가를 성취할 잠재력을 갖고 있음에도 불구하고 그 다양한 분야 전부에 관심을 쏟고 야망을 추구함으로써 한 가지 목적을 지속적으로 추구하지 못하게 되고 말았다. 결국 그들은 아무것도 성취하지 못하고 타고난 잠재력을 낭비하고 만다.

야망을 자각하든 안하든, 야망의 좌절에는 언제나 민감한 반응이 따르게 되어 있다. 성공조차도 실망으로 느껴질 수 있다. 왜냐하면 성공도 한껏 부풀려진 기대를 충족시키지 못할 것이기 때문이다. 예를 들어, 과학적 논문이나 책으로 일군 성공마저도 실망으로 다가올 것이다. 왜냐하면 그 일로 세상에 이름을 떨치지 못하고 오직 제한적인 관심만 불러일으키기 때문이다. 이런 유형의 사람은 힘든 시험을 통과한 뒤에도 다른 사람들도 마찬가지로 시험을 통과했다는 사실을 지적하면서 자신의 성공을 낮춰볼 것이다. 이처럼 실망을 느끼는 경향은 이런 유형의 사람들이 성공을 즐기지 못하는 한 원인이다. 다른 원인들에 대해서는 뒤에 논의할 것이다. 당연히 이런 유형의 사람들은 비판에 극도로 예민하다. 아주 가벼운 비판에도 크게 낙담한 까닭에, 처녀작을 발표해 놓고는 추가로 책이나 작품을 내놓지 않은 사람이 아주 많다. 잠재적 신경증은 상관의 비판이나 실패 앞에서 처음으로 분명하게 드러난다. 이 비판이나 실패가 그 자체로는 아주 사소할 때조차도 그런 일이 일어난다.

정상적인 경쟁심과 세 번째 다른 점은 신경증 환자의 야망에 무언의 적개심이 담겨 있다는 점이다. "내가 아닌 다른 누구도 아름답거나 유능하거나 성공을 해서는 안 돼."라는 태도엔 적개심이 담겨 있다. 모든 치열한 경쟁에는 원래부터 적개심이 있다. 왜냐하면 경쟁자들 중 어느 한 사람의 승리는 곧 다른 사람의 패배를 암시하기 때문이다. 실제로 개인주의 문화에는 파괴적인 경쟁이 아주 심하다. 그래서 그 같은 경쟁을 놓고 신경증적 특징이라고 부르기가 망설여지기도 한다. 파괴적인 경쟁은 하나의 문화적인 패턴이다. 그러나 신경증적인 사람의 내면에는, 파괴적인 양상이 건설적인 양상보다 더 강하다. 신경증적인 사람에겐 자신이 성공하는 것보다 다른 사람이 패배하는 것을 보는 것이 더 중요하다. 더 엄격히 말하면, 신경증적 야망을 가진 사람은 마치 자신이 성공하는 것보다 다른 사람들을 패배시키는 것이 더 중요한 것처럼 행동한다. 실제로 보면, 그에겐 본인의 성공이 가장 중요하다. 그러나 그는 성공을 강하게 억제하고 있기 때문에, 그에게 열려 있는 유일한 길은 남들보다 우월해지거나 우월하다고 느끼는 것뿐이다. 말하자면 다른 사람들을 무너뜨리고, 그들을 자신의 수준으로 끌어내리거나 그 아래로 밀어 넣는 것이 신경증 환자에겐 아주 중요하다는 뜻이다.

우리 문화의 경쟁적인 분위기에서, 자신의 위치나 영광을 높이거나 잠재적 경쟁자를 깎아내리기 위해 경쟁자에게 해를 입히려고 애를 쓰는 것은 종종 편리한 방편이다. 그러나 신경증 환자는 타인들을 폄하하려는 충동을 무차별적으로, 또 맹목적으로 보인다. 신경증 환자는 타인들이 자신에게 전혀 해를 입히지 않는다는 사실을 알고 있을 때조차도, 혹은 타인의 패배가 자신의 이익에 명백히 반하는 때조차도 남을 깎아내리려 할 것이다. 그의 감정은 "오직 한 사람만 성공할 수 있다"는 확신으로 묘사될 수 있다. 이 확신은 "나 외에는 어느 누구도 성공해선 안 돼."라는 생각을 달리 표현한 것에 지나지 않는다. 신경증 환자의 파괴적 충동 뒤에 엄청난 크기의 감정이 도사리고 있을 수 있다. 예를 들어, 희곡을 쓰는 남자는 친구도 희곡을 쓰고 있다는 소리에 격노할 수 있다.

타인들의 노력을 물리치거나 좌절시키려는 이런 충동은 많은 관계에 나타날 것이다. 과도한 야망을 가진 아이는 자기 부모가 자신을 위해 펴는 모든 노력을 좌절시키려는 소망에 휩싸일 수 있다. 만약 부모가 처신과 사회적 성공 같은 문제에서 아이에게 압박을 가하면, 아이는 사회적으로 창피스런 행동을 발달시킬 것이다. 만약 부모가 아이의 지적 발달에 노력을 집중한다면, 아이는 학습에 대해 억제를 강하게 보이면서 저능한 아이처럼 굴 것이다. 이 대목에서 처음에 저능아가 아닌가 하는 의심을 낳았던 어린이 환자 2명이 생각난다. 이 아이들은 나를 처음 찾았을 때에는 저능아라는 의심을 받았지만 뒤에는 매우 유능하고 지적인 것으로 확인되었다. 그 아이들이 자신의 부모를 패배시키겠다는 소망에 따라 행동했다는 사실은 그들이 분석가에게 하는 행동에서 분명히 드러났다. 한 환자는 한 동안 나의 말을 이해하지 못하는 것처럼 행동했다. 그래서 나도 한동안 그 어린 환자의 지능에 대한 판단을 확실히 내리지 못했다. 그러다 나는 그녀가 자기 부모와 선생들에게 맞서 동원한 전략과 똑같은 것을 쓰고 있다는 사실을 깨달았다. 두 어린 환자는 야망을 갖고 있었지만, 치료가 시작되는 단계에 그 야망은 파괴적인 충동 속에 완전히 묻혀 있었다.

학습과 치료에도 이와 똑같은 태도가 나타날 수 있다. 수업을 받거나 치료를 받을 때, 수업이나 치료를 통해 효과를 거두는 것이 환자 본인에게 이익이다. 그러나 이런 유형의 신경증 환자에겐, 더 정확히 말해 그 환자의 경쟁심엔 교사나 의사의 노력을 방해하거나 성공을 좌절시키는 것이 더 중요해진다. 그리고 만약에 그가 단순히 자신의 내면에서 어떤 것도 성취되지 않고 있다는 점을 보여줌으로써 이 목표를 성취할 수 있다면, 그는 병을 계속 앓거나 무식하게 사는 대가까지 치르면서 다른 사람들에게 자신이 전혀 훌륭한 사람이 아니라는 점을 보여주려 들 것이다. 이 과정이 무의식적으로 일어난다는 사실은 덧붙일 필요조차 없다. 그런 사람은 의식 속에서 선생이나 의사가 실제로 무능하거나 자신에게는 맞지 않은 사람이라는 점을 확신하고 있을 것이다.

따라서 이런 유형의 환자는 분석가가 자신의 문제를 해결하게 될까 극도로 걱정하게 될 것이다. 그는 분석가의 노력을 좌절시키는 일이라면 무엇이든 하려 들 것이다. 그렇게 하는 것이 분명히 자신의 목표를 방해하는 일인데도 말이다. 그는 분석가를 엉뚱한 길로 안내하거나 중요한 정보를 내놓지 않을 뿐만 아니라 심지어 똑같은 상태로 남거나 아니면 더 악화되는 모습을 보일 것이다. 그는 분석가에게 자신의 향상에 대해서는 어떠한 말도 하지 않을 것이며, 설령 향상에 대해 이야기할 때에도 정말로 마지못해 하게 될 것이다. 아니면 불만스런 투로 말할 것이다. 아니면 향상이나 통찰을 온도 변화나 아스피린, 혹은 자신이 읽은 어떤 내용 등 외부 요인으로 돌릴 것이다. 그는 분석가의 안내를 따르지 않을 것이고, 따라서 분석가가 결정적으로 잘못하고 있다는 점을 입증하려 노력할 것이다. 혹은 분석가의 제안을 처음에 격하게 부정해놓고는 나중에 그것을 자신의 발견인 것처럼 제시할 것이다. 이 같은 행동은 환자가 일상적으로 행하는 일에서도 종종 관찰된다. 왜냐하면 그것이 무의식적인 표절 행위의 역학이고 또 우선순위를 노린 많은 경쟁은 그런 심리적 바탕 위에서 이뤄지기 때문이다. 그런 사람은 자기가 아닌 다른 사람이 새로운 사상을 가질 수 있다는 생각 자체를 견뎌내지 못한다. 그는 자신의 제안이 아니면 어떤 것이든 격하게 폄하할 것이다. 예를 들어, 그는 당시에 자신과 경쟁하고 있는 사람이 추천하는 영화나 책을 좋아하지 않거나 거부할 것이다.

분석 과정에 이런 반응들이 의식에 가까이 끌어내어질 때, 신경증 환자는 훌륭한 해석이 이뤄진 뒤에 갑자기 분노를 터뜨릴 수 있다. 사무실에 있는 집기들을 부숴버리고 싶은 충동을 느끼거나 분석가에게 모욕적인 말을 외치고 싶은 충동을 느끼게 되는 것이다. 아니면 몇몇 문제들이 명쾌하게 밝혀진 뒤, 그는 즉시 아직 해결하지 않은 문제들이 많이 남았다는 점을 지적할 것이다. 그의 증상이 상당히 향상되었고 그 자신도 지적으로는 그 같은 사실을 인정할지라도, 그는 여전히 감사의 마음을 느끼는 데 대해 저항한다. 고마움을 표현하지 않는 현상에는 다른 요소들도 작용하고 있다. 자신에게 부과될지 모르는 의무에 대한 두려움이 한 예이다. 그러나 그 현상에 작용하고 있는 한 가지 중요한 요소는 신경증 환자가 누군가에게로 그 공을 돌려야 한다고 느끼는 데 따르는 굴욕감이다.

신경증적인 사람이 자동적으로 다른 사람도 패배 뒤에 자기만큼 심하게 마음을 다치고 앙심을 품게 될 것이라고 단정하기 때문에, 남을 패배시키고 싶은 충동에는 상당한 불안이 따르게 되어 있다. 그러므로 신경증적인 사람은 다른 사람들의 마음을 다치게 할까 걱정하게 되고, 따라서 남을 패배시키려는 자신의 경향이 사실적으로 정당화된다고 믿으면서 그런 경향의 범위를 자각하지 않으려 노력한다.

만약 신경증 환자가 폄하하는 태도를 갖고 있다면, 그는 긍정적인 의견을 형성하거나 긍정적인 태도를 취하거나 건설적인 결정을 하는 데 어려움을 겪을 것이다. 어떤 사람이나 사물에 대한 긍정적인 의견은 누군가가 제시하는 약간의 부정적인 말에도 쉽게 깨어질 것이다. 왜냐하면 아주 사소한 일에도 타인을 폄하하려는 그의 충동이 곧잘 자극을 받기 때문이다.

권력과 지위, 소유에 대한 신경증적 추구에 작용하는 이런 모든 파괴적인 충동은 경쟁적인 노력 속으로 쉽게 파고든다. 우리 문화 안에서 일상적으로 일어나는 경쟁의 장에서, 정상적인 사람조차도 이런 경향들을 보이기 쉽다.

그러나 신경증 환자의 내면에서 그런 충동은 신경증 환자 본인에게 안길 불리함이나 고통과 상관없이 그 자체로 중요해진다. 다른 사람이 굴욕감을 느끼게 하거나 다른 사람을 착취하거나 속이는 능력은 신경증 환자에게 우월감을 안겨주는 승리가 되고, 만약에 그렇게 하지 못하면 패배가 된다. 신경증 환자가 다른 사람을 이용할 수 없게 될 때 폭발시키는 격노의 상당 부분은 그런 패배감 때문이다.

만약에 개인주의적이고 경쟁적인 정신이 사회를 지배한다면, 남자와 여자에게 속하는 삶의 영역이 엄격히 분리되지 않을 경우에 남녀 관계가 훼손되기 마련이다. 그러나 신경증적인 경쟁심은 그 파괴적인 성격 때문에 평균보다 훨씬 더 큰 혼란을 초래할 수 있다.

파트너를 패배시키고, 종속시키고, 굴욕감을 느끼도록 하려 드는 신경증 환자의 경향은 사랑의 관계에 엄청난 역할을 한다. 성관계는 파트너를 종속시키거나 폄하하는 수단이 되거나 파트너에게 종속되거나 폄하당하는 수단이 된다. 이는 분명히 성관계의 본질과는 판이한 성격이다. 남자의 사랑 관계에 프로이트가 분리로 묘사한 그런 상황이 종종 나타난다. 어떤 남자가 자신의 기준보다 아래인 여자들에게만 성적 매력을 느끼고 자신이 사랑하고 흠모하는 여자에겐 욕망을 느끼지 않거나 성적 불능 상태가 되는 현상 말이다. 그런 사람에겐 성교는 굴욕감을 주는 경향과 밀접히 연결되어 있다. 그렇기 때문에 그는 자신이 사랑하는 사람이나 사랑할 수 있는 사람에게는 성적 욕망을 억누른다. 이 같은 태도는 종종 그의 어머니에게로까지 거슬러 올라간다. 이 남자는 어릴 때 어머니에게 굴욕감을 느꼈고 그에 대한 보복으로 어머니에게 굴욕감을 안기고 싶었지만 두려움 때문에 그 충동을 과도한 헌신 뒤로 숨겼을 것이다. 이것이 종종 고착으로 설명되는 상황이다. 그는 인생을 더 오래 살게 되면서 여자들을 두 집단으로 나누는 식으로 그에 대한 해결책을 발견한다. 그가 사랑하는 여자들에게 품는 적개심은 그 여자들을 실망시키는 형식을 취한다.

만약에 이런 부류의 사람이 자기와 동등하거나 자기보다 우월한 지위나 인격을 가진 여자와 관계를 맺게 된다면, 그는 종종 여자에 대해 긍지를 느끼는 것이 아니라 은밀히 수치심을 느낄 것이다. 그러면서 그는 이 같은 반응에 극도로 당혹감을 느낄 것이다. 왜냐하면 그의 의식적인 생각에는 여자가 성관계를 가졌다는 사실 때문에 가치를 잃는 것이 말이 되지 않기 때문이다. 그가 모르고 있는 것은 성교를 통해 여자를 폄하하려는 그의 충동이 아주 강하기 때문에 그에게 그녀는 정서적으로 경멸스런 존재가 되었다는 점이다. 그러므로 그녀를 수치스럽게 생각하는 것은 논리적으로 당연한 반응이다. 여자도 마찬가지로 자신의 연인을 비합리적으로 수치스러워할 수 있다. 여자는 연인과 함께 있는 모습을 보이길 원하지 않거나 그의 훌륭한 자질에 눈을 감아버림으로써 그런 감정을 드러낸다. 따라서 여자는 남자를 실제보다 더 낮게 평가하게 된다. 정신분석을 거치면 그녀는 파트너를 낮춰보려는 경향을 무의식적으로 갖고 있는 것으로 드러난다. 대체로 보면 그녀는 여자에게도 마찬가지로 이런 경향을 보인다. 그러나 개인적인 이유로 인해 이런 경향들은 그녀와 남자의 관계에서 더욱 두드러진다. 여기서 말하는 개인적인 이유도 아주 다양할 수 있다. 부모의 사랑을 독차지한 남동생이나 오빠에게 품었던 분노, 허약한 아버지에 대한 경멸, 자신이 매력적인 존재가 아니라는 믿음과 그에 따라 예상되는, 남자로부터의 퇴짜 등이 있다. 또한 그녀는 여자들에게 굴욕감을 안겨주려는 경향이 나타날 정도로 여자에게도 대단한 공포를 느낄 수 있다.

남자들과 마찬가지로, 여자들도 자신이 이성을 종속시키거나 굴욕감을 느끼도록 만들려는 의도를 갖고 있다는 점을 충분히 알 수 있다. 어떤 소녀는 남자를 좌지우지하겠다는 솔직한 동기를 품고 연애를 시작할 것이다. 아니면 소녀는 남자를 유혹했다가 남자가 애정을 보이자마자 차버릴 수도 있다. 그러나 대체로 보면 굴욕감을 안기려는 욕망은 의식적이지 않다. 그런 경우에 그 욕망은 간접적인 방법으로 드러날 것이다. 예를 들어, 여자가 남자의 구애에 보이는 충동적인 웃음에도 그런 욕망이 드러날 수 있다. 아니면 성적 불감증으로 나타날 수도 있다. 그녀는 성적 불감증을 통해서 남자가 자신을 만족시키지 못한다는 점을 보여주고 따라서 남자에게 굴욕감을 안기는 데 성공한다. 그 남자가 여자에게 창피를 당하지 않을까 하는 신경증적 불안을 가진 사람이라면, 남자가 느끼는 굴욕감은 특히 더 커진다. 이 그림의 이면(裏面)은 성관계에 의해 학대당하고 모욕당하고 굴욕을 당하는 감정인데, 이 이면도 종종 같은 사람에게서 발견된다. 빅토리아 시대에는 여자가 성관계를 굴욕으로 느끼는 것이 문화적 패턴이었다. 만약 성관계가 합법적이고 또 불감증이 있었다면, 이 굴욕의 감정은 약간 누그러졌다. 이 같은 문화적 영향은 지난 30년 동안 많이 약해졌지만 아직도 성관계가 자신의 존엄을 해친다고 느끼는 여자들이 남자들보다 더 많다는 사실을 설명해줄 만큼은 강하다. 이 문화적 영향도 성적 불감증을 낳거나, 남자와의 접촉을 소망하면서도 남자를 멀리하게 만들 수 있다. 여자는 이 같은 태도에서 마조히즘적 공상이나 도착(倒錯)을 통해 부차적인 만족을 발견할 것이다.

그러면서 여자는 굴욕감에 대한 예상 때문에 남자들에게 엄청난 적개심을 품게 될 것이다.

자신의 남성성에 대해 불안을 깊이 느끼고 있는 남자는 자신이 여자에게 받아들여지는 것이 여자의 성적 만족에 대한 욕구 때문이 아닌가 하고 쉽게 의심한다. 여자가 순수한 마음에서 자기를 좋아한다는 것을 뒷받침하는 증거가 충분히 있을 때조차도, 그런 남자는 곧잘 그런 식으로 생각한다. 따라서 그는 이용당한다는 감정 때문에 화를 느낄 것이다. 혹은 어떤 남자는 여자가 반응을 제대로 하지 않는 것을 참을 수 없는 굴욕으로 느끼고, 따라서 그녀가 만족하는지에 대해 지나치게 걱정할 수 있다. 그의 눈으로 보면, 이처럼 큰 걱정이 배려로 보인다. 그러나 다른 측면에서 보면, 그는 여자의 만족에 대한 관심이 굴욕감을 느끼지 않기 위한 방어일 뿐이라는 점을 드러내는, 악랄하고 경솔한 사람일 수 있다.

폄하하거나 패배시키려는 충동을 은폐하는 방법은 두 가지가 있다. 존경하는 태도로 그 충동을 가리거나 회의(懷疑)하는 태도로 그 충동을 지적으로 분석하는 것이다. 물론 회의는 순수하게 기존에 존재하는 지적 불일치를 표현하는 것일 수도 있다. 숨겨진 동기들을 찾는 것이 정당화되는 경우는 오직 그런 순수한 회의가 배제될 수 있을 때이다. 이 숨겨진 동기들은 표면에 매우 가까이 있기 때문에 단순히 회의가 유효한지 여부에 대해 물어보기만 해도 불안 발작을 촉발시킬 것이다. 나의 환자 한 사람은 면담 시간마다 나를 잔인하게 폄하했다. 그러면서도 그는 그런 사실을 깨닫지 못하고 있었다. 나중에 내가 환자에게 어떤 점에서 나의 능력을 진짜로 의심하는지에 대해 물었을 때, 그는 심각한 불안 상태에 빠졌다.

펌하하거나 패배시키려는 충동이 존경하는 태도에 가려져 있을 때, 그 과정은 더욱 복잡해진다. 여자에게 해를 입히고 퇴짜 놓으려는 소망을 은밀히 품은 남자들은 의식적으로는 여자들을 아주 높은 대좌(臺座)에 앉힐 것이다. 언제나 남자들을 패배시키고 굴욕감을 느끼게 만들려고 무의식적으로 노력하는 여자들은 영웅 숭배의 버릇을 보일 것이다. 신경증 환자의 영웅 숭배에도, 정상적인 사람의 영웅 숭배와 마찬가지로 가치 있고 위대한 것을 숭배하는 순수한 감정이 있을 수 있다. 그러나 신경증 환자의 태도의 특징은 그것이 두 가지 경향의 타협이라는 사실에 있다. 두 가지 경향이란 신경증 환자가 영웅 숭배의 소망 때문에 그 가치를 불문하고 성공을 맹목적으로 숭배하려는 경향과 성공한 사람을 해치려는 파괴적 소망을 위장하려는 경향을 말한다.

이 바탕에서 본다면, 결혼관계에 전형적으로 나타나는 일부 갈등들이 이해될 것이다. 우리 문화에서는 여자들이 그런 갈등에 대해 신경을 더 많이 쓰게 되어 있다. 왜냐하면 남자들의 경우에는 성공을 자극하는 외적 요소도 많고 또 그 성공을 성취할 확률 또한 높기 때문이다. 영웅 숭배 유형인 여자가 어떤 남자와 결혼하는데, 그 이유는 이 남자가 이미 이룬 성공이나 잠재적 성공이 그녀에게 매력적이기 때문이다. 우리 문화에서 아내도 남편의 성공에 어느 정도 기여하기 때문에, 남편의 성공이 아내에게도 어느 정도의 만족을 줄 수 있다. 남편의 성공이 지속되는 한, 아내도 만족을 누릴 수 있는 것이다. 그러나 아내는 갈등 상황에 처해 있다. 그녀는 남편의 성공 때문에 남편을 사랑하고 또 동시에 그 성공 때문에 남편을 싫어한다. 그녀는 남편의 성공을 파괴하고 싶지만 억제하고 있다. 왜냐하면 그녀가 남편의 성공에 참여함으로써 그 성공을 대리로 즐기기를 원하기 때문이다. 그런 아내는 사치를 통해 남편의 금전적 안전을 위태롭게 하든가, 끊임없는 싸움으로 남편의 마음의 평정을 깨뜨리든가, 교활하게 폄하하는 태도로 남편의 자신감을 깨뜨려놓는 방법으로 남편의 성공을 파괴하려는 소망을 드러낸다. 아니면 그녀는 남편의 행복은 고려하지 않고 남편이 언제나 더 큰 성공을 추구하도록 무모하게 밀어붙임으로써 자신의 파괴적인 소망을 드러낸다. 이 같은 적개심은 실패의 조짐이 보이면 더욱 노골적으로 변한다. 남편이 성공하는 동안에는 모든 면에서 사랑스런 아내의 모습을 보였던 그녀는 이제 남편을 돕거나 격려하지 않고 남편에게 등을 돌릴 것이다. 왜냐하면 그녀가 성공에 참여하는 동안에 가려져 있던 앙심이 남편이 패배의 기미를 보이자마자 공개적으로 드러나기 때문이다. 이 모든 패배적인 행위는 사랑과 존경으로 위장될 수 있다.

또 다른 익숙한 예는 사랑이 야망에서 비롯된, 타인을 패배시키려는 충동을 보상하는 데 어떤 식으로 이용되는지를 보여줄 것이다. 한 여자는 자립적이고 유능하며, 성공적으로 삶을 꾸리고 있다. 그녀는 결혼 뒤에 자신의 일을 포기할 뿐만 아니라 의존의 태도를 발달시키며 야망을 모두 버린 것처럼 보인다. 이 모든 것은 "진정으로 여자다운 모습으로 돌아가는" 것으로 묘사될 수 있을 것 같다. 그런데 남편은 아내의 그런 모습에 언제나 실망하고 있다. 왜냐하면 그는 훌륭한 동반자를 발견하기를 기대했는데 엉뚱하게도 아내가 남편과 동등한 위치에서 협력하지 않고 스스로를 남편보다 밑에 두려한다는 사실을 깨달았기 때문이다. 그런 변화를 겪는 여자는 자기 자신의 잠재력에 대해 신경증적으로 오해하고 있다. 그녀는 성공적인 남자나 성공이 예감되는 남자와 결혼하는 방법을 통해서 자신의 야심찬 목표를 성취하는 것이 더 안전하다고 막연히 느끼고 있다. 여기까지는 혼란을 일으키고 할 그런 상황이 아니다. 대체로 만족스럽게 돌아갔다. 그러나 신경증적인 여자는 자신의 야망을 포기하는 것에 대해 은밀히 반대하고 있고 또 그 일로 인해 남편에게 적개심을 품고 있으며, 양자택일의 신경증적인 원칙에 따라 자신이 아무 가치가 없는 존재라는 자괴감에 빠졌으며 결국엔 보잘것없는 존재가 되어버렸다.

앞에서 말했듯이, 그런 유형의 반응이 남자들보다 여자들 사이에 더 자주 나타나는 이유는 성공을 남자의 영역으로 보는 우리의 문화적 상황에서 발견될 수 있다. 이 유형의 반응이 원래부터 여성의 특징이 아니라는 점은 상황이 거꾸로 되면, 다시 말해 여자가 더 강하고 더 지적이고 더 큰 성공을 거두면, 남자들도 똑같이 반응한다는 사실로 확인된다. 사랑을 제외한 모든 분야에서 남자가 탁월하다는 문화적 믿음 때문에, 남자들의 그런 태도가 존경으로 위장되는 경우는 드물다. 그런 태도는 대체로 여성의 관심과 일을 직접적으로 방해하는 방식으로 꽤 공개적으로 나타난다.

경쟁적인 정신은 남자와 여자의 기존 관계에 영향을 미칠 뿐만 아니라 파트너의 선택에도 영향을 미친다. 이 점에서 보면, 우리가 신경증에서 보는 것은 단지 경쟁적인 문화에서 정상으로 통하는 것을 확대한 그림에 지나지 않는다. 대체로 파트너의 선택은 종종 지위나 소유의 추구에 의해, 즉 성애의 영역 밖의 동기들에 의해 결정된다. 신경증적인 사람의 경우에는 파트너를 선택하는 결정이 전적으로 지위나 소유의 추구를 바탕으로 이뤄질 수 있다. 그 이유는 한편으로는 신경증 환자가 지배와 지위와 지원을 추구하려는 노력이 평균적인 사람보다 더 충동적이고 더 경직되어 있기 때문이고, 또 다른 한편으로는 이성과의 관계를 포함한 그의 개인적 관계들이 너무나 악화되어 있어서 그가 적절한 선택을 할 수 없기 때문이다.

파괴적인 경쟁심은 동성애 경향을 두 가지 방향으로 강화할 것이다. 첫째, 파괴적인 경쟁심은 동성과의 성적 경쟁을 피하기 위해 이성을 멀리하고 싶어 하는 충동을 일으킨다. 둘째, 파괴적인 경쟁심이 일으키는 불안이 안전을 요구하고, 앞에서 지적한 것처럼, 애정을 확인하려는 욕구가 종종 동성의 파트너에게 매달리는 이유가 된다. 파괴적인 경쟁이나 불안과 동성애 충동 사이에 이 같은 연결이 있다는 사실은 분석 과정에서도 종종 관찰된다. 이는 당연히 환자와 분석가의 성(性)이 같을 때에만 해당되는 이야기이다. 그런 환자는 자신의 성취를 떠벌리고 분석가를 폄하하는 시기를 거치게 될 것이다. 그러면서도 환자는 시작 단계에는 위장된 형식으로 그렇게 하기 때문에 자신이 그런 식으로 하고 있다는 사실을 전혀 알지 못한다. 그런 다음에 환자는 자신의 태도를 알게 되겠지만 그 태도는 여전히 그의 감정과 분리되어 있다. 그래서 환자는 어떤 강력한 감정이 그런 태도를 촉진시키고 있는지에 대해 모른다. 그러다 환자는 자신이 분석가에게 품은 적대감의 영향을 느끼기 시작함과 동시에 불안에 관한 꿈과 두근거림, 초조 등을 통해 불편한 기분을 점점 더 강하게 느끼기 시작한다. 그러다 갑자기 환자는 분석가가 자신을 포옹하는 꿈을 꾸고, 분석가와 밀접한 접촉을 갖고 싶어 하는 공상과 소망을 표면하면서, 그런 식으로 불안을 누그러뜨리고 싶어 하는 욕구를 드러낸다. 이런 순서로 반응이 몇 차례 반복된 뒤에야, 환자는 자신이 안고 있는 경쟁심의 문제를 있는 그대로 직시할 수 있겠다는 느낌을 갖게 될 것이다.

따라서 요약하면, 존경이나 사랑은 다음과 같이 함으로써, 말하자면 파괴적인 충동을 자각에서 배제시키고, 자신과 경쟁자 사이에 극복할 수 없는 거리를 만들어내고, 성공이나 성공에 참여할 기회를 통해 대리 만족을 누리게 하고, 경쟁자를 달래고 또 그리하여 그의 보복을 예방함으로써, 타인을 패배시키려는 욕망을 보상하는 역할을 한다.

신경증적 경쟁심이 성적 관계에 미치는 영향에 관한 설명을 제대로 하자면 아직 한참 멀었지만, 지금까지 제시한 내용도 신경증적 경쟁심이 남녀 사이의 관계를 어떤 식으로 훼손시키는지를 보여주기에 충분하다. 우리 문화에서 남녀 사이에 훌륭한 관계가 형성될 가능성을 훼손시키는 바로 그 경쟁심이 또한 불안의 원천이고 따라서 훌륭한 관계의 형성을 그 만큼 더 어렵게 만들기 때문에, 신경증적 경쟁심의 문제는 대단히 중요하다.

12장

경쟁 회피

신경증 환자들의 경쟁심은 그 파괴적인 성격 때문에 불안을 상당히 많이 일으키고, 따라서 경쟁의 회피로 이어진다. 그렇다면 문제는 이것이다. 이 불안은 어디에서 오는가?

한 가지 원천은 야망을 냉혹하게 추구하는 데 따를 보복에 대한 두려움이라는 점은 별로 어렵지 않게 이해된다. 다른 사람들을 짓밟고 또 그들이 성공하거나 성공하기를 원할 때마다 그들에게 굴욕감을 안겨준 사람은 당연히 타인들도 자신을 패배시키길 원하고 있다는 두려움을 품게 마련이다. 그러나 그런 보복에 대한 두려움은 타인에게 해를 입히며 성공을 성취한 모든 사람의 내면에 일어날지라도 신경증 환자의 불안 심화와 그에 이은 경쟁 억제를 명쾌하게 설명하지는 못한다.

경험에 따르면, 보복에 대한 두려움이 있다고 해서 반드시 억제가 일어나지는 않는다. 반대로, 보복에 대한 두려움은 다른 사람들의 질투와 경쟁, 적개심을 냉철하게 계산하게 하거나 어떠한 패배로부터도 자신을 보호하기 위해 권력을 더욱 확장하게 한다. 성공을 거둔 사람들 중에서 어떤 유형은 오직 한 가지만을, 즉 권력과 부의 획득만을 목표로 잡는다. 그러나 이런 사람들의 성격 구조를 신경증적인 사람의 성격 구조와 비교하면, 한 가지 두드러진 차이가 보인다. 냉혹하게 성공을 추구하는 사람은 다른 사람들의 애정에는 신경을 쓰지 않는다는 점이다. 그런 사람은 다른 사람들에게 아무것도 원하지 않는다. 어떠한 도움이나 관용도 기대하지 않는다. 그는 자신이 원하는 것을 자신의 힘과 노력만으로 획득할 수 있다고 믿는다. 당연히 그 사람은 다른 사람들을 이용할 것이지만, 자신의 목표 달성에 유익한 한 타인들의 훌륭한 의견에 신경을 쓸 것이다. 애정 자체를 위한 애정은 그에게 아무런 의미를 지니지 못한다. 그의 욕망과 방어 기제는 오직 하나의 직선을 따라, 말하자면 권력과 지위, 소유를 획득할 수 있는 길을 따라 움직인다. 내면적 갈등에 의해 이런 종류의 행동을 하는 사람도 내면에 그 노력을 간섭할 것이 전혀 없을 경우에는 신경증적 성격을 키우지 않을 것이다. 두려움은 단지 그가 더욱 큰 성공을 거두고 더욱 막강해지기 위해 노력을 배가하도록 밀어붙이기만 할 것이다.

그러나 신경증적인 사람은 서로 공존할 수 없는 두 가지 길을 추구한다. "오직 나"만의 지배를 위해 공격적인 노력을 폄과 동시에 모든 사람에게 사랑 받고 싶어 하는 욕망을 과도하게 품는 것이다. 야망과 애정 사이에 갇힌 이 같은 상황이 바로 신경증의 핵심적인 갈등의 하나이다. 신경증 환자가 자신의 야망과 요구사항을 두려워하게 되고, 자신의 그런 야망과 요구사항을 인정하길 원하지 않고, 또 야망과 요구사항을 억제하거나 회피하는 이유는 그가 애정을 잃을까 두려워하기 때문이다. 달리 말하면, 신경증 환자가 경쟁심을 겪는 이유는 그가 특별히 과도한 공격성을 막는 "초자아의 요구"를 갖고 있어서가 아니라, 자신이 똑같이 긴급한 두 가지 욕구, 말하자면 야망과 애정을 받고 싶은 욕구 사이의 딜레마에 빠져 있다는 사실을 깨닫기 때문이다.

이 딜레마는 실제로 해결이 불가능하다. 다른 사람을 짓밟으면서 동시에 그들로부터 사랑을 받지는 못한다. 그럼에도 신경증 환자의 내면에서 이 딜레마가 아주 강하게 작용하고 있기 때문에 그는 그것을 풀려고 시도한다. 대체로 보면 신경증 환자는 이 딜레마의 해결을 두 가지 길로 시도한다. 자신의 지배 욕구와 그것을 성취하지 못한 데 따르는 비탄을 정당화하고, 또 자신의 야망을 저지하려고 노력하는 것이다. 자신의 과감한 요구를 정당화하려는 신경증 환자의 노력에 대한 설명은 간단할 수 있다. 왜냐하면 그 노력이 이미 신경증 환자가 애정을 얻는 방법과 그 방법에 대한 정당화를 설명하는 과정에 논한 것과 똑같은 특징을 보이기 때문이다. 거기서와 마찬가지로 여기서도 그 정당화가 하나의 전략으로 중요하다. 여기서 정당화가 시도되는 목적은 요구사항을 부정할 수 없는 것으로 만들기 위해서이다. 그러면 신경증 환자의 과감한 요구도 사랑받으려는 그의 노력을 막지 못할 것이다. 만약에 신경증 환자가 경쟁적인 승부에서 다른 사람들을 짓밟거나 굴욕감을 느끼게 하기 위해서 그들을 폄하한다면, 그는 자신이 철저히 객관적이라는 확신을 강하게 품을 것이다. 만약 신경증 환자가 다른 사람들을 이용하길 원한다면, 그는 자신이 그들의 도움을 절대적으로 필요로 하고 있다고 믿고 또 그들도 그렇게 믿게 만들려고 노력할 것이다.

어떤 사람이 근본적으로 정직한 사람일지라도, 그 사람의 성격에 어떤 은밀한 불성실의 요소가 스며들도록 만드는 것이 바로 이 정당화의 필요성이다. 정당화의 필요성은 또한 독선이 신경증적인 사람의 성격적 경향으로 가끔은 두드러지게, 가끔은 동조나 자기비판적인 태도 뒤에 숨은 상태로 나타나는 이유를 설명할 것이다. 이 같은 독선의 태도는 종종 "자기도취적인" 태도와 혼동되고 있다. 실제로 보면, 독선적인 태도는 자기사랑과는 아무런 관계가 없다. 심지어 독선적인 태도는 자기만족이나 기만 같은 요소를 전혀 포함하고 있지 않다. 왜냐하면 거기엔 겉보기와 반대로 옳다는 확신은 전혀 없고 오직 정당해보이려는 절망적인 욕구만 계속 이어지기 때문이다. 달리 표현하면, 최종적으로 독선은 불안에 의해 일어난 어떤 문제를 풀려는 충동 때문에 필요하게 된 방어적인 태도에 지나지 않는다.

이런 정당화의 필요성을 관찰하면서 아마 프로이트는 신경증 환자가 파괴적인 충동에 대한 반작용으로 복종하는 그런 "초자아"의 요구라는 개념을 떠올렸을 것이다. 정당화의 필요성에는 그런 해석을 특별히 강하게 암시하는 또 다른 측면이 있다. 정당화는 다른 사람들을 다루는 전략적 수단으로 반드시 필요한 외에도, 많은 신경증 환자들에게 자신의 눈으로 봐서 스스로 흠잡을 데 없는 존재라는 생각을 갖게 하는 수단이 되어준다. 이 문제는 죄책감이 신경증에 미치는 영향을 논할 때 다시 건드리게 될 것이다.

신경증적 경쟁심과 관계 깊은 불안의 직접적 산물은 실패에 대한 두려움과 성공에 대한 두려움이다. 실패에 대한 두려움은 부분적으로 굴욕감을 느끼게 되지 않을까 하는 두려움이다. 신경증 환자에게는 어떠한 실패든 대재

앙으로 느껴진다. 학교에서 당연히 알아야 할 것을 몰랐던 한 소녀는 터무니없을 만큼 큰 수치심을 느낄 뿐만 아니라 학급의 다른 소녀들이 자신을 경멸하고 등을 돌릴 것이라고 느꼈다. 학교에서 최고의 점수를 받지 못하거나, 일부 시험에서 실패하거나, 대화에 탁월하지 못하는 등 과도한 기대에 못 미치는 일들, 말하자면 실제로 보면 실패와 아무런 관계가 없거나 하찮은 일들이 벌어질 때마다 그것을 실패로 느끼다 보니, 소녀의 반응은 갈수록 심각해졌다. 앞에서 본 바와 같이, 신경증 환자가 적개심을 느끼는 퇴짜는 어떤 것이든 실패로, 따라서 굴욕으로 느껴진다.

신경증 환자의 이 같은 두려움은 다른 사람들이 자신의 무모한 야망을 잘 알고 있기 때문에 혹시 실패라도 하게 되면 고소하다고 생각할 것이라는 걱정 때문에 더욱 커진다. 그가 실패 자체보다 더 무서워하는 것은 자신이 경쟁하고 있다는 사실을 사람들에게 드러내고 또 자신이 정말로 성공을 바라며 노력했는데도 실패하게 되었다는 점이다. 그는 단순한 실패라면 용서가 될 것 같고 그런 실패는 오히려 적개심보다 동정심을 불러일으킬 것 같다고 느낀다. 그러면서 그는 자신이 성공에 관심을 보인 이상 실패나 약점의 기미를 조금이라도 보이기라도 하면 자신을 박해하려 들 적이 주변에 가득 널려 있다고 생각한다.

이 같은 생각의 결과로 형성되는 태도는 두려움의 내용에 따라 달라진다. 만약에 실패 자체에 초점이 맞춰져 있다면, 신경증 환자는 노력을 배가하거나 실패를 피하려는 노력을 결사적으로 벌일 것이다. 그러다가 시험이나 공연 등 그의 힘과 능력을 테스트하는 일을 앞둔 상황에서 심각한 불안이 일어날 것이다. 그러나 만약에 다른 사람들이 그의 야망을 눈치 채지 않을까 하는 두려움에 초점이 맞춰진다면, 그 결과 나타나는 그림은 이와 정반대일 것이다. 그 불안은 그가 관심이 없는 것처럼 보이도록 만들 것이고, 그러면 신경증 환자는 아무런 노력을 펴지 않게 될 것이다. 이 두 가지 그림에 나타나는 대조에 주목할 필요가 있다. 왜냐하면 이 대조가 두 가지 유형의 두려움이 서로 비슷한데도 완전히 다른 특징을 낳는 이유를 보여주기 때문이다. 첫 번째 유형에 속하는 사람은 시험을 위해 광적으로 공부할 것이지만, 두 번째 유형의 사람은 거의 공부를 하지 않고 아마 겉으로 사교 활동이나 취미 활동에 몰입하면서 세상을 향해 그 일에 관심이 없다는 점을 공표할 것이다.

대체로 신경증 환자는 자신의 불안을 자각하지 못하고 불안의 결과만을 의식한다. 예를 들어, 신경증 환자는 공부에 집중하지 못할 수 있다. 아니면 육체적 운동에 따를 심장 문제를 두려워하거나 정신적 과로에 따를 신경쇠약을 두려워하는 등 건강에 대한 공포를 가질 수 있다. 또 아니면 신경증 환자는 어떤 노력이라도 한 뒤에 기진맥진할 것이며, 이 고갈을 그런 노력이 건강에 해롭기 때문에 피해야 한다는 점을 증명하는 증거로 이용할 것이다.

신경증 환자는 이런 식으로 어떠한 노력도 회피하면서, 혼자 카드놀이를 하는 것에서부터 파티를 여는 것까지 온갖 종류의 재미있는 활동에 몰입할 것이다. 아니면 게으름이나 나태로 비칠 그런 태도를 취할 것이다. 신경증적인 여자는 옷을 잘 입으려 하기보다는 옷에는 신경을 쓰지 않는다는 인상을 주기 위해 옷을 형편없이 입을 것이다. 이는 옷을 멋지게 입으려는 노력이 조롱거리가 될 수 있겠다는 생각이 들기 때문이다. 아주 예쁘게 생겼으면서도 스스로 못났다고 믿는 소녀는 대중 앞에 나설 때 얼굴에 분조차 바르지 않을 것이다. 얼굴에 화장을 하고 나서면, 사람들이 "오리새끼처럼 생긴 주제에 예쁘게 보이고 싶긴 한가 보지!"라는 식으로 비웃을 것 같기 때문이다.

그래서 신경증 환자는 대체로 하고 싶은 일을 하지 않는 것이 더 안전하다고 느낀다. 그의 좌우명은 '구석에 박혀 있고 겸손하라. 무엇보다, 앞에 나서지 않도록 하라.'이다. 미국 사회학자 소스타인 베블런(Thorstein Veblen)이 과시 여가나 과시 소비를 강조했듯이, 과시는 경쟁에 중요한 역할을 한다. 따라서 경쟁 회피는 곧 과시의 회피이다. 이는 전통적인 기준을 고수한다는 점을, 각광을 벗어나 있겠다는 점을, 타인들과 다를 게 하나도 없다는 점을 암시한다.

만약에 이 회피 경향이 어떤 사람의 지배적인 특징이라면, 그 사람은 어떠한 위험도 떠안지 않으려 하게 된다. 말할 것도 없이, 그런 태도는 삶의 빈곤을 낳고 잠재력의 왜곡을 낳는다. 왜냐하면 환경이 특별히 좋은 경우가 아니라면 행복의 획득이나 성취는 위험을 감수하고 노력을 기울이는 것을 전제로 하기 때문이다.

지금까지, 예상되는 실패에 대한 두려움에 대해 논했다. 그러나 이것이 신경증적 경쟁심에 나타나는 불안의 유일한 징후는 아니다. 불안은 성공에 대한 두려움으로 나타날 수도 있다. 많은 신경증 환자의 내면에는 다른 사람들의 적개심에 대한 불안이 아주 강하게 작용하기 때문에, 그들은 성공이 확실할 때 오히려 성공을 두려워하게 된다.

성공에 대한 두려움은 다른 사람들의 질투에 대한 두려움, 따라서 그들의 애정을 상실할 수 있다는 데 대한 두려움에서 비롯된다. 간혹 이 두려움은 의식적인 두려움이다. 나의 환자 중에 재능 있는 작가가 있었다. 그녀는 자기 어머니가 글을 쓰기 시작해 성공을 거뒀다는 한 가지 이유만으로 모든 글쓰기를 포기했다. 오랜 세월이 지나서 망설임과 걱정 속에 글쓰기를 다시 시작했을 때, 그녀는 형편없는 글을 쓰는 것을 두려워한 것이 아니라 글을 너무 잘 쓰게 될까 두려워했다. 이 여자는 오랫동안 아무것도 하지 못했다. 주된 이유는 다른 사람들이 그녀의 모든 것을 질투할 것이라는 두려움 때문이었다. 대신에 그녀는 자신의 모든 에너지를 사람들이 자신을 좋아하도록 만드는 데 쏟았다. 그 같은 두려움은 또한 성공을 거둘 경우에 친구들을 잃을 수 있다는 막연한 염려로 나타날 수도 있다.

그러나 다른 많은 두려움에서와 마찬가지로 이 두려움에서도, 신경증 환자는 자신의 두려움을 자각하지 않고 두려움에 따른 억제만을 자각한다. 그런 사람이 테니스 시합을 한다고 가정해 보자. 그는 게임을 이길 때쯤 되면 뭔가가 자신을 잡아당기는 것 같아서 게임을 이기지 못하겠다고 느낄 수 있다. 아니면 그런 사람은 자신의 미래에 결정적으로 중요한 약속을 까먹을 수도 있다. 만약에 그런 사람이 토론이나 대화에 기여할 무엇인가를 품고 있다면, 그는 지나치게 낮은 목소리로 말하거나 지나치게 압축해 표현하여 강한 인상을 남기지 못할 수 있다. 아니면 그는 자신이 성취한 일에 대한 갈채를 다른 사람이 받도록 가만 내버려둘 수도 있다. 그는 자신이 어떤 사람들과는 지적으로 대화할 수 있는데도 다른 어떤 사람들과 대화하면 자신이 바보처럼 된다는 것을 관찰할 것이다. 또 어떤 사람과는 악기를 유능하게 다룰 수 있지만 다른 사람과 함께할 때면 마치 초심자처럼 연주한다는 것을 관찰할 것이다. 그는 그처럼 들쭉날쭉한 자신의 실력에 당혹감을 느끼지만 그것을 바꿔놓지는 못한다. 그가 자신보다 덜 지적인 사람과 대화할 때에는 자신이 충동적으로 실제보다 덜 똑똑한 척 행동하고, 실력이 떨어지는 음악가와 함께 연주할 때에는 형편없는 실력으로 연주하는 이유는 똑똑함이나 우수한 실력을 보임으로써 타인에게 마음의 상처를 입히거나 굴욕감을 안길 수 있다는 두려움 때문이라는 사실을 깨닫는 것은 오직 그가 자신의 회피 경향에 대한 통찰을 얻을 때에만 가능하다.

마지막으로, 그런 사람은 성공을 성취하더라도 그 성공을 제대로 즐길 줄모를 뿐만 아니라 그것을 자신의 경험으로 느끼지도 않는다. 아니면 그는 그 성공을 운 좋은 환경이나 일부 하찮은 자극 또는 외부 도움의 덕으로 돌리면서 성공을 낮춰볼 것이다. 그는 성공을 성취한 뒤에 우울증을 느낄 수도 있다. 이유는 부분적으로 이 같은 두려움 때문이기도 하고, 또 실제의 성공이 자신이 은밀히 품어왔던 과도한 기대에 늘 못 미친다는 사실에 따른 실망 때문이기도 하다.

따라서 신경증 환자의 갈등 상황은 달리기에서 일등을 하길 원하는 충동적인 소망에서, 또 그와 동시에 출발을 멋지게 하고 잘 달리게 되자마자 자신을 저지하려 드는 충동에서 비롯된다. 그가 어쩌다 어떤 일이든 성공적으로 처리해냈다면, 틀림없이 그 다음 일은 형편없이 처리될 것이다. 훌륭한 학습 뒤에는 형편없는 학습이 이어지고, 치료 동안에도 차도가 있은 다음에 재발이 따르고, 사람들에게 좋은 인상을 남긴 다음에는 나쁜 인상을 남긴다. 이 같은 순서는 계속 반복되고, 그에게 거대한 것에 맞서 절망적인 싸움을 벌이고 있다는 느낌을 안겨준다. 그는 낮에 짰던 옷감을 밤마다 다시 푸는 페넬로페(그리스 신화에 오디세우스의 아내로 나온다. 그녀는 남편이 집을 떠나 유랑하는 동안에 구혼자들에게 옷감을 다 짜면 결혼하겠다고 말해놓고는 그날 짠 옷감을 매일 밤 다시 푸는 방법으로 그들을 따돌렸다는 전설이 내려온다/옮긴이)와 비슷하다.

이리하여 그 길의 각 단계에 억제가 생겨날 것이다. 신경증 환자는 자신의 야심적인 소망을 철저히 억누를 것이다. 그래서 그는 일을 하려는 시도조차 하지 않을 수 있다. 그는 무엇인가를 하려 노력해도 정신을 집중하지 못하거나 마무리하지 못한다. 그는 일을 탁월하게 처리할 수 있지만 성공의 기미 앞에서 움츠러든다. 그러다 그는 최종적으로 두드러진 성공을 거둔다 하더라도 그것을 제대로 평가하지도 못하고 느끼지도 못하게 된다.

경쟁을 회피하는 많은 방법들 중에서는, 신경증 환자가 자신의 상상 속에서 진짜 혹은 가상의 경쟁자와 거리를 둠으로써 어떠한 경쟁도 터무니없어 보이게 만들고, 따라서 경쟁을 의식에서 지워버리는 방법이 가장 중요하다. 다른 사람을 자신이 닿을 수 없을 만큼 높은 대좌(臺座)에 올려놓거나, 아니면 자신을 다른 모든 사람들보다 크게 낮은 곳에 놓음으로써 경쟁적인 생각이나 시도 자체가 불가능하거나 우스꽝스럽도록 만들어버리면, 그 같은 거리가 확보된다. 후자의 과정을 나는 "폄하 경향"(belittling)이라고 부를 것이다.

자기 자신을 폄하하는 것은 단지 편의상의 이유로 나온 하나의 의식적인 전략일 수 있다. 만약에 위대한 어떤 화가의 제자가 훌륭한 작품을 그려놓고도 스승의 질투 어린 태도를 두려워해야 할 이유가 있다면, 그는 스승의 질투를 누그러뜨리기 위해 자신의 작품을 폄하할 것이다. 그러나 신경증적인 사람은 자기 자신을 낮춰보는 경향을 갖고 있다. 만약에 신경증적인 사람이 일을 잘 처리했다면, 그는 다른 사람이라면 그것보다 더 잘 해냈을 것이라고, 아니면 그 성공은 우연일 뿐이며 다시 그 일을 한다면 그만큼 잘 해내지 못할 것이라고 진지하게 믿을 것이다. 아니면 그는 일을 잘 처리해놓고도 돌아서서 결점을 찾아낼 것이다. 작업 속도가 너무 느렸다는 등의 이유를 제시하면서 자신의 성취를 낮게 평가하는 것이다. 신경증이 있는 과학자라면 자신의 분야에 관한 질문 앞에서도 자신이 무식하다고 느낄 수 있다. 그럴 때면 친구들이 과학자에게 그런 문제에 관해 책까지 썼다는 사실을 상기시켜줘야 한다. 대답 불가능하거나 엉터리 질문을 받게 될 때, 과학자는 자신이 우둔하다는 느낌부터 받을 가능성이 크다. 자신이 일부 내용에 동의하기 어려운 책을 읽게 되면, 그 과학자는 그 책을 끝까지 비판적인 시각에서 읽지 않고 자신이 너무 우둔해서 이해하지 못한다고 추론해버릴 것이다. 그러면서 그는 아마도 자기 자신에 대해 비판적이고 객관적인 태도를 견지했다는 믿음을 소중히 여길 것이다.

그러나 그런 사람은 열등감을 느껴지는 그대로 받아들일 뿐만 아니라 그 열등감이 근거 있다는 주장까지 펼 것이다. 열등감과 그것이 안겨주는 고통에 대해 불평을 토로함에도 불구하고, 그는 그 열등감을 반박하는 증거는 좀처럼 받아들이려 하지 않는다. 만약에 매우 유능한 직원으로 평가받는다면, 그는 자신이 과대 평가되고 있다든가 아니면 자신이 사람들 앞에서 허세를 부렸다고 말할 것이다. 앞에서 소개한, 자기 오빠와 수치스런 경험을 한 뒤에 학교에서 터무니없을 만큼 큰 야망을 품었던 그 소녀는 언제나 학급에서 일등을 했고 모든 사람으로부터 탁월한 학생이라는 소리를 들었지만 정작 본인은 자신이 우둔한 학생이라는 믿음을 여전히 굳게 품고 있었다. 거울을 한번 들여다보거나 남자들의 눈길만 고려해도 자신이 매력적인 존재라는 사실을 충분히 알 수 있는데도, 어떤 여자는 자신이 매력적이지 않다는 믿음에 계속 매달릴 수 있다. 어떤 사람은 마흔이 될 때까지는 자신의 의견을 내세우거나 사람들을 이끌기에 너무 젊다고 확신해놓고는 마흔이 넘어서자마자 너무 늙어버렸다는 감정을 느낄 수도 있다. 어느 유명한 학자는 자신에게 쏟아지는 존경에 늘 놀라움을 금치 못했으며, 그러면서 마음속으로 자신은 평범한 사람에 지나지 않는데 라는 느낌을 버리지 못했다. 찬사는 공허한 아첨이나 다른 숨은 동기에 의해 나온 것으로 무시되고, 심지어 화를 내게 할 수도 있다.

열거하자면 끝이 없는 이런 종류의 관찰은 우리 시대에 아주 흔한 악인 열등감이 어떤 중요한 기능을 갖고 있다는 점을, 또 그런 이유로 열등감이 계속 지켜지고 있다는 점을 보여준다. 열등감의 가치는 자신의 마음속에서 자기 자신을 낮춤으로써, 그리하여 자기 자신을 다른 사람들보다 아래에 놓고 또 자신의 야망을 저지함으로써 경쟁심과 연결된 불안을 누그러뜨린다는 사실에 있다.

덧붙여 말하자면, 자기 폄하가 자신감의 훼손으로 이어지기 때문에 열등감이 실제로 그 사람의 입장을 약화시킬 수 있다는 사실도 간과해서는 안 된다. 어느 정도의 자신감은 어떤 성취에나 필요한 전제조건이다. 예를 들어 제품을 팔거나 어떤 의견을 옹호하거나, 미래의 친척이 될 사람에게 좋은 인상을 남기는 데도 자신감이 반드시 필요한 것이다.

자기 자신을 폄하하는 경향이 강한 사람은 경쟁자들이 앞서거나 자신이 불리한 입장에 있는 그런 꿈을 꿀 수 있다. 틀림없이 그가 무의식적으로 경쟁자들에게 승리를 거두길 원하고 있기 때문에, 그런 꿈은 꿈은 소망의 성취를 표현하는 것이라는 프로이트의 주장과 모순되는 것처럼 보일 수 있다. 그러나 프로이트의 견해를 지나치게 좁게 받아들일 필요가 없다. 만약에 직접적인 소망 성취가 지나치게 많은 불안을 야기한다면, 그 불안을 누그러뜨리는 것이 소망의 직접적 성취보다 더 중요할 수 있을 것이다. 따라서 자신의 야망을 두려워하는 사람이 자신이 패배하는 그런 꿈을 꾼다면, 그 꿈은 실패하려는 소망을 표현하는 것이 아니라 야망보다 덜한 악인 실패를 선호한다는 뜻을 표현하는 것이다. 나의 환자 한 사람은 치료를 받으면서 나를 패배시키려고 결사적으로 노력하던 기간에 어느 자리에서 강의를 하게 되어 있었다. 그즈음 그 여자 환자는 내가 강의를 성공적으로 하고 자신은 청중석에 앉아서 겸허한 자세로 나를 존경하고 있는 그런 꿈을 꾸었다. 마찬가지로, 의욕적인 어느 선생은 자기 학생이 선생이 되고 자신은 제출해야 할 과제조차 무엇인지 모르는 학생이 되는 그런 꿈을 꾸었다.

자기폄하가 야망을 어느 정도 저지한다는 사실은 또한 폄하되는 능력이 대체로 그 사람이 탁월하기를 간절히 바라는 바로 그것이라는 사실로도 확인된다. 만약에 그 사람의 야망이 지적인 성격을 가진 것이라면, 지능은 그 야망을 이루는 도구일 것이고 따라서 폄하될 것이다. 만약에 그의 야망이 성애적인 성격을 지닌 것이라면, 외모와 매력이 그 야망의 도구가 될 것이고 따라서 그것들이 폄하될 것이다. 이 연결이 너무나 일반적이기 때문에, 어떤 사람의 자기폄하 경향에만 초점을 맞춰도 그 사람의 야망이 어디에 있는지를 짐작할 수 있다.

지금까지, 열등감은 실제의 열등감과는 아무런 관계가 없으며 경쟁을 회피하려는 경향의 결과로서만 논의되었다. 그렇다면 열등감은 자신에게 실제로 결점이나 단점이 있다는 사실을 깨닫는 것과 아무런 관계가 없는 것일까? 열등감은 사실 실질적인 결점과 상상 속의 결점의 결과이다. 왜냐하면 열등감이 불안에 의해 촉발된 폄하의 경향들과 실제로 존재하는 결점에 대한 깨달음이 결합된 것이기 때문이다. 여러 차례 강조했듯이, 어떤 충동이 의식 속으로 들어오지 못하도록 막는 데는 성공할 수 있을지라도, 끝까지 자기 자신을 속이는 것은 불가능하다. 그러므로 우리가 논하고 있는 그런 성격의 신경증 환자는 자신이 숨겨야 하는 반사회적인 경향을 갖고 있다는 것을, 자신의 태도가 순수함과는 거리가 꽤 멀다는 것을, 또 자신의 겉모습은 표면 아래 깊은 속을 흐르고 있는 암류와 많이 다르다는 것을 마음 깊은 곳에서는 알고 있을 것이다. 그가 이 모든 불일치를 마음에 등록시키는 것은 그의 열등감의 중요한 원인이 된다. 그래도 그는 이 불일치들이 억눌린 충동에서 비롯되기 때문에 불일치의 원인에 대해서는 절대로 정확히 알지 못한다. 그는 불일치의 원천을 제대로 알지 못하면서도 스스로 열등을 느끼는 이유들을 제시한다. 그런데 이 이유들이 실제 이유와 부합하는 경우는 무척 드물며 오직 합리화일 뿐이다.

신경증 환자가 자신의 열등감을 실제로 존재하는 결함의 직접적 표현이라고 느끼는 이유는 한 가지 더 있다. 자신의 야망을 바탕으로, 신경증 환자는 자신의 가치와 중요성을 터무니없을 만큼 과대하게 평가했다. 그는 자신이 천재이거나 완벽한 인간이라는 인식을 기준으로 현실의 성취를 측정하지 않을 수 없다. 이 비교에서 그의 실제 행위나 진짜 가능성들은 열등해 보일 수밖에 없다.

이런 회피 경향들이 종합적으로 작용한 결과, 신경증 환자는 진짜로 실패를 부르거나 자신의 가능성과 재능에 걸맞은 수준까지 성장하지 못하고 만다. 그와 함께 출발한 다른 사람들은 그보다 앞서 나가고, 더 나은 경력을 쌓고, 더 큰 성공을 거둔다. 이 같은 격차는 단지 외적인 성공에만 해당하는 것이 아니다. 나이가 들수록, 신경증 환자는 자신의 잠재력과 성취 사이의 불일치를 더 강하게 느끼게 된다. 그는 자신의 재능이 낭비되고 있다는 것을, 성격의 발달에 방해를 받고 있다는 것을, 그리고 시간이 흐르는 만큼 자신이 성숙을 이루지 못하고 있다는 것을 뼈저리게 느낀다. 또 그는 이런 불일치의 깨달음에 막연히 불만을 품는다. 마조히즘적 불만이 아니라 현실적이고 적절한 불만이다.

앞에서 이미 지적한 대로, 잠재력과 성취 사이의 불일치는 아마 외적 환경 때문일 수도 있다. 그러나 신경증 환자의 내면에서 발달하고 또 신경증의 뚜렷한 특징인 불일치는 내적 갈등 때문이다. 신경증 환자가 실제로 실패를 겪고, 그에 따라서 잠재력과 성취 사이의 불일치가 점점 더 커짐에 따라, 불가피하게 기존의 열등감은 더욱 커질 수밖에 없다. 따라서 신경증 환자는 자신이 열등하다고 믿게 될 뿐만 아니라 실제로도 가능성과 재능에 비해 열등한 편이다. 이 같은 전개는 열등감을 사실에 근거한 것으로 받아들이고 있다. 그렇기 때문에 그 전개의 영향은 엄청나게 커진다.

한편, 내가 언급한 다른 불일치, 즉 크게 부풀려진 야망과 비교적 빈약한 현실 사이의 불일치는 견디기 어려운 것이기 때문에 어떤 조치를 요구한다. 그 조치의 하나로 공상이 저절로 나타난다. 이제 신경증 환자는 성취 가능한 목표를 장엄한 생각으로 더욱 많이 대체한다. 장엄한 생각이 신경증 환자에게 지니는 가치는 분명하다. 그런 생각은 신경증 환자가 품고 있던, 자신은 아무런 가치가 없는 존재라는 느낌을 덮어준다. 그 같은 생각은 그가 아무 경쟁을 벌이지 않고도, 따라서 실패나 성공의 위험을 감수하지 않고도 자신이 중요한 존재라고 느끼도록 만든다. 그 생각들은 또한 그가 성취 가능한 목표를 훨씬 넘어서는 어떤 장엄한 픽션을 구축하도록 허용한다. 그 생각들이 위험한 것은 바로 장엄한 공상에 터무니없는 가치를 부여한다는 점에 있다.

이런 신경증적인 장엄한 생각은 정상적인 사람의 장엄한 생각이나 정신병 환자의 장엄한 생각과 구분되어야 한다. 정상적인 사람조차도 간혹 자신에 대해 경이로운 존재라고 생각하고, 자신이 하는 일에 터무니없는 중요성을 부여하거나, 자신이 오를 수 있는 곳에 대한 공상에 몰입한다. 그러나 이런 공상과 생각은 아라베스크 장식에 지나지 않으며, 그 사람은 그것을 지나치게 진지하게 받아들이지 않는다. 장엄한 생각을 품고 있는 정신병 환자는 그 스펙트럼의 다른 끝에 자리 잡는다. 정신병 환자는 자신이 천재나 나폴레옹 혹은 예수 그리스도라고 믿으면서 그 확신을 반박하는 현실의 증거를 모두 부정할 것이다. 그러면서 정신병 환자는 자신이 실제로 가난한 문지기이거나 정신병동에 수용된 환자이거나 조롱이나 경멸의 대상이라는 점을 상기시키는 것들을 절대로 이해하지 못할 것이다. 만약에 정신병 환자가 혹시라도 그 불일치를 자각하게 된다면, 그는 자신의 장엄한 생각을 옹호하는 방향으로 결정을 내리고 다른 사람들은 자기보다 결코 더 많이 알지 못하거나 다른 사람들이 자기를 해치기 위해 고의로 자기를 경멸한다고 믿을 것이다.

신경증 환자는 이 두 극단 사이의 어딘가에 자리 잡고 있다. 만약에 신경증 환자가 과장된 자기평가를 자각한다면, 그에 대한 그의 의식적 반응은 건강한 사람의 반응에 가까울 것이다. 만약에 신경증 환자가 꿈에서 왕족으로 변장한 모습으로 나타난다면, 그는 그런 꿈이 재미있다고 생각할 것이다. 그러나 그의 장엄한 공상은 그에게 정서적으로 현실적인 가치를 지닌다. 그 공상이 정신병 환자에게 지니는 가치와 비슷하다. 그럼에도 신경증 환자는 의식적으로는 그 공상을 현실적이지 않은 것으로 여겨 버릴 수 있다. 그런 장엄한 공상이 신경증 환자와 정신병 환자에게 가치를 지니는 이유는 똑같다. 그 공상이 중요한 어떤 기능을 갖고 있기 때문이다. 비록 가느다랗고 허약한 기둥일지라도, 그 공상은 신경증 환자의 자존감이 근거하고 있는 기둥이다. 그러기에 신경증 환자는 장엄한 공상에 집착해야 한다.

이 기능에 숨어 있는 위험은 자존감이 타격을 입는 상황에서 분명하게 드러난다. 그런 상황에 처하면 기둥이 무너져 내리고, 그도 추락하게 된다. 그러면 신경증 환자는 그 추락으로부터 회복하지 못한다. 예를 들어 보자. 어떤 소녀는 한 남자로부터 사랑받고 있다고 믿을 만한 이유들을 충분히 갖고 있다. 그런데 소녀는 그 남자가 자기와 결혼하는 것을 망설이고 있다는 사실을 알았다. 남자는 소녀에게 자기는 아직 결혼할 나이가 되지 않은 것 같고 경험도 부족한 것 같다고 털어놓는다. 아울러 자신이 어느 한 사람을 영원히 선택하기 전에 여자에 대해 더 많이 아는 것이 현명할 것 같다는 뜻도 밝혔다. 그녀는 이 충격에서 헤어나지 못하고 우울증에 빠졌으며, 자신의 일에도 안전을 느끼지 못하기 시작했으며, 실패에 대한 두려움을 키웠다. 동시에 모든 것을, 일뿐만 아니라 사람들까지도 멀리하고 싶어졌다. 실패에 대한 두려움이 너무나 컸기 때문에, 그녀에게 힘을 실어줄 사건들마저도, 이를테면 그 남자가 후에 그녀와 결혼하기로 한 결정이나 보다 나은 직장으로 옮길 기회까지도 그녀를 안심시키지 못했다.

신경증 환자는 정신병 환자와 반대로 현실 생활에 일어나는 사건들 중에서 자신의 의식적인 착각에 들어맞지 않는 수많은 사건들을 아주 정확하게 마음에 등록한다. 따라서 신경증 환자는 자기평가에서 자신이 위대하다는 느낌과 무가치하다는 느낌 사이를 오가게 된다. 어느 순간에라도 그는 이쪽 극단에서 저쪽 극단으로 이동할 수 있을 것이다. 그는 자신의 예외적인 가치를 가장 확실히 믿음과 동시에 다른 사람이 자신을 진지하게 받아들인다는 사실에 크게 놀랄 수도 있다. 혹은 그는 자신이 남에게 짓밟혀 비참하다고 느낌과 동시에 다른 사람들이 자신에 대해 도움이 필요한 처지라고 생각하면 격노를 터뜨릴 수도 있다. 그의 민감성은 온몸이 상처투성이라서 살짝 스치기만 해도 움찔하는 그런 사람의 민감성과 비슷할 것이다. 그는 쉽게 상처받고, 경멸당하고, 무시당하고, 냉대당하며 그럴 때마다 터무니없을 만큼 심한 분개를 보인다.

여기서도 다시 "악순환"의 고리가 보인다. 장엄한 생각은 안전의 가치를 명백히 지니고 또 상상 속에서나마 지원의 효과를 어느 정도 발휘한다. 하지만 그 생각은 회피의 경향을 더욱 강화할 뿐만 아니라 신경증 환자의 민감성 때문에 화를 더욱 키우고 따라서 불안까지 더욱 키우게 된다. 분명 이것은 심각한 신경증을 그린 그림이지만, 덜 심각한 신경증의 경우에도 정도만 다를 뿐 그 과정은 똑같다. 당사자가 눈치 채지 못할 만큼 약한 신경증도 마찬가지이다. 그러나 다른 한편으로 보면, 신경증 환자가 어떤 건설적인 일을 할 수 있게 되는 순간 일종의 선순환의 고리가 시작될 수 있다. 바로 이 수단에 의해, 신경증 환자의 자신감이 자라고, 따라서 그가 장엄한 생각을 해야 할 필요성이 점점 줄어들게 된다.

신경증 환자가 성공을 거두지 못하는 현실, 말하자면 경력이든 결혼이든 안전이든 행복이든 다른 사람에 비해 뒤처지는 현실 때문에 신경증 환자는 다른 사람들을 부러워하게 되고 따라서 다른 원천에서 발달한 질투심을 더욱 키우게 된다. 그러면 몇 가지 요소가 함께 작용하면서 그가 질투심을 억누르게 할 것이다. 그 요소들을 예로 든다면, 타고난 성격의 고결함도 있고, 자신에겐 자신을 위해 어떠한 것도 요구할 권리가 없다는 믿음도 있고, 기존의 불행을 인식하지 못하는 무능력도 있다. 그러나 질투의 태도가 강하게 억눌러질수록, 그 태도는 다른 사람에게로 더 많이 투사될 것이고 결과적으로 다른 사람들이 자신의 모든 것을 질투할 것이라는 편집증적 두려움을 낳을 것이다. 이 불안은 아주 클 수 있다. 그렇기 때문에 만약에 뭔가 좋은 일이 그에게 일어난다면, 예를 들어 새로운 일자리가 생기거나 사랑의 관계가 잘 풀리거나 운 좋게 멋진 것을 구입하게 된다면, 그는 불편한 기분을 느끼게 된다. 그러므로 이 불안은 무엇이든 가지려 하지 않거나 어디든 오르려 하지 않는 그의 경향을 크게 강화할 것이다.

권력과 지위, 소유에 대한 신경증적 추구에서 생기는 "악순환"을 대략적으로 그린다면 다음과 같을 것이다. 불안과 적개심이 일어나고 자존감이 훼손된다. 그러면 권력 등을 추구하려는 노력이 전개된다. 그런데 오히려 적개심과 불안이 더 커진다. 그러자 경쟁을 회피하려는 경향이 나타난다(자신을 폄하하려는 경향이 수반된다). 이어 실패가 일어나고, 잠재력과 성취 사이의 불일치가 나타난다. 우월감이 커진다(질투심도 함께 나타난다). 민감성이 더욱 강화된다(회피 경향이 새로워진다). 적개심과 불안이 더욱 커진다. 이것이 악순환을 다시 일으킨다.

그러나 질투가 신경증에서 하는 역할을 충분히 이해하려면, 우리는 그것을 보다 포괄적인 관점에서 보아야 한다. 신경증 환자는 본인이 의식적으로 느끼든 느끼지 않든 상관없이 매우 불행한 사람인데도 그 불행에서 도피할 가능성은 어떠한 것도 보지 않는다. 외부 관찰자가 안전을 추구하려는 시도에서 시작된 악순환이라고 묘사하는 바로 그것을, 신경증 환자 본인은 그물에 절망적으로 갇혀 있는 느낌으로 받아들인다.

나의 환자가 그 악순환을 묘사한 바에 따르면, 그는 여러 개의 문을 가진 지하실에 갇힌 것 같은 느낌을 받는데 그 문들 중 어느 것을 열어도 새로운 어둠으로 향할 뿐이다. 그런데도 다른 사람들은 바깥에서 햇살 속을 거닐고 있다는 것을 그는 알고 있다. 심각한 신경증에 담긴, 몸을 마비 시킬 정도의 깊은 절망을 모르는 상태에서 그런 신경증을 이해하는 것은 불가능하다고 나는 믿는다. 일부 신경증 환자들은 자신의 심각한 증상을 명확한 언어로 표현한다. 그러나 신경증의 증상이 체념이나 낙천적인 외양에 깊이 묻혀 있는 환자들도 있다. 그런 경우엔 온갖 이상한 허영과 요구사항과 적개심 뒤에 고통 받는 인간 존재가, 인생을 살 만한 것으로 만드는 모든 것들로부터 영원히 배제되었다고 느끼는 그런 인간 존재가, 말하자면 원하는 것을 얻는다 하더라도 자신이 그것을 즐기지 못할 것이라는 점을 알고 있는 인간 존재가 숨어 있다는 것을 확인하기는 어려울 것이다. 이런 절망적인 것들의 존재를 인식할 때, 과도한 공격성 혹은 이기적인 비열함의 본질을 이해하는 것은 절대로 어렵지 않다. 만약에 행복의 모든 가능성으로부터 철저히 차단된 사람이 자신을 끌어안지 않는 세상을 향해 증오를 느끼지 않는다면, 그 사람이야말로 진정한 천사일 것이다.

여기서 질투의 문제로 다시 돌아가도록 하자. 점진적으로 발달하는 절망감이 질투가 끊임없이 피어나는 바탕이다. 그것은 구체적인 무엇인가에 대한 질투가 아니고, 프리드리히 니체(Friedrich Nietzsche)가 '삶 전체에 대한 질투'(Lebensneid)라고 묘사한 바로 그것이다. 말하자면 보다 안전하다고, 보다 행복하다고, 보다 솔직하다고, 보다 자신 있다고 느끼는 사람에게 품는 매우 일반적인 질투인 것이다.

만약 그런 절망감이 어떤 사람의 내면에 발달했다면, 그 절망감이 그의 자각에 가까이 있든 아니면 멀리 떨어져 있든 불문하고, 그는 그 절망감에 대해 설명하려고 시도할 것이다. 분석적인 관찰자와 달리, 그 사람은 절망감을 냉혹한 어떤 정신적 과정의 결과물로 보지 않는다. 대신에 그는 절망감을 타인이나 자신에 의해 생긴 것으로 본다. 대체로 보면 타인이나 자신 중 하나가 그 원인으로 전면으로 부각되는 데도 불구하고, 종종 그는 두 가지 원천을 모두 탓할 것이다. 그가 타인을 탓할 때, 비난하는 태도가 생겨날 것이고 비난의 화살은 전반적인 운명이나 환경, 부모나 선생, 남편, 의사 같은 구체적인 사람을 향할 것이다. 지금까지 자주 지적한 바와 같이, 타인에 대한 신경증적 요구들은 대개 이런 관점에서만 이해될 것이다. 신경증 환자는 꼭 이런 식으로 생각하는 것 같다. "당신이 나의 고통에 전적으로 책임을 져야 해. 그러기에 당신이 나를 돕는 것은 의무야. 나에겐 당신에게 그런 도움을 기대할 권리가 있어." 신경증 환자가 자기 자신에게서 악의 원천을 찾는다면, 그는 자신은 불행을 당해도 싸다고 느낄 것이다.

신경증 환자가 남을 탓하는 경향에 대해 논하는 부분은 오해를 불러일으킬 소지가 있다. 마치 신경증 환자의 비난이 부당한 것처럼 들리기 때문이다. 실은 신경증 환자에겐 타인을 비난하고 나설 명백한 이유들이 있다. 왜냐하면 그가 특별히 어린 시절에 부당하게 다뤄졌기 때문이다. 그러나 그의 비난에는 신경증적인 요소들도 있다. 이 요소들이 종종 긍정적인 목표를 추구하는 건설적인 노력을 대체해 버린다. 이 요소들은 또 맹목적이고 무차별적이다. 예를 들면, 신경증적인 요소들이 신경증 환자를 돕길 원하는 사람에게로 향할 수 있고, 그와 동시에 신경증 환자는 자신을 진정으로 해치는 사람들에게서는 비난할 것을 느끼지도 못하고 비난을 표현하지도 못할 수 있다.

13장

신경증적 죄책감

죄책감은 신경증에 중요한 역할을 하는 것 같다. 일부 신경증을 보면, 죄책감이 공개적으로 자주 표현된다. 다른 신경증에서는 죄책감이 다소 위장한 상태로 나타나지만 죄책감이 존재한다는 사실은 행동이나 태도, 사고방식과 반응에 의해 확인된다. 먼저 죄책감이 존재한다는 점을 암시하는 다양한 징후에 대해 논할 것이다.

앞 장에서 설명했듯이, 신경증적인 사람은 종종 자신의 고통에 대해 자신에겐 더 좋게 대접받을 자격이 없다는 감정을 바탕으로 설명하려는 경향을 보인다. 이 감정은 상당히 모호하고 불명확할 수 있다. 아니면 이 감정은 사회적으로 금기시되는 생각이나 행동에, 예를 들면 자위행위나 근친상간 소망, 친척의 죽음 소망 등에 수반될 수도 있다. 신경증적인 사람은 대체로 사소한 일에도 죄책감을 느끼는 경향이 있다. 만약에 누군가가 그를 보자고

하면, 그는 가장 먼저 자신이 한 일에 질책을 당할 것이 있는가 하고 궁금해할 것이다. 만약에 친구들이 한동안 찾지 않거나 편지를 하지 않으면, 그는 자신이 혹시 친구들의 마음을 상하게 한 일이 있는 것이 아닌가 하고 자문해볼 것이다. 만약에 무엇이라도 잘못되면, 그는 그것이 자신의 잘못이라고 단정한다. 다른 사람들이 노골적으로 잘못해놓고 그를 학대한다 하더라도, 그는 그 일을 자신의 탓으로 여길 것이다. 만약에 이해관계가 충돌하거나 언쟁이 일어난다면, 그는 맹목적으로 상대방이 옳다고 단정하는 경향을 보일 것이다.

언제든 일만 생기면 기어 나오려고 대기하고 있는 이런 잠재적 죄책감과 우울한 조건에서 명백히 드러나는 무의식적 죄책감은 서로 구분되지만, 그 경계는 흐릿하다. 무의식적 죄책감은 종종 공상적이거나 크게 과장된 자기 질책의 형식을 취한다. 또한 신경증 환자가 자신의 눈과 타인의 눈에 정당하게 비치려고 지속적으로 펴는 노력은 특히 그 노력의 전략적 가치가 분명하지 않은 경우에는 그의 내면에 종잡을 수 없는 죄책감이 존재한다는 것을 암시한다.

불명확한 죄책감이 존재한다는 사실은 더 나아가 신경증 환자가 발각되거나 인정을 받지 못할지 모른다는 불안에 끊임없이 괴로워하는 점에 의해서도 확인된다. 분석가와 대화할 때면, 신경증 환자는 마치 둘의 관계가 판사와 죄인의 관계처럼 행동할 것이다. 따라서 그가 분석 작업에서 협력하는 것이 매우 어려워진다. 분석가가 제시하는 모든 해석을 그는 비난으로 받아들일 것이다. 예를 들어, 분석가가 그에게 어떤 방어적인 태도의 뒤에 불안이 도사리고 있다는 점을 지적하면, 그는 "그래요. 나는 겁쟁이에요."라고 대답할 것이다. 만약에 분석가의 입에서 그가 퇴짜 맞을까 두려워 사람들에게 감히 접근하지 못한다는 식의 설명이 나온다면, 그는 그 말을 자신이 인생을 쉽게 살려 들었다는 비난으로 받아들일 것이다. 완벽을 위한 충동적 노력은 대부분 이처럼 비난을 피하려는 욕구에서 나온다.

마지막으로, 신경증 환자는 재산을 잃거나 사고를 당하는 등 불행한 일이 일어날 경우에 오히려 마음이 더 편안해지고 심지어 신경증 증상까지 일부 사라지는 모습을 보일 것이다. 이런 반응이 관찰되고, 또 간혹 신경증 환자가 무심코 불행한 일이 일어나도록 자극하는 것처럼 보인다는 사실을 고려한다면, 신경증 환자가 너무나 무거운 죄책감을 벗어던지기 위해 처벌 욕구를 발달시킨다는 가설도 가능해진다.

따라서 신경증 환자의 내면에 특별히 예리한 죄책감이 존재한다는 사실을 뒷받침하는 증거만 있는 것이 아니라 죄책감이 그 사람의 성격에 엄청난 힘을 행사한다는 점을 뒷받침하는 증거도 있다. 그러나 이런 명백한 증거에도 불구하고, 신경증 환자의 의식적인 죄책감은 정말로 순수한 죄책감인지, 또 무의식적 죄책감을 암시하는 병적인 태도는 다른 해석을 허용하지 않는지에 대해 의문을 제기해야 한다. 그런 의심을 품게 만드는 요소들이 몇 가지 있다.

죄책감도 열등감처럼 환영받지 않는 것이 절대로 아니다. 신경증 환자는 죄책감을 버리려고 노력하지 않는다. 실제로 신경증 환자는 자신이 죄를 지었다고 고집하면서 자신을 죄로부터 해방시키려는 모든 시도에 완강히 맞선다. 이런 태도 하나만으로도 신경증 환자가 죄책감을 고집하는 그 뒤에 열등감처럼 어떤 중요한 기능을 가진 경향이 숨어 있음에 틀림없다는 결론을 내려도 별로 무리가 없을 것이다.

명심해야 할 또 다른 요소가 있다. 솔직하게 후회하거나 무엇인가에 대해 수치스럽게 생각하는 것은 고통스런 일이다. 그리고 그 감정을 누군가에게 표현하는 것은 더욱더 고통스런 일이다. 실제로 신경증을 가진 사람은 타인의 인정을 받지 못한다는 두려움 때문에 그런 식으로 털어놓지 않으려 할 것이다. 그러나 우리가 죄책감이라고 부르는 것을 신경증 환자는 매우 편하게 표현한다.

더욱이, 신경증 환자의 내면에 죄책감이 도사리고 있다는 점을 암시하는 것으로 자주 해석되는 자기질책은 비합리적인 요소들을 보인다. 구체적인 자기비난에서뿐만 아니라 자신은 어떠한 친절이나 칭송, 성공도 누릴 자격이 없다는 감정에서도, 신경증 환자는 전반적인 과장에서부터 순수한 공상에 이르기까지 비합리성의 극단을 보이는 것 같다.

자기질책이 반드시 순수한 죄책감의 표현은 아니라는 점을 암시하는 또 다른 요소는 신경증 환자 본인이 무의식적으로는 자신이 무가치한 존재라는 점을 확신하지 않는다는 사실이다. 그는 죄책감에 사로잡힌 것처럼 보일 때조차도 다른 사람이 자신의 질책을 진지하게 받아들이려는 모습을 보이면 대단히 분개할 것이다.

이 관찰은 마지막 요소로 이어진다. 이 요소는 프로이트가 우울증에 나타나는 자기질책을 논하면서 지적한 바로 그것이다. 죄책감이 명백하게 드러나는데도 거기에 응당 수반되어야 할 겸손한 태도가 보이지 않는다는 점이다. 말하자면 명백한 죄책감과 겸손의 부재 사이의 극적인 대조가 마지막 요소인 것이다. 신경증 환자는 자신이 무가치한 존재라고 선언함과 동시에 배려와 존경을 강력히 요구하고 또 약간의 비판이라도 받아들이지 않으려는 태도를 분명히 보일 것이다.

예를 들어 보자. 어떤 여인은 신문에서 범죄 기사를 읽을 때마다 막연히 죄책감을 느끼고 또 가족의 죽음을 자신의 탓으로 돌리곤 한다. 그러다가도 그녀의 동생이 그녀에게 지나치게 많은 배려를 요구한다고 지적하기만 하면, 그녀는 격노에 휩싸이면서 기절까지 했다. 얼마나 두드러진 모순인가. 그러나 그 모순이 언제나 두드러지게 나타나는 것은 아니다. 모순은 겉으로 나타나는 것보다 훨씬 더 자주 나타난다. 신경증 환자는 자기비판적인 태도를 건전한 비판적 태도로 착각할 것이다. 비판에 대한 그의 민감성은 자신은 우호적이거나 건설적인 방식으로 이뤄지는 비판이면 무엇이든 받아들일 수 있다는 믿음에 숨겨질 수 있다. 그러나 이 같은 믿음은 단지 하나의 가리개에 지나지 않으며 사실과 모순된다. 명백히 우호적인 조언조차도 그에게 분노의 반응을 일으킬 수 있다. 이유는 어떤 조언이든 거기엔 완벽하지 않다는 데 대한 비난이 담겨 있기 때문이다.

따라서 죄책감을 주의 깊게 조사하고 그 순수성을 검사한다면, 죄책감처럼 보이는 것들 중 많은 것이 불안의 표현이거나 불안에 대한 방어의 표현이라는 사실이 확인될 것이다. 이는 부분적으로 정상적인 사람에게도 통하는 말이다. 우리 문화에서는 인간을 두려워하는 것보다 신을 두려워하는 것이 더 고상한 것으로 여겨진다. 비종교적인 언어로 표현하면, 집착하게 되지 않을까 하는 두려움 때문이 아니라 양심 때문에 무엇인가를 자제하는 것이 더 고상하게 여겨진다는 뜻이다. 자신의 양심 때문에 아내에게 충실한 것처럼 꾸미는 많은 남편들은 실제로 보면 아내를 두려워하고 있을 뿐이다.

신경증에 수반되는 엄청난 불안 때문에, 신경증 환자는 불안을 죄책감으로 덮으려는 경향을 정상적인 사람보다 더 강하게 보인다. 정상적인 사람과 달리, 신경증 환자는 일어날 가능성이 있는 결과만을 두려워하는 것이 아니라 현실과 아주 동떨어진 결과까지 예측해내기도 한다. 이런 예측의 본질은 상황에 따라 달라진다. 신경증 환자는 곧 닥칠 처벌이나 보복, 유기(遺棄)에 대한 생각을 과장할 것이다. 그의 두려움은 아주 모호할 수 있다. 그러나 그 본질을 불문하고 그의 두려움은 모두 똑같은 요소, 말하자면 비난에 대한 두려움이라는 요소에 의해 촉발된다.

비난에 대한 두려움은 신경증에 매우 흔하게 나타난다. 거의 모든 신경증 환자는 표면적인 관찰에서는 자기 자신을 확신하고 타인의 의견에 무관심한 것처럼 보일지라도 거의 예외 없이 동의를 얻지 못하거나, 비판을 받게 되거나, 발각될 것을 과도하게 무서워한다. 이미 언급한 바와 같이, 비난에 대한 두려움의 바닥에는 대체로 죄책감이 깔려 있는 것으로 이해된다. 달리 말하면, 비난에 대한 두려움은 죄책감의 결과로 여겨진다는 뜻이다. 비판적으로 관찰하면, 이 같은 결론이 의문스러워진다. 분석 동안에 환자는 어떤 경험이나 생각, 예를 들어 죽음 소망이나 자위행위, 근친강간 소망에 관한 경험이나 생각에 대해 말하는 것이 대단히 어렵다는 사실을 종종 깨닫는다. 이는 환자가 그 같은 생각이나 경험에 대해 죄책감을 아주 강하게 느끼고 있기 때문이다. 환자가 그런 문제들에 대해 이야기할 만큼 자신감을 충분히 얻고 또 그런 식으로 털어놓아도 비난에 직면하지 않겠다는 것을 깨닫게 될 때, "죄책감"은 사라진다. 신경증 환자가 죄책감을 느끼는 것은 그가 불안의 결과로 다른 무엇보다 여론에 의지하게 되고 따라서 순진하게도 여론을 자신의 판단으로 착각하기 때문이다. 게다가 비난에 대한 그의 민감성은 근본적으로 변하지 않고 그대로 남는다. 그가 죄책감을 촉발시킨 경험들에 대한 이야기를 털어놓아 구체적인 죄책감이 사라지더라도, 그의 민감성은 그대로인 것이다. 이 관찰은 죄책감은 비난에 대한 두려움의 원인이 아니라 결과라는 결론을 암시한다.

비난에 대한 두려움이 죄책감의 발달과 이해에 아주 중요하기 때문에, 나는 여기서 이 두려움의 의미 일부에 대해 논할 생각이다.

대체로 보면 신경증 환자가 친구와 적을 명확하게 구분하지 못하는 것으로 드러나지만, 터무니없을 만큼 큰 비난에 대한 두려움은 맹목적으로 모든 인간 존재들에게로 확장되거나 아니면 친구들에게만 국한될 수 있다. 비난에 대한 두려움은 처음에는 오직 바깥 세계와 관련해서만 일어난다. 그 두려움은 언제나 타인들의 비난과 관계있지만 또한 내면화되기도 한다. 내면화 현상이 강해질수록, 외부의 비난은 자신의 비난과 비교해 그 만큼 덜 중요해진다.

비난에 대한 두려움은 다양한 형식으로 나타난다. 가끔은 자신을 성가시게 하는 사람들을 지속적으로 두려워하는 형식으로 나타난다. 그러면 신경증 환자는 예를 들어 누군가의 초대를 거부하거나, 어떤 의견에 반대하거나, 어떤 소망을 표현하거나, 정해진 기준에 동조하지 않는 것을 두려워할 수 있다. 비난에 대한 두려움은 사람들이 자신에게서 무엇인가를 찾아내지 않을까 하는 두려움으로도 나타날 수 있다. 자신이 호감을 얻고 있다고 느낄 때조차도, 신경증 환자는 발각되거나 버림받을 것을 미리 방지하기 위해 사람들을 멀리하는 경향을 보인다. 비난에 대한 두려움은 타인들이 자신의 사생활에 대해 아는 것을 극도로 꺼리는 태도로도 나타날 수 있다. 아니면 자기 자신에 관한, 그야말로 아무런 해를 끼치지 않는 질문에도 발끈하는 태도로도 나타날 수 있다. 이때 신경증 환자가 그런 질문에 극도로 예민하게 반응하는 이유는 그것이 마치 자신의 일을 들여다보려는 시도처럼 느껴지기 때문이다.

비난에 대한 두려움은 분석 과정을, 분석가에게는 힘든 과정으로 만들고 환자 본인에게는 고통스런 과정으로 만드는 요소이다. 분석은 서로 저마다 다 다르지만, 모든 분석에 공통적으로 나타나는 현상이 한 가지 있다. 환자는 분석가의 도움을 바라고 또 어떤 이해를 끌어내길 원하면서도 동시에 분석가를 대단히 위험한 침입자로 여기며 맞선다는 점이다. 환자가 마치 판사 앞에 선 범죄자처럼 행동하게 하고 또 범죄자처럼 은밀히 부정하고 오도하려 하게 만드는 것은 바로 이 두려움이다.

이 같은 태도는 고백을 강요당하거나 그런 강요 앞에서 고민하는 내용의 꿈으로도 나타날 수 있다. 나의 환자 한 사람은 분석 과정에 자신이 억눌렸던 경향들 몇 개가 드러나는 단계에 이르자 이 점에서 의미 있는 공상을 했다. 그는 자신이 어떤 소년을 보았다고 상상했다. 간혹 꿈속의 섬에서 피난처를 발견하곤 하던 소년이었다. 그 섬에서 소년은 공동체의 일원이 되었는데, 이 공동체에는 그 섬의 존재에 대해 누설하는 것을 일절 금지하고 또 어떠한 침입자도 죽여야 한다는 법이 있었다. 그 소년이 사랑한 어떤 사람이, 분석가를 상징하는 어떤 사람이 우연히 그 섬으로 가는 길을 발견했다. 그 섬의 법에 따르면, 이 사람은 죽음을 당해야 했다. 그러나 소년은 이 사람을 구할 수 있었다. 소년이 다시는 섬으로 돌아가지 않겠다고 서약하면 되었다. 이는 분석의 처음부터 끝까지 이런저런 형태로 작용하는 갈등을, 말하자면 분석가를 좋아하는 마음과 분석가가 환자의 숨겨진 생각과 감정을 침입하기를 원하는 데서 생기는, 분석가를 미워하는 마음 사이의 갈등을, 환자가 자신의 비밀을 지키기 위해 싸우고 싶어 하는 충동과 비밀을 포기해야 하는 필요성 사이의 갈등을 예술적으로 표현한 것이었다.

만약에 비난에 대한 두려움이 죄책감에 의해 일어나지 않는다면, 신경증 환자가 발각되거나 찬성을 얻지 못하는 데 대해 그렇게 심하게 걱정하는 이유가 무엇인가 하는 질문을 던져야 한다.

비난에 대한 두려움을 설명하는 중요한 요소는 신경증 환자가 세상과 자기 자신에게 보여주는 겉모습과 그 겉모습 아래에 숨어 있는 모든 억압된 경향들 사이의 엄청난 불일치이다. 비록 신경증 환자가 자기 자신과 일치하지 않는다는 사실 때문에, 그리고 자신이 지켜야 하는 가식 때문에 자신이 깨닫는 것보다 더 큰 고통을 당하고 있을지라도, 그럼에도 불구하고 그는 이 가식들을 힘껏 지켜야 한다. 왜냐하면 이 가식들이 그를 내면에 도사리고 있는 불안으로부터 보호해주는 방파제 역할을 하기 때문이다. 만약에 신경증 환자가 숨겨야 할 것들이 비난에 대한 두려움의 바탕을 이루고 있다는 점을 인정한다면, 우리는 어떤 "죄책감"이 사라져도 그가 두려움으로부터 자유롭지 않은 이유를 더 잘 이해할 수 있다. 거기에는 변화해야 하는 그 이상의 무엇이 있다. 그것을 두루뭉술하게 표현한다면, 신경증 환자가 비난을 두려워하게 만드는 것은 그의 성격 혹은 그의 성격 중 신경증적인 부분에 있는 불성실이다. 그리고 그가 탐지될까 두려워하는 것은 바로 이 불성실 안에 있다.

신경증 환자가 간직하고 있는 비밀의 구체적인 내용에 대해 말하자면, 그는 우선 공격성이라는 단어로 표현될 모든 것을 숨기길 원한다. 공격성이라는 용어는 화와 복수, 질투, 그리고 타인에게 굴욕감을 안겨주고 싶어 하는 욕망과 같은 수동적인 적개심뿐만 아니라 타인에 대한 그의 은밀한 요구까지 포함한다. 이것들에 대해서는 이미 세세하게 논했기 때문에, 여기서는 간략하게 신경증 환자가 자신의 두 발로 서기를 원하지 않는다거나, 자신이 원하는 것을 성취하려는 노력을 기울이길 원하지 않는다는 점만을 말하는 것으로도 충분할 것이다. 신경증 환자는 그런 노력을 기울이지 않으면서 타인을 지배하거나 착취함으로써, 혹은 애정이나 "사랑" 또는 복종의 수단을 통해서 타인에 빌붙어 사는 삶을 내면적으로 고집한다. 그의 적대적인 경향이나 요구사항이 건드려질 때면, 어김없이 불안이 일어난다. 그 이유는 신경증 환자가 죄의식을 느끼고 있기 때문이 아니라 자신에게 필요한 타인의 지원을 얻을 기회가 위험에 처한 것처럼 느껴지기 때문이다.

둘째, 신경증 환자는 자신이 스스로에 대해 얼마나 나약하고 불안하고 무력하다고 느끼는지를, 자기주장이 얼마나 약한지를, 그리고 자신이 느끼는 불안이 얼마나 큰지를 숨기길 원한다. 이런 이유 때문에, 신경증 환자는 겉모습을 힘이 있는 것처럼 꾸민다. 그러나 그의 안전 추구가 지배에 초점이 맞춰질수록, 그의 자존심은 힘의 개념과 더 강하게 연결되고 따라서 그는 자신을 더욱 경멸하게 된다. 신경증 환자는 자신만 아니라 다른 사람의 경우에도 약함에 위험이 있다고 느낄 뿐만 아니라 약함을 경멸스런 것으로 여긴다. 그러면서 그는 가정에서 주인노릇을 제대로 하지 못하거나, 자신의 내면에 있는 장애를 극복하지 못하거나, 도움을 받아야 하거나 불안에 휩싸이는 것을 약한 태도로 분류한다. 따라서 신경증 환자는 기본적으로 자신의 내면에 있는 "약함"을 경멸하고 또 다른 사람도 그에게서 약한 면을 발견하게 된다면 마찬가지로 그를 경멸할 것이라고 믿지 않을 수 없다. 그렇기 때문에 신경증 환자는 그런 것들을 숨기려고 결사적으로 노력하지만 그러면서도 조만간 발각되고 말 것이라는 두려움을 떨치지 못한다. 그래서 신경증 환자에게는 불안이 계속된다.

그렇다면 죄책감과 거기에 수반되는 자기질책은 비난에 대한 두려움의 원인이 아니고 결과일 뿐만 아니라 이 두려움에 대한 방어 기제이기도 하다. 죄책감과 자기질책은 안전을 초래하고 진짜 문제를 흐려놓는다는 이중의 목적을 성취한다. 이 목적 중에서 진짜 문제를 흐려놓는 목적을, 죄책감과 자기질책은 주의를 숨겨야 할 것에서부터 다른 곳으로 돌림으로써, 혹은 그 문제가 사실이 아닌 것처럼 보이도록 과장함으로써 달성한다.

이를 쉽게 보여줄 예를 두 가지 제시한다. 어느 날 한 환자가 자기 자신에 대해, 감사할 줄도 모르고 분석가에게 짐이 되고 있고 분석가가 적은 수고비를 받고 치료해주고 있는데도 고마워할 줄 모른다는 식으로 혹평을 늘어놓았다. 그러나 면담을 끝낸 뒤, 그는 그날 지불해야 할 돈을 가져오는 것을 깜빡했다는 사실을 깨달았다. 이것은 모든 것을 공짜로 얻기를 바라는 그의 소망을 뒷받침하는 많은 증거 중 하나일 뿐이다. 그의 노골적인 자기비판은 다른 곳에서와 마찬가지로 여기서도 구체적인 문제를 흐릿하게 가리는 기능을 했다.

성숙하고 지적인 어느 여자는 어린 시절에 짜증을 부린 데 대해 죄의식을 느꼈다. 지적으로는 그녀도 그 짜증이 부모의 불합리한 행동에 따른 것이라는 점을 잘 알고 있는데도 죄의식을 쉽게 버리지 못했다. 이 죄의식은 아주 집요하게 그녀를 따라다녔다. 그래서 그녀는 남자들과 성적 접촉을 하려다가 실패를 해도 그것을 부모에게 품었던 적개심에 대한 처벌로 받아들이는 태도를 보이기까지 했다. 그런 접촉을 하지 못하는 현재의 무능력을 어린 시절 죄의 탓으로 돌림으로써, 그녀는 퇴짜에 대한 두려움 때문에 한껏 움츠리는 행태나 남자들에 대한 적개심 같은 중요한 요소들을 숨겼다.

자기질책은 비난에 대한 두려움으로부터 보호해 줄 뿐만 아니라 질책하는 내용과 반대되는, 안심시키는 말을 촉발함으로써 안전을 끌어낸다. 외부 사람이 전혀 개입되지 않은 때조차도, 자기질책은 신경증 환자의 자존심을 높임으로써 안전을 제공한다. 왜냐하면 자기질책이 신경증 환자가 예리한 도덕적 판단력을 갖고 있다는 점을 암시하기 때문이다. 그렇지 않고서야 어떻게 그 사람이 남들이 무시하는 결점을 놓고 자신을 질책할 수 있겠는가? 그러기에 자기질책을 하는 신경증 환자는 최종적으로 자신이 정말로 멋진 인간이라고 느낀다. 더욱이 자기질책은 신경증 환자 본인에게 위안을 안겨 준다. 왜냐하면 자기질책이 그가 자기 자신에게 불만을 품고 있는 진짜 문제를 건드리는 예가 드물고, 따라서 그가 어쨌든 그다지 나쁜 존재가 아니라는 믿음을 품을 수 있는 비밀의 문을 열어놓기 때문이다.

자기질책의 경향이 가진 추가적 기능에 대해 논하기 전에, 비난을 피하는 다른 수단들을 고려해야 한다. 자기질책에 정면으로 맞서면서도 똑같은 목표를 달성하는 방어 장치는 언제나 옳거나 완벽하고, 그렇게 함으로써 약점을 남기지 않음으로써 사전에 비판을 막는 것이다. 이런 유형의 방어 장치가 지배하는 곳에선, 어떠한 행동도, 심지어 아주 분명하게 잘못된 행동조차도 똑똑한 변호사에게나 어울리는 그런 지적 궤변을 통해 정당화될 것이다. 이 같은 태도가 지나치면, 아주 사소한 것, 예를 들어 날씨 예측도 정확해야 할 것이다. 왜냐하면 그런 사람에겐 어떠한 세부사항이라도 정확히 맞히지 못하면 모든 것이 잘못될 위험을 안는 것처럼 느껴지기 때문이다. 대체로 이런 유형의 사람은 약간의 의견 차이도, 심지어 정서적으로 중요하지 않은 차이조차도 참아내지 못한다. 그의 사고에는 아주 미세한 불일치까지도 비판으로 여겨지기 때문이다. 이런 종류의 경향은 '사이비 적응'이라 불리는 것들을 대부분 설명해준다. 이 사이비 적응은 심각한 신경증에도 불구하고 자신의 눈이나, 간혹 주변 사람들의 눈에 "정상"이고 잘 적응하는 것처럼 보이는 외양을 지키려고 노력하는 사람들에게서 발견된다. 이런 유형의 신경증 환자들의 내면에서 발각되거나 인정받지 못하는 데 대한 두려움이 크게 작용하고 있을 것이라고 예측해도 거의 틀리지 않을 것이다.

신경증 환자가 비난으로부터 자신을 보호하는 세 번째 방법은 무지나 병 혹은 무력함에서 피난처를 찾는 것이다. 나는 독일에서 치료했던 프랑스 소녀에게서 이런 예를 접했다. 소녀는 정신박약이 의심된다는 이유로 나에게 보내진 환자로, 앞에서 이미 언급한 바 있다. 분석을 시작하고 첫 몇 주일 동안, 나 자신도 소녀의 정신적 능력을 의심했다. 소녀는 독일어를 완벽하게 이해할 수 있었음에도 내가 하는 말을 제대로 이해하지 못하는 것 같았다. 나는 같은 내용을 보다 쉬운 언어로 전달하려고 노력했다. 그래도 결과는 조금도 더 나아지지 않았다. 최종적으로 두 가지 요소가 상황을 말끔하게 설명해주었다. 소녀의 꿈에 나의 사무실이 감옥으로 나타났다. 아니면 그녀의 신체를 진단하는 의사의 진료실로 나타났다. 이 두 가지 관념은 발각될

지 모른다는 불안을 보여주었다. 특히 두 번째 꿈이 더 그랬다. 왜냐하면 그
녀는 신체 진단을 아주 무서워하고 있었기 때문이다. 소녀는 어느 때에 여
권을 제시하는 것을 까먹었다. 법으로 정해진 사항이었는데도 말이다. 마침
내 그녀가 관청에 갔을 때, 그녀는 처벌을 모면하기를 바라면서 독일어를
모르는 것처럼 행세했다. 소녀는 이 사건에 대한 이야기를 나에게 웃으면서
들려주었다. 그런 다음에 나는 소녀가 나에게도 똑같은 동기로 똑같은 전술
을 이용하고 있다는 사실을 깨달았다. 그 이후로는 줄곧 소녀는 매우 똑똑
한 아이로 확인되었다. 소녀는 비난 받거나 처벌당하는 위험을 피하기 위해
무지와 어리석음의 뒤로 숨고 있었던 것이었다.

무책임하게 놀기를 좋아하는 아이처럼 행동하고 느끼는 사람도 원칙적
으로 이와 똑같은 전략을 추구하고 있다. 일부 신경증 환자는 이런 태도를
영원히 채택한다. 아니면 아이처럼 유치하게 행동하지 않는다 하더라도, 그
들은 정서적으로 자신을 진지하게 받아들이기를 거부할 것이다. 이런 태도
의 기능은 분석 과정에도 관찰된다. 자신의 공격적 경향을 인정하지 않을
수 없는 상황에 처한 환자들은 보호와 애정만을 바라면서 갑자기 무력함을
느끼거나, 갑자기 아이처럼 행동할 수 있다. 아니면 그런 환자들은 자신이
작고 무력한 존재로, 어머니의 자궁 안에 있거나 어머니의 팔에 안긴 상태
로 나타나는 꿈을 꿀 것이다.

만약에 어떤 상황에서 무력함이 효과를 발휘하지 않는다면, 병이 똑같은
목적을 이룰 것이다. 병이 곤경으로부터의 도피를 낳을 수 있다는 것은 잘
알려져 있다. 그러나 동시에 병은 신경증 환자가 공포 때문에 현실을 타파
하고 나서지 못하고 있다는 사실을 깨닫지 못하게 막는 가리개가 될 수도

있다. 예를 들어, 상관과의 사이에 문제를 겪고 있는 신경증 환자는 심각한 소화불량에서 피난처를 발견할 수 있다. 그런 시점에 신체적 장애에 호소하는 것은 그 장애가 행동을 불가능하게 한다는 사실을, 말하자면 알리바이가 가능해진다는 사실을 이용하는 것이다. 따라서 이 환자는 자신이 소심하다는 사실을 깨달을 기회를 잃게 된다.

비난에 대한 방어 기제로 마지막이면서 아주 중요한 것은 자신이 희생자라는 감정이다. 자신이 학대당하고 있다고 느낌으로써, 신경증 환자는 다른 사람을 이용하는 자신의 경향에 대한 비난을 아예 차단해 버린다. 자신이 비참하게 무시당하고 있다고 느낌으로써, 신경증 환자는 소유를 추구하는 자신의 경향에 대한 비난을 사전에 차단해 버린다. 다른 사람들이 도움이 되지 못하고 있다고 느낌으로써, 신경증 환자는 타인들이 자신의 내면에 있는, 타인을 패배시키려는 경향을 인식하지 못하도록 막아 버린다. 자신이 희생자라고 느끼는 전략은 매우 빈번하게 이용되고 있고 또 질기게 이어지고 있다. 그것이 사실상 가장 효과적인 방어 방법이기 때문이다. 이 방법을 쓰면, 신경증 환자는 비난을 물리칠 뿐만 아니라 동시에 탓을 타인에게로 돌릴 수 있게 된다.

여기서 자기질책의 태도로 다시 돌아가도록 하자. 비난에 대한 두려움으로부터 자신을 보호하고 안전을 끌어내는 외에, 자기질책의 태도가 하는 또 하나의 기능은 신경증 환자가 변화의 필요성을 보지 못하도록 막아주고 또 변화의 대체물 역할까지 한다는 점이다. 어느 정도 굳어진 성격이 변화를 시도하는 것은 모든 사람에게 극도로 힘든 일이다. 그러나 신경증 환자에게 이 과제는 배나 더 어렵다. 그 사람이 변화의 필요성을 좀처럼 깨닫지 못하기 때문이기도 하고, 그 사람의 태도 중 많은 것이 불안 때문에 반드시 필요한 것이기 때문이기도 하다. 따라서 신경증 환자는 자신이 변화해야 한다는 생각에 크게 놀랄 것이며, 변화의 필요성을 극구 인정하지 않으려 들 것이다. 변화의 필요성을 인정하지 않는 수단 하나는 자기질책을 통해서 자신이 "그럭저럭 극복할 수 있다"고 은밀히 믿는 것이다. 일상의 삶을 보면 이 과정이 자주 관찰된다. 만약 어떤 사람이 무엇인가를 하거나 하지 않은 점을 후회하고 그래서 자신이 그렇게 하거나 하지 않도록 한 태도를 개선시키거나 바꾸기를 원한다면, 그 사람은 죄책감에 빠져 있지 않을 것이다. 만약에 그 사람이 죄책감에 빠져 있다면, 그것은 그가 변화라는 어려운 과제를 회피하고 있다는 것을 암시한다. 정말이지, 변화하는 것보다 양심의 가책을 느끼는 것이 훨씬 더 수월하다.

덧붙여 말하자면, 신경증 환자가 변화의 필요성에 눈을 감을 수 있는 또 다른 방법은 기존의 문제를 지적으로 분석하는 것이다. 이런 태도를 가진 환자들은 자기 자신에 대한 지식을 포함한 심리학 지식을 얻는 데서 대단한 지적 만족을 발견하지만 지식을 그냥 지식으로만 남겨 둔다. 그렇다면 지적으로 분석하는 태도는 그들이 정서적으로 무엇인가를 경험하지 않도록 막는, 따라서 자신이 변화해야 한다는 사실을 깨닫지 못하도록 막는 보호 장치가 된다. 그러는 그들은 자기 자신을 들여다보면서 '정말 재미있구나!'라는 말만 하고 마는 셈이다.

자기질책은 또한 다른 사람들을 비난하는 데 따를 위험도 막아준다. 왜냐하면 죄를 자신의 어깨에 짊어지는 것이 더 안전해 보이기 때문이다. 타인을 비판하거나 비난하는 것을 억제하는, 그래서 자기 자신을 비난하는 경향을 강화하는 태도는 신경증에서 대단히 큰 역할을 하기 때문에 이 억제에 대해서는 길게 논해야 한다.

대체로 그런 억제들은 나름의 역사를 갖고 있다. 두려움과 증오를 일으키고 자연스런 자존감을 억제하는 환경에서 성장하고 있는 아이는 주변에 대해 강하게 비난하는 감정을 품고 있다. 그래도 그 아이는 그런 감정을 표현하지 못할 뿐만 아니라 겁을 심하게 먹게 되면 그런 감정을 의식적으로 느끼지도 못하게 될 것이다. 이는 부분적으로 처벌에 대한 두려움 때문이기도 하고 또 부분적으로는 아이가 필요로 하는 애정을 잃지 않을까 하는 두려움 때문이기도 하다. 아이가 이런 식으로 반응하는 데는 현실에 확고한 근거가 있다. 그런 분위기를 가꾸는 부모들이 신경증적일 만큼 민감한 까닭에 비판을 받아들이지 못한다. 때문에 아이들로서는 그런 식으로 반응할 수밖에 없다. 그러나 부모는 오류를 저지르지 않는 사람이라는 태도가 보편화된 것은 문화적 요인 때문이다. 우리 문화에서 부모의 지위는 언제나 복종을 강요하는 권위적인 권력에 바탕을 두고 있다. 많은 가정을 보면, 친밀이 가족 관계를 지배하고 있기에 부모는 권위적 권력을 강조하고 나설 필요조차 없다. 그럼에도 불구하고, 이런 문화적 태도가 존속하는 한, 그것이 관계에도 영향을 미치게 되어 있다. 그 태도가 배경에만 남아 있더라도, 그런 영향은 불가피하다.

관계가 권위에 근거할 때, 당연히 비판은 금지된다. 비판이 권위를 훼손시키기 때문이다. 비판이 공개적으로 금지될 수도 있고, 금지가 처벌에 의해 강요될 수도 있다. 혹은 훨씬 더 효과적으로, 금지가 도덕적 근거를 바탕으로 이뤄질 수도 있다. 그러면 아이들의 비판은 부모의 개인적 민감성에 의해서만 저지되는 것이 아니다. 부모를 비판하는 것은 죄라는 문화적 태도에 젖은 부모가 명시적으로나 암묵적으로 아이들도 그런 태도를 받아들이도록 할 것이기 때문에, 아이들의 비판은 이중적으로 저지된다. 그런 조건에서도 겁을 덜 먹은 아이는 반항을 표현하겠지만 그로 인해 죄책감을 느끼게 된다. 겁을 더 많이 먹은 아이는 감히 분개를 표현하지 못하게 되며, 그러다 보면 점진적으로 부모가 잘못되었다는 생각조차 하지 않게 될 것이다. 그러나 아이는 누군가 잘못된 것은 틀림없다고 느끼게 되며, 따라서 부모는 언제나 옳기 때문에 잘못된 것은 자신일 수밖에 없다는 결론에 이르게 된다. 두말할 필요도 없이, 이것은 언제나 지적인 과정이 아니고 정서적인 과정이다. 이 과정은 생각에 좌우되는 것이 아니라 두려움에 좌우된다.

이런 식으로 아이는 죄의식을 느끼기 시작한다. 더 정확히 말하면, 아이는 양쪽을 차분히 비교하면서 전체 상황을 객관적으로 고려하지 못하고 대신에 자신의 내면에서 잘못을 찾고 발견하려는 경향을 발달시킨다. 아이의 자기비난은 죄책감보다 열등감으로 이어질 수 있다. 아이의 환경 안에서 일상적으로 이뤄지는, 도덕에 대한 암묵적 혹은 명시적 강조에 전적으로 좌우되는 아이의 열등감과 죄책감 사이에는 구분이 그다지 뚜렷하지 않다. 언제나 자기 언니에게 종속된 상태에서 두려움 때문에 부당한 대우에도 복종하면서 언니에 대한 비난을 죽여오고 있는 소녀는 자신이 언니보다 열등하기 때문에(덜 예쁘거나 덜 똑똑하다) 부당한 대우는 당연하다는 식으로 스스로에게 말할 것이다. 아니면 소녀는 자신이 나쁜 소녀이기 때문에 부당한 대우가 정당하다고 믿을 것이다. 그러나 어느 경우든 소녀는 자신이 잘못 대우받고 있다는 사실을 깨닫지 못하고 오히려 자신을 탓하고 있다.

이런 유형의 반응이 지속되어야 할 이유는 전혀 없다. 지나치게 깊이 각인되지만 않는다면, 아이의 환경이 바뀜에 따라 그 같은 반응은 바뀔 수 있다. 아니면 아이를 제대로 평가하고 정서적으로 응원하는 사람이 아이의 삶에 끼어들 때에도, 그 같은 반응이 변화할 수 있다. 그런 변화가 일어나지 않는다면, 외부에 대한 비난을 오히려 자신에 대한 비난으로 돌리는 경향은 시간이 갈수록 약해지는 것이 아니라 더 심해질 것이다. 세상에 대한 분노가 몇 개의 원천으로부터 점진적으로 커감과 동시에, 분개를 표현하는 데 대한 두려움도 또한 점점 더 커진다. 이는 발각되지 않을까 하는 두려움, 그리고 다른 사람들의 내면에도 자신의 것과 똑같은 민감성이 작용하고 있을 것이라는 짐작 때문이다.

그러나 어떤 태도의 역사적 원천을 아는 것만으로는 그 태도를 설명하는 데 충분하지 않다. 실용적으로나 역학적으로 더 중요한 물음은 당시에 어떤 요인들이 그 태도를 전달하고 있는가 하는 것이다. 신경증 환자가 비판하거나 비난하는 일을 대단히 어려워한다는 사실에, 그의 성격을 좌우하는 결정적인 요소가 몇 가지 들어 있다.

먼저, 비판이나 비난을 하지 못하는 무능력은 그가 자연스런 자기주장을 결여하고 있다는 것을 말해준다. 이 결점을 이해하려면, 신경증 환자의 태도와 우리 시대의 건강한 사람이 비난을 제기하고 표현하는 것과 관련해, 보다 일반적으로 말해 공격과 방어와 관련해 느끼고 행동하는 것을 비교하기만 하면 된다. 정상적인 사람은 언쟁에서 자신의 의견을 방어하고, 부당한 비난이나 암시에 대해 반박하고, 무시나 속임수에 대해 내적으로나 외적으로 항의하고, 자신이 원하지 않으면 요청이나 제안을 받아들이지 않을 수 있다. 정상적인 사람은 또 필요하다면 비판을 느끼고 표현할 수 있으며, 원하면 어떤 사람을 무시하거나 멀리할 수도 있다. 게다가 그 사람은 터무니없을 만큼 강한 정서적 긴장을 느끼지 않고도 방어하거나 공격할 수 있으며, 과도한 자기질책과 세상에 대한 맹렬한 비난을 낳을 수 있는 과도한 공격성 사이 중도의 길을 지킬 수 있다. 그렇다면 행복한 중용의 길을 취하는 것은 오직 신경증 환자들이 갖추지 못하고 있는 조건에서만 가능하다는 뜻이 된다. 말하자면 무의식적 적개심으로부터 비교적 자유로워야 하고 또 자존감이 갖춰진 조건에서만 중용의 길을 걸을 수 있다는 뜻이다.

이런 자발적 자기주장이 결여될 때, 불가피하게 약하고 무방비 상태라는 느낌이 든다. 상황이 요구하면 자신이 공격하거나 스스로를 방어할 수 있다는 사실을 아는 사람은 강하고 또 자신도 강하다고 느낀다. 상황이 요구하더라도 아마 그렇게 하지 못할 것이라는 점을 마음에 새기고 있는 사람은 약하고 또 자신도 약하다고 느낀다. 비록 의식적인 자아를 성공적으로 속일 수 있을지라도, 우리는 자신이 어떤 주장을 두려움 때문에 억눌렀는지 아니면 지혜를 발휘하여 억눌렀는지, 그리고 어떤 비난을 자신이 약해서 받아들였는지 아니면 정의감에서 받아들였는지를 전기시계만큼 정확히 내면에 등록한다. 신경증 환자에겐, 이처럼 약점을 등록한 것이 화의 은밀한 원천이 된다. 우울증은 자신의 주장을 제대로 방어하지 못하거나 비판적인 의견을 제대로 표현하지 못하게 된 뒤에 자주 나타난다.

비판과 비난을 방해하는 또 하나의 중요한 요소는 근본적인 불안과 직접적으로 연결되어 있다. 만약에 어떤 사람이 적대적으로 느껴지는 외부 세계에 대해 할 것이 아무것도 없다고 느낀다면, 그런 경우엔 사람들을 성가시게 하는 위험을 감수하는 것 자체가 무분별해 보인다. 신경증 환자에겐, 이 위험이 훨씬 더 커 보인다. 신경증 환자가 느끼는 안전이 타인의 애정에 근거할수록, 그 사람은 그 애정을 잃는 것을 더욱더 두려워하게 되어 있다. 다른 사람을 성가시게 하는 행위가 신경증을 앓는 사람에게 지니는 의미는 그런 행위가 정상적인 사람에게 지니는 의미와 크게 다르다. 신경증 환자가 다른 사람과 맺고 있는 관계는 얕고 약하기 때문에, 그는 다른 사람들이 자신과 맺고 있는 관계도 그보다 더 나을 것이라고 믿지 않는다. 따라서 신경증 환자는 다른 사람들을 성가시게 했다가는 관계의 종말을 부를 위험이 있다고 느낀다. 그래서 그는 자신이 완전히 버림받을 수 있다고, 결정적으로 퇴짜를 맞거나 혐오의 대상이 될 수 있다고 예상한다. 게다가, 신경증 환자는 의식적으로나 무의식적으로 다른 사람들도 자기만큼이나 발각되거나 비판을 받을까 두려워한다고 단정한다. 따라서 신경증 환자는 타인들을 아주 조심스럽게 대하는 경향을 보인다. 그러면서 타인들도 자기를 그런 식으로 조심스럽게 대할 것이라고 짐작한다. 자신이 다른 사람을 비난하거나 다른 사람이 자신을 비난하고 있다고 느끼는 것에 대한 극도의 두려움은 그를 특별한 딜레마에 빠지게 만든다. 왜냐하면 앞에서 본 바와 같이 그의 내면에 분개가 축적되어 있기 때문이다. 신경증적인 행동에 정통한 사람들이 잘 알고 있듯이, 사실 상당수의 비난은 가끔은 위장된 상태로 또 가끔은 공개적이고 공격적인 형식으로 표현된다. 그럼에도 불구하고, 나는 신경증 환자에게 비판이나 비난에 기본적으로 순종하려는 태도가 있다고 주장한다. 그렇기 때문에 여기서 그런 비난이 일어나는 조건에 대해 짧막하게 논하고 지나가는 것도 바람직할 것이다.

깊은 절망을 느낄 때, 구체적으로 말해 신경증 환자가 더 이상 잃을 게 없다고 느낄 때, 말하자면 신경증 환자가 자신의 행동과 상관없이 어쨌든 거부를 당할 것이라고 느낄 때, 비난이 겉으로 표현될 것이다. 예를 들어, 신경증 환자가 친절하고 너그러워지기 위해 특별히 노력하고 있는데도 그에 대한 대가가 즉각 돌아오지 않는다면, 그런 일이 벌어질 수 있다. 그의 비난이 한 번 폭발적으로 방출될 것인지 아니면 한 동안 이어질 것인지는 절망이 지속되는 기간에 달려 있다. 그가 그때까지 타인에게 품었던 반감을 단 한 번의 위기에서 그들에게 다 쏟아낼 수도 있다. 아니면 그의 비난은 장기간 이어질 것이다. 그는 진정으로 하고 싶은 말을 하면서 타인들이 그 말을 진지하게 받아들일 것이라고 기대한다. 그러면서 타인들이 자신의 절망의 깊이를 알아줄 것이고, 그래서 자신을 용서해줄 것이라는 희망을 은밀히 품는다. 만약에 비난이 신경증 환자가 의식적으로 미워하고 또 선한 것을 전혀 기대하지 않는 사람에 관한 것이라면, 절망이 전혀 없더라도 절망과 비슷한 조건이 존재한다. 곧 논하게 될 또 다른 조건에서는, 진정성이라는 요소가 실종되고 있다.

신경증 환자는 무엇인가 들통 나 비난을 받거나 그럴 위험에 처하게 되면 다소 맹렬하게 비난의 목소리를 낼 수 있다. 그런 상황이라면, 다른 사람들을 화나게 만들 위험이 비난을 부를 위험에 비하면 약한 악이 된다. 신경증 환자는 자신이 비상사태에 처해 있다고 느끼면서 역습에 나선다. 위험에 처하면 천성적으로 불안해하며 맹렬히 덤벼드는 동물과 비슷하다. 신경증 환자들은 자신이 뭔가 발각될까 걱정하게 될 때 분석가를 맹렬하게 비난한다. 아니면 환자들이 인정받지 못할 것 같은 무엇인가를 했을 때에도 이런 태도가 나타난다.

절망에서 나오는 비난과 달리, 이런 종류의 공격은 맹목적으로 이뤄진다. 이런 공격은 옳다는 확신 없이 행해진다. 왜냐하면 그 공격이 당장 코앞에 닥친 위험을 물리쳐야 할 필요성에서 나온 것이기 때문이다. 이때는 어떤 수단이 사용되는가 하는 문제는 중요하지 않다. 어쩌다 이 공격이 진실한 비난을 담고 있을 수 있지만, 대부분은 과장되고 공상적인 내용이다. 신경증 환자도 마음 깊은 곳에서는 비난하는 내용을 믿지 않고, 그 말이 진지하게 받아들여질 것이라고 기대하지도 않으며, 혹시 다른 사람이 자신의 말을 심각하게 받아들이기라도 하면, 예를 들어 다른 사람들이 진지하게 대화에 임하면서 마음의 상처를 입었다는 기미를 보이기라도 하면 크게 놀랄 것이다.

신경증의 구조에 고유한, 비난에 대한 두려움을 알고 또 더 나아가서 이 두려움이 다뤄지는 방법에 대해 알게 된다면, 우리는 겉으로 드러나는 그림이 이 점에서 종종 모순된 것처럼 보이는 이유를 이해할 수 있다. 신경증 환자는 정당하게 비난할 것이 많은 상황에서도 종종 비난을 표현하지 못한다. 뭔가가 없어질 때마다, 신경증 환자는 하녀가 훔쳐간다고 확신하면서도 그녀를 비난하지 못한다. 그는 하녀가 저녁식사를 제때 챙겨주지 않아도 이의를 제기하지 못한다. 그가 표현하는 비난은 종종 비현실적인 면을 보이고, 적절하지 못하며, 과장되어 있고, 공상적이다. 한 사람의 환자로서 그는 분석가에게 속을 뒤집어놓을 비난을 날릴 수 있지만, 분석가의 담배 취향에 대해 반대한다는 사실에 대해서는 정직하게 표현하지 못한다.

대체로, 이런 식으로 비난을 공개적으로 표현하는 것만으로는 신경증 환자의 내면에 갇혀 있던 분노를 다 쏟아내지 못한다. 갇힌 분노를 방출하려면, 신경증 환자가 분노를 방출하고 있다는 사실조차 모르는 가운데 그렇게 할 수 있는 간접적인 방법이 필요하다. 분노 중 일부는 무심코 나오고, 또 일부는 비난할 대상이 아닌, 다소 무관한 사람에게로 향한다. 예를 들면, 어떤 여자는 남편에게 원한을 품고 있으면서 엉뚱하게 그 분풀이를 하녀에게 할 수 있다. 아니면 상황 탓으로 돌리거나 운명 탓으로 돌리게 된다. 이런 것들은 신경증에만 특별히 있는 것이 아닌 안전판이다. 비난을 간접적으로 또 무의식적으로 표현하는 방법 중에서 특별히 신경증적인 방법은 고통을 이용하는 것이다. 고통을 받음으로써, 신경증 환자는 자기 자신을 살아 있는 비난으로 제시한다. 남편이 늦게 귀가한다는 이유로 병을 앓는 아내는 소란을 피우는 것보다 훨씬 더 효과적으로 자신의 불만을 표현하고, 무고한 순교자로 비치게 함으로써 이점을 누린다.

고통이 비난을 어느 정도 효과적으로 표현하는지는 비난을 억제하는 태도에 달려 있다. 두려움이 지나치게 강하지 않을 경우엔, "당신이 나를 얼마나 힘들게 하고 있는지 봐라."라는 내용의 공개적인 비난과 함께 고통이 극적으로 드러날 수 있다. 사실 이것은 비난이 표현될 수 있는 제3의 조건이다. 왜냐하면 그 고통이 비난을 정당화시키기 때문이다. 여기서 애정을 얻는 데 이용되는 방법과 밀접한 연결이 보인다. 앞에서 애정을 얻는 방법을 논의할 때, 상대방을 문책하는 성격이 강한 고통은 동정심에 호소하고, 또 그에 대한 보상으로 호의를 강제로 끌어내는 역할을 한다는 사실이 확인되었다. 비난을 자제하는 마음이 클수록, 고통도 덜 드러나게 된다. 비난을 자제하는 마음이 아주 강한 신경증 환자라면, 자신이 고통을 받고 있다는 사실마저도 사람들이 알게 하지 않을 것이다. 종합적으로 말하면, 신경증 환자가 고통을 드러내는 방법도 저마다 다 다르다고 할 수 있다.

온갖 측면에서 자신을 괴롭히는 두려움 때문에, 신경증 환자는 비난과 자기질책 사이를 끊임없이 오가고 있다. 그 결과 나타나는 한 가지 현상이 바로 자신이 남을 비판하는 것이 과연 옳은지에 대해, 혹은 자신이 잘못되었다고 생각하는 것이 옳은지에 대해 언제나 확신을 품지 못한다는 점이다. 그는 경험을 통해서 자신의 비난이 종종 현실적으로 정당하지 않은데도 자신의 비합리적인 반응 때문에 촉발된다는 것을 등록하거나 알게 된다. 신경증 환자가 자신의 비난에 대해 이런 식으로 알고 있기 때문에, 그가 자신이 정말로 잘못되었는지 여부를 파악하는 것이 지극히 어려워진다. 그래서 그는 비난이 필요한 상황에서도 확고한 입장을 취하지 못하게 된다.

외부 관찰자는 신경증 환자에게 나타나는 이 모든 징후를 특별히 예민한 죄책감의 표현으로 해석하거나 받아들이는 경향이 있다. 그렇다고 외부 관찰자가 신경증적이라는 뜻은 아니다. 그런 경향은 단지 신경증 환자의 사고와 감정뿐만 아니라 외부 관찰자의 사고와 감정도 문화의 영향을 받고 있다는 점을 암시할 뿐이다. 죄책감을 보는 우리의 태도를 결정하는 문화적 영향을 이해하려면, 우리는 이 책의 범위를 넘어서 역사적, 문화적, 철학적 질문들을 고려해야 할 것이다. 그러나 그 문제들을 무시하고 넘어간다 하더라도, 여기서 적어도 기독교 개념이 도덕의 문제에 끼친 영향에 대해서 언급할 필요는 있다.

이런 측면에서 죄책감을 논한다면, 간단히 다음과 같이 요약될 것이다.

신경증 환자가 자신을 비난하거나 어떤 죄책감을 표현할 때, 그때 가장 먼저 던져야 할 질문은 "그가 무엇에 대해 진정으로 죄책감을 느끼고 있는가?"가 아니라 "이 자기질책의 태도는 어떤 기능을 할까?"가 되어야 한다. 우리가 발견한 자기질책의 주요 기능은 비난에 대한 두려움의 표현이자 이 두려움에 대한 방어 장치이며, 또 타인에 대한 비난을 막는 방어 장치이기도 하다.

프로이트를 비롯한 분석가의 대다수가 죄책감을 하나의 근본적인 동기로 볼 때, 그들은 자기 시대의 사고를 반영하고 있다. 프로이트는 죄책감을 두려움에서 생겨나는 것으로 생각하고 있다. 왜냐하면 죄책감을 일으키는 것으로 여겨지는 "초자아"의 형성에 두려움이 어느 정도 역할을 한다는 것이 그의 주장이기 때문이다. 그러면서도 프로이트는 양심의 요구와 죄책감은 한번 정착되기만 하면 하나의 중요한 힘이 된다고 믿는다. 추가로 분석해보면, 우리가 양심과 도덕적 기준의 압박에 죄책감으로 반응하는 것을 배운 뒤에조차도, 이런 감정들의 뒤에서 작용하고 있는 동기는 비록 교묘하게 간접적으로 드러날지라도 결과에 대한 직접적 두려움인 것으로 확인된다. 만약에 죄책감 자체가 자극하는 힘이 아니라는 점을 인정한다면, 죄책감, 특히 프로이트가 잠정적으로 무의식적 죄책감이라고 부른, 불명확한 성격을 가진 죄책감이 신경증 발생에 대단히 중요하다는 가설을 바탕으로 한 일부 분석 이론은 수정될 필요가 있다. 나는 여기서 수정할 필요성이 제기되는 이론 중에서 중요한 이론 3가지만 제시할 것이다. 신경증 환자가 무의식적 죄책감 때문에 계속 아픈 상태로 남는 쪽을 선호한다는 '부정적 치료 반응'(negative therapeutic reaction) 이론과, 초자아를 자아에 처벌을 가하는 하나의 내적 구조로 보는 이론, 스스로에게 가하는 고통을 어떤 처벌 욕구의 결과로 설명하는 도덕적 마조히즘 이론 등이 그런 이론이다.

14장

신경증적 고통의 의미
(마조히즘의 문제)

신경증 환자는 자신의 내적 갈등과 싸우면서 엄청난 고통을 겪고, 게다가 기존의 딜레마 때문에 다른 방법으로 성취하기 어려운 목적을 이루는 수단으로 고통을 이용하기도 한다. 개별적인 상황을 보면 고통이 이용되는 이유와 고통으로 성취되는 목적이 어떤 것인지 확인된다. 그럼에도, 사람들이 그런 엄청난 대가를 기꺼이 치르려 드는 이유 앞에서는 여전히 우리는 꽤 당혹스러움을 느낀다. 고통을 이용하려는 태도와 능동적인 삶을 피하려는 태도는 대충 자신을 더 강하게 만드는 것이 아니라 더 약하게 만들고, 더 행복하게 만드는 것이 아니라 더 불행하게 만들려는 경향으로 묘사될 어떤 근본적인 충동에서 나오는 것처럼 보인다.

이 경향은 인간의 본성에 관한 일반적인 개념과 모순되기 때문에 많은 사람들에게 골치 아픈 수수께끼였다. 실제로 심리학과 정신의학의 발달을 가로막고 있는 큰 장애물이다. 그것은 정말로 마조히즘의 근본적인 문제이다. 마조히즘이라는 용어는 원래 고통과 고문, 구타, 강간, 노예화, 굴욕 등을 통해서 성적 만족을 얻는 성적 도착(倒錯)과 공상을 의미했다. 프로이트는 이런 성적 도착과 공상은 고통을 추구하는 일반적인 경향, 즉 명백한 성적 바탕이 없는 경향과 비슷하다고 생각했다. 그래서 후자의 경향들은 "도덕적 마조히즘"으로 분류되었다. 성적 도착과 공상에서 고통이 어떤 긍정적인 만족을 목표로 하고 있기 때문에, 모든 신경증적 고통은 만족에 대한 소망 때문에 일어난다는 결론이 도출되었다. 보다 쉽게 표현하면, 신경증 환자는 고통 받기를 원한다는 결론이 나온 것이다. 성도착과 소위 말하는 도덕적 마조히즘의 차이는 자각의 차이일 것으로 여겨진다. 성도착의 경우에 만족을 위한 노력과 만족은 둘 다 의식적인 반면, 도덕적 마조히즘의 경우엔 둘다 무의식적이다.

고통을 통해 만족을 얻는 것은 성도착에서도 큰 문제이지만 고통을 추구하려는 일반적인 경향에서는 그보다 더 큰 수수께끼이다.

마조히즘 현상을 설명하려는 시도가 자주 있었다. 그 중에서 가장 두드러진 것이 바로 프로이트가 제시한 죽음 본능 가설이다. 이 가설은 간단히 사람의 내면에는 두 개의 중요한 생물학적 힘, 즉 생명 본능과 죽음 본능이 작용하고 있다고 주장한다. 자기파괴를 목표로 잡고 있는 죽음 본능이 성적 충동과 결합하는 경우에 마조히즘 현상을 낳는다는 내용이다.

여기서 내가 제기하고 싶은 일반적인 질문은 고통을 당하려는 경향이 생물학적 가설에 기대지 않고 심리학적으로 이해될 수 있는가 하는 점이다.

먼저 우리는 실제의 고통과 고통을 받으려는 경향을 혼동하는 데 따른 어떤 오해부터 다뤄야 한다. 고통이 존재한다는 것을 근거로 고통을 당하려 하거나 심지어 즐기려 하는 경향이 있다는 식으로 결론을 내리는 것은 정당하지 못하다. 예를 들어, 우리 시대에 여자들이 출산에 통증을 느낀다는 사실을 놓고 여자들이 그 통증을 자기학대적으로 은근히 즐기고 있다는 증거로 해석해서는 안 된다. 일부 예외적인 경우에 그런 여자가 있다 할지라도, 그걸 일반적인 현상으로 받아들여선 곤란하다. 신경증에 일어나는 엄청난 고통은 고통에 대한 소망과 아무런 관계가 없고 기존의 갈등에 따른 피할 수 없는 결과일 뿐이다. 그 고통은 다리가 부러지면 나타나는 고통과 다를 바가 하나도 없다. 두 경우 모두 고통은 그 사람이 원하든 원하지 않든 상관없이 나타나며, 그 사람은 그 고통으로 아무것도 얻지 못한다. 기존의 갈등으로 인해 생기는 불안은 눈에 두드러져 보이지만 신경증에 나타나는 이런 유형의 고통의 한 예에 지나지 않는다. 다른 종류의 신경증적 고통도 또한 이런 식으로 이해되어야 한다. 그런 고통의 예를 들면, 잠재력과 실제 성취 사이의 불일치를 깨닫는 데 수반되는 고통이나 딜레마에 갇혀 있다는 절망적인 느낌, 약간의 공격에도 반응하는 극도의 민감성, 신경증을 앓고 있다는 데 대한 자기비하 등이 있다. 신경증적 고통 중 이 부분은 타인의 눈에 잘 띄지 않기 때문에 종종 간과된다. 그런 고통을 놓고 사람들은 신경증 환자가 고통 받기를 원한다는 가설을 제시하고 있으니, 이 또한 신경증 환자의 고통을 무시하는 처사이긴 마찬가지이다. 이런 가설을 받아들일 때, 보통 사람과 심지어 정신과의사들도 무의식적으로 신경증 환자가 자신의 신경증에 대해 품는 경멸적 태도를 어느 정도 공유하고 있는 것이 아닌가 하는 의문이 가끔 든다.

고통을 당하려는 경향에 따른 것이 아닌 신경증적 고통을 배제하고, 정말로 고통을 당하려는 경향 때문에 생기고 그래서 마조히즘적 충동의 범주로 분류할 수 있는 고통을 세세하게 보도록 하자. 이 범주에 속하는 고통을 당하고 있는 신경증 환자는 다른 사람들에게 필요 이상으로 고통을 겪고 있다는 인상을 준다. 구체적으로 말하면, 신경증 환자는 내면의 무엇인가가 고통당할 기회가 있으면 무엇에든 매달린다는 인상을, 자신에게 호의적인 환경까지도 어떻게 하든 고통스런 일로 바꿔놓으려 한다는 인상을, 다시 말해 고통을 버리려는 생각을 별로 하지 않는다는 인상을 준다. 그러나 이런 인상을 주는 행동은 대개 신경증적 고통이 신경증 환자 본인에게 하는 기능에 의해 쉽게 설명된다.

신경증적 고통의 기능에 대해 나는 앞의 여러 장에서 논한 내용을 요약할 것이다. 신경증 환자의 입장에서 보면 고통은 직접적인 방어 기제의 가치를 지닐 수 있으며, 실제로 보면 신경증 환자가 급박한 위험으로부터 자신을 보호할 수 있는 유일한 길이 고통을 당하는 길밖에 없을 때가 종종 있다. 자기질책을 통해, 신경증 환자는 자신이 비난 받거나 자신이 타인을 비난하는 것을 피한다. 병에 걸리거나 무지한 것처럼 보임으로써, 신경증 환자는 비난을 피한다. 자신을 폄하함으로써, 신경증 환자는 경쟁을 피한다. 그러나 이때 신경증 환자가 자신에게 가하는 고통은 동시에 방어 기제이기도 하다.

고통은 또한 신경증 환자가 원하는 것을 얻고, 자신의 요구를 효과적으로 관철시키고, 정당한 바탕에서 요구사항을 제시하는 수단도 된다. 삶에 대한 소망과 관련하여 신경증 환자는 딜레마에 빠져 있다. 신경증 환자의 소망은 너무도 당연하고 무조건적이었으며 지금도 그렇긴 마찬가지이다. 그 이유는 그 소망들이 불안에 의해 촉발되기 때문이기도 하고, 또 타인에 대한 진정한 고려로 인해 저지되는 과정이 배제되기 때문이기도 하다. 그러나 한편으로 보면 신경증 환자는 자연스럽게 자신을 내세우는 측면이 부족하기 때문에, 더 구체적으로 표현하면 무력감 때문에 자신을 주장하는 능력이 크게 떨어진다. 이 같은 딜레마 때문에 신경증 환자는 타인들이 자신의 소망을 들어주기를 바라게 된다. 신경증 환자의 행동을 보면, 그 밑바탕에 다른 사람들이 자신의 삶을 책임져줄 것이고 또 일이 잘못되면 그건 다른 사람들의 탓이라는 믿음이 자리 잡고 있는 것처럼 보인다. 이는 모든 사람이 자신에게 아무것도 허용하지 않는다는 믿음과 충돌을 빚는다. 그 결과 신경증 환자는 다른 사람들이 자신의 소망을 성취해주도록 강요해야 한다. 바로 이 대목에서 고통이 신경증 환자를 돕는다. 고통과 무력감은 신경증 환자가 애정과 도움, 통제를 얻는 확실한 수단이 되고 동시에 타인이 그에게 요구하는 것을 피할 수 있게 해준다.

고통은 최종적으로 타인에 대한 비난을 표현하는 기능을 한다. 앞 장에서 상세하게 논의한 것이 바로 이 기능이었다.

신경증적 고통의 기능을 알기만 하면, 그 문제가 지닌 이상한 성격의 일부가 벗겨진다. 그래도 그 문제는 아직 명쾌하게 풀리지 않는다. 고통의 전략적 가치에도 불구하고, 신경증 환자가 고통을 받기를 원한다는 견해를 뒷받침하는 것 같은 요소가 하나 있다. 신경증 환자가 전략적 목적에 필요한 그 이상으로 고통을 받고, 자신의 불행을 과장하려 들고, 무력감과 불행, 무가치한 존재라는 감정에 빠져 허우적거린다는 점이다. 신경증 환자의 감정이 곧잘 과장되고 또 그 감정이 실제대로 받아들여지지 않는다는 점을 감안한다 하더라도, 신경증 환자가 자신의 상충하는 경향들에 대해 크게 실망하면서 불행의 구렁텅이로 터무니없을 만큼 깊이 빠져든다는 사실 앞에서 우리는 강렬한 인상을 받게 된다. 신경증 환자는 정상적인 사람의 눈에 어느 정도 성공한 것으로 비치는 결과를 놓고도 실패라고 극구 과장한다. 신경증 환자는 단지 자신의 뜻을 분명히 밝히지 못했을 뿐인데도 자존심이 바람 빠진 풍선처럼 완전히 꺼지는 것을 느낀다. 분석 과정에 새로운 문제를 해결해야 한다는 불쾌한 예상 앞에서도 신경증 환자는 곧잘 무력감에 빠진다. 신경증 환자가 이런 식으로 전략적으로 필요한 그 이상으로 스스로 고통을 증대시키는 이유를 파악해야 한다.

그런 고통에는 얻어질 혜택이 전혀 없는 것처럼 보인다. 또 그런 고통에 강한 인상을 받을 사람도 없는 것처럼 보인다. 그런 고통은 동정심을 일으키지도 않는 것처럼 보인다. 또 신경증 환자가 자신의 의지를 은밀히 다른 사람에게 강요하는 그런 승리도 전혀 없는 것처럼 보인다. 그럼에도 불구하고, 거기엔 신경증 환자에게 조금 색다른 종류의 이득이 있다. 사랑에 실패하고, 경쟁에서 패배하고, 자신의 분명한 약점이나 단점을 깨닫는다는 것은 자신은 독특한 존재라는 과장된 생각을 품고 있는 사람에겐 견딜 수 없는 일이 된다. 따라서 그가 자기평가에서 자신이 아무런 가치가 없는 존재라고 평가할 때, 성공과 실패, 우월과 열등의 카테고리는 더 이상 존재하지 않게 된다. 그의 고통을 과장하고 또 스스로 불행하고 무가치한 존재라는 감정에 빠짐으로써, 신경증 환자는 자신을 괴롭히던 경험이 현실성을 잃는 것을 느끼고 또 특별한 고통의 통증도 누그러지고 마비되는 것을 느낀다. 이런 과정으로 작동하는 원리는 양(量)이 어느 지점에 이르면 질(質)로 바뀐다는 철학적 진리를 담고 있는 변증법적 원리이다. 구체적으로 말하면, 고통이 아픈 것이긴 해도, 자기 자신을 과도한 고통에 내맡기는 것도 고통을 잊게 하는 아편의 역할을 한다는 뜻이다.

　이 과정을 멋지게 묘사한 예는 덴마크 소설가 콜(Aage von Kohl)의 소설 『밤을 관통하는 길』(Der Weg duroh die Nacht)이다. 이 작품은 사랑하는 아내를 2년 전에 욕정 살인으로 잃은 작가를 다루고 있다. 그는 아내에게 일어난 일을 약하게 경험함으로써 견딜 수 없는 고통을 물리치고 있었다. 그는 슬픔을 느끼지 않으려 일에 몰입하면서 밤낮으로 작업해 책을 한 권 썼다. 이야기는 그 책이 끝나는 날로부터 시작한다. 말하자면 그가 자신의 고통을 직시해야 하는 심리적인 순간에서부터 이야기가 시작되는 것이다. 우리는 묘지에서 처음 그를 만난다. 그의 발걸음이 저절로 그를 그곳으로 이끈다. 그는 거기서 땅에 묻힌 시신을 파먹는 벌레를 생각하는 따위의 더 이상 무서울 수 없는 그런 공상에 잠긴다. 그는 심신이 피폐해진 상태에서 집으로 돌아간다. 거기서 고문이 시작된다. 그는 아내에게 일어난 일을 세세하게 회상한다. 만약 그날 밤 그가 친구를 방문하는 아내를 동행했더라면, 만약 그녀가 그에게 전화를 걸어 먼저 자리에서 뜰 수 있도록 해달라고 부탁을 했더라면, 만약 그녀가 친구들과 함께 머물렀더라면, 만약 그가 산책을 하다가 역에서 우연히 그녀를 만날 수 있었더라면, 아마 살인은 일어나지 않았을 것이다. 살인 사건이 어떤 식으로 일어났을 것인지를 세세하게 상상하지 않을 수 없게 된 상황에서, 그는 고통의 황홀경에 빠졌으며 그러다 끝내는 의식을 잃기에 이르렀다. 지금까지의 이야기는 우리가 논하고 있는 문제와 특별히 관련이 있다. 이어서 줄거리는 이런 식으로 진행된다. 그는 고통에 몰입하던 상태를 지난 뒤 보복의 문제를 겪어야 하고, 최종적으로 자신의 고통을 현실적으로 직시하는 능력을 갖게 된다. 이 이야기에서 제시되는 과정은 상실의 고통을 누그러뜨리는 데 도움을 주는 애도 풍습에, 말하자면 상실의 고통을 극대화하면서 자신을 고통에 내맡겨버리는 풍습에도 그대로 나타난다.

과장된 고통이 일으키는 이런 마취 효과를 알면, 마조히즘적 욕망에 담긴 동기를 찾아내기가 훨씬 더 쉬워진다. 그러나 아직 풀어야 할 물음이 하나 더 있다. 그런 고통이 만족을 낳는 이유를 물어야 하는 것이다. 왜냐하면 마조히즘적 도착(倒錯)과 공상에서 명백히 드러나듯이, 고통을 받아들이는 신경증적 경향을 보면 고통에서 만족을 얻는 것처럼 보이기 때문이다.

이 질문에 대답하려면 먼저 모든 마조히즘적인 경향들이 공통적으로 갖고 있는 요소들을, 더 구체적으로 말해 그런 경향의 밑바닥에 깔려 있는, 삶을 대하는 근본적인 태도를 알아낼 필요가 있다. 이런 관점에서 마조히즘적인 경향들을 검사하면, 그 경향들에 공통적으로 나타나는 것이 본래부터 허약하다는 감정이다. 이 감정은 자신과 타인, 운명을 대하는 태도에 나타난다. 요약하면 그 감정은 자신이 무의미한 존재라는 느낌 혹은 무(無)라는 느낌으로 묘사될 수 있다. 한 줄기 바람에도 곧잘 흔들리는 갈대 같은 존재라는 느낌, 타인에게 휘둘리는 존재라는 느낌, 타인의 몸짓에 좌우되고 또 과도하게 동조하는 존재라는 느낌, 타인의 애정과 판단에 의존하는 존재라는 느낌, 자신의 삶에 대한 주장을 하지 않으면서 타인들이 자신의 삶에 대한 책임을 지고 결정을 내리게 하는 존재라는 느낌, 선과 악이 밖에서 오기 때문에 자신은 운명을 어떻게 하지 못하는 존재라는 느낌, 다른 사람들이 아이디어나 수단이나 목표를 제시하지 않는 이상 자신은 아무것도 하지 못하는, 심지어 숨조차 제대로 쉬지 못하는 존재라는 느낌, 주인의 손 안에서 주물러지고 있는 존재라는 느낌이 바로 그런 느낌이다. 이처럼 신경증 환자가 원래부터 약하다고 느끼는 감정을 우리는 어떻게 이해해야 하나? 그런 감정은 최종적으로 그 사람의 활력이 부족하다는 뜻인가? 일부 환자들을 보면 활력이 부족해서 그럴 수도 있는 것 같지만 신경증 환자들 사이에 활력의 차이는 정상적인 다른 사람들 사이의 차이보다 절대로 더 크지 않다. 아니면 그런 감정은 단지 근본적인 불안의 결과인가? 분명 불안도 그것과 어느 정도 관계가 있다. 그러나 불안만 작용할 경우에는 그와 정반대의 효과를 낳을 수도 있다. 말하자면 사람이 안전해지기 위해 더 많은 힘과 권력을 추구하고 획득하려고 노력하는 것이다.

그렇다면 이 물음에 대한 대답은 이렇다. 본질적으로 나약하다는 이 느낌은 대부분 전혀 사실이 아니다. 나약하게 느껴지고 나약하게 보이는 것은 단지 나약한 성향의 결과일 뿐이다. 이 같은 사실은 우리가 이미 논한 특징을 통해서도 확인된다. 신경증 환자는 스스로 자신의 나약을 무의식적으로 과장할 뿐만 아니라 자신이 나약하다고 끈질기게 주장한다. 그러나 신경증 환자한테서 나약해지려는 성향이 발견될 수 있는 것은 논리적 추론만이 아니다. 이 성향이 실제로 작동하는 것도 자주 확인된다. 환자들은 온갖 상상력을 다 발휘하면서 신체에 질병이 있다고 믿을 징후가 보이면 무엇이든 믿으려 들 것이다. 어느 환자는 어려운 문제가 생길 때마다 자신이 결핵에 걸려 요양소에 드러누워 보살핌을 받기를 상당히 의식적으로 원했다. 만약에 그런 사람에게 어떤 요구사항을 제시하면, 그가 제일 먼저 느끼는 충동은 그것을 받아들이는 것일 것이다. 그러나 그는 곧 반대편 극단으로 내달리면서 어떠한 대가를 치르더라도 그 요구를 받아들이길 거부할 것이다. 분석 과정에서 환자의 자기비하는 종종 예상되는 비판을 자신의 의견으로 받아들이고 따라서 어떤 판단에도 미리 굴복할 준비를 갖춘 결과 나타난다. 권위자의 의견을 맹목적으로 받아들이고, 아무에게나 기대고, 어려움을 도전으로 받아들이지 않고 "나는 못해!"라는 무력한 태도로 회피하려 드는 경향은 약하기를 원하는 경향을 뒷받침하는 또 하나의 증거이다.

대체로, 이처럼 약해지려는 경향에 따른 고통은 의식적인 만족을 전혀 낳지 않는다. 반대로, 그 고통은 이바지하는 목적이 무엇이든 불문하고 신경증 환자가 자각하는 불행의 일부를 이룬다. 그럼에도 불구하고, 약해지려는 경향은 어떤 만족을 목표로 잡고 있다. 그런 경향이 만족을 끌어내지 못할 때조차도, 그 목표는 어디까지나 만족을 이루는 것이다. 이따금 이 목표도 관찰되며, 목표로 잡은 만족이 성취되는 것이 분명하게 보일 때도 간혹 있다. 시골에 사는 친구들을 방문하러 간 여자 환자는 아무도 역으로 마중을 나오지 않았다는 사실에, 또 그녀가 친구들의 집에 도착했을 때에도 아무도 집에서 기다리지 않았다는 사실에 실망감을 느꼈다. 이 경험이 너무나 고통스러웠다고 그 여자 환자는 말했다. 이어서 그녀는 자신이 완전히 버림받은 느낌에 빠져드는 것을 느꼈다. 그러나 그녀는 시간이 조금 지난 뒤 자신의 실망이 친구들이 자신을 기다리지 않았다는 사실에 비해 터무니없다는 것을 깨달았다. 이런 식으로 비참한 감정에 흠뻑 빠진 것 자체가 그녀의 고통을 달래주었을 뿐만 아니라 상당히 유쾌하게 느껴지기도 했다.

강간당하거나, 구타당하거나, 굴욕감을 느끼거나, 노예처럼 복종하는 것을 상상하거나 아니면 실제로 겪는 마조히즘적인 성격의 성적 공상과 도착 (倒錯)을 통해서 만족을 성취하는 경우는 훨씬 더 잦고 또 더 분명하다. 실제로 보면 이런 공상과 도착은 약해지고 싶어 하는 성향의 또 다른 표현에 지나지 않는다.

불행에 잠김으로써 만족을 얻는 것은 자신을 보다 큰 무엇인가에 빠뜨림으로써, 개성을 해체시킴으로써, 회의(懷疑)와 갈등과 고통과 제한과 소외의 특성을 지닌 자아를 배제시킴으로써 만족을 얻는 일반적인 원리의 한 표현이다. 이것이 니체가 '개체화 원리'(principium individuationis)로부터의 해방이라고 부른 바로 그것이다. 그것은 니체가 "디오니소스적" 경향이라고 부른 것이며, 니체는 그것을 아폴론적 경향과 반대되는 것으로서 인간 존재의 가장 근본적인 노력의 하나로 여긴다. 여기서 말하는 아폴론적 경향은 삶을 능동적으로 개척하고 정복하려는 노력을 보인다. 루스 베네딕트는 디오니소스적 경향을 황홀경의 경험을 끌어내려는 시도로 보면서 이 경향이 세계 각지의 다양한 문화에 널리 펴져 있으며 그 표현 방식도 다양하다는 점을 강조했다.

"디오니소스적 경향"이라는 표현은 물론 그리스의 디오니소스 숭배에서 따온 것이다. 트라키아인의 초기 숭배뿐만 아니라 디오니소스 숭배도 모든 감정을 환상의 상태로까지 극도로 자극하는 것을 목표로 삼았다. 황홀경의 상태를 끌어내는 수단은 음악과 플루트의 단조로운 리듬, 광란의 춤, 독한 술, 성적 탐닉 등이었다. 이 수단들이 함께 어우러져 작용해 흥분을 최고조로 끌어올리면서 황홀경을 이끌어냈다. (황홀경(ecstasy)의 글자 그대로의 의미는 자신의 밖에 있다는 뜻이다.) 세계 어느 곳에나 이와 똑같은 원리를 따르는 풍습과 숭배가 있다. 집단을 기준으로 한다면 페스티벌과 종교적 황홀경을 통한 탐닉이 있고, 개인을 기준으로 한다면 마약을 통한 망각이 있다. 고통은 또한 디오니소스적 조건을 낳는 데도 어떤 역할을 한다. 일부 미국 인디언 부족을 보면, 단식이나 살점을 도려내는 행위, 고통스런 자세로 묶이는 행위를 통해서 환상을 끌어낸다. 미국 인디언들의 가장 중요한 축제인 '선 댄스'에서, 육체적 고문은 황홀한 경험을 자극하는 매우 흔한 수단이었다. 중세의 채찍질 고행파들은 황홀경을 끌어내는 데 채찍을 이용했다. 미국 뉴멕시코 주의 페니턴트(Penitentes) 교단은 가시와 매질, 무거운 짐 등을 이용했다.

디오니소스적 경향을 문화적으로 표현한 이런 예들은 우리 문화에서 흔한 경험은 절대로 아니지만 우리에게 낯선 것도 아니다. 우리 모두는 "자기 자신을 잃음으로써" 얻는 만족에 대해 어느 정도는 알고 있다. 우리는 육체적 혹은 정신적 긴장 뒤에 잠에 빠지거나 혼수상태에 들어갈 때에 그런 만족을 느낀다. 알코올로도 똑같은 효과를 누릴 수 있다. 알코올 섭취의 경우에는 금지를 무시하는 것이 그런 만족을 얻는 요소 중 하나이며, 슬픔과 불안을 누그러뜨리는 것이 또 다른 요소이다. 그러나 알코올의 섭취에도 종국적 만족은 망각과 탐닉의 만족이다. 사랑이든, 자연이든, 음악이든, 어떤 대의를 추구하는 열정이든, 성적 탐닉이든, 보다 큰 감정에 자기 자신을 몰입시킴으로써 느끼는 만족을 모르는 사람은 거의 없다. 그렇다면 이런 노력이 보편적으로 나타나는 현상을 어떻게 설명할 수 있을까?

삶은 온갖 행복을 제시하는 한편으로 피할 수 없는 비극도 많이 풀어놓는다. 특별한 고통이 전혀 없다 하더라도, 늙음과 병과 죽음은 엄연한 사실이다. 보다 일반적인 표현을 쓴다면, 개인은 제한적이고 소외되어 있다는 사실은 언제나 인간 삶의 진실이다. 인간이 이해하고 성취하거나 즐길 수 있는 것은 언제나 제한되어 있다. 또 인간은 동료 존재들이나 주변의 자연과 분리되어 있기 때문에 소외되어 있다. 실제로 보면 망각과 탐닉을 추구하는 문화적 경향의 대부분이 극복하려는 것이 바로 이 개인적 제한과 소외이다. 이런 노력을 가장 아름답게 표현한 내용은 '우파니샤드'에서, 유유히 흐르다 바다로 사라지면서 이름과 형태를 버리는 강들을 그린 그림에서 발견된다. 무엇인가 보다 큰 것 안에서 자기 자신을 해체시킴으로써, 말하자면 보다 큰 실체의 일부가 됨으로써, 개인은 자신의 한계를 어느 정도 극복한다. '우파니샤드'엔 이렇게 표현되고 있다. "무(無)로 사라짐으로써, 우리는 우주의 창조적 원리의 일부가 된다." 이는 종교가 인간에게 내놓아야 할 위안이며 희열인 것 같다. 인간은 자기 자신을 잃음으로써 신이나 자연과 하나가 될 수 있기 때문이다. 대의에 대한 헌신을 통해서도 똑같은 만족을 성취할 수 있다. 자신을 어떤 명분에 바침으로써, 우리가 보다 큰 전체와 하나됨을 느끼기 때문이다.

우리 문화에서는 자신을 이와 정반대로 대하는 경향이 더 강하다. 개성의 독특함과 특이성을 강조하고 높이 평가하는 것이 대체적인 분위기인 것이다. 우리 문화 안의 사람은 자기 자신을 바깥의 세상과 구별되거나 상반되는 별도의 개체라는 점을 강하게 느낀다. 개인은 이 개성을 강조할 뿐만 아니라 개성에서 큰 만족을 끌어낸다. 개인은 자신의 특별한 잠재력을 개발하고, 자기 자신과 세상을 적극적으로 정복하고, 건설적이고 창조적인 일을 하는 데서 행복을 발견한다. 개인의 발달이라는 이 이상(理想)에 대해 괴테

(Johann Wolfgang Goethe)는 이렇게 말했다. "인류 최대의 행운은 인격이다."

그러나 앞에서 논의한 반대의 경향들, 말하자면 개성의 껍질을 깨고 개인의 한계와 소외에서 탈피하려는 경향도 똑같이 뿌리 깊은 인간의 태도이며 잠재적 만족을 많이 품고 있다. 이 경향 중 어느 것도 그 자체로 병적이지 않다. 개성의 보존이나 개성의 희생이나 똑같이 인간 문제들을 해결하는 데 있어서 합당한 목표가 될 수 있다.

자신을 제거하려는 경향이 직접적으로 나타나지 않는 신경증은 무척 드물다. 자신을 제거하려는 경향은 집을 떠나 부랑자가 되거나 자신의 정체성을 잃는 공상으로 나타날 수도 있다. 아니면 자신이 읽고 있는 책 속의 주인공과의 동일시, 칠흑 같은 바다에 버려졌거나 그런 바다와 하나된 것 같은 느낌 등으로도 나타날 수 있다. 최면에 걸리고 싶어 하는 소망, 신비주의를 좋아하는 경향, 비현실적인 느낌, 과도한 수면 욕구, 병과 광기와 죽음의 유혹 등에도 그런 경향이 담겨 있다. 그리고 앞에서 언급한 바와 같이, 마조히즘적인 공상의 공통적인 요소는 주인의 손에 좌지우지되고 있다는 느낌, 즉 모든 의지와 권력을 박탈당한 채 다른 사람의 지배에 완전히 종속되어 있다는 느낌이다. 물론 이 느낌의 표현도 사람에 따라 달라지며 나름의 의미를 지닌다. 예를 들어, 노예가 되었다는 느낌은 희생자로 느끼고 싶어 하는 일반적인 경향의 일부일 수 있고 또 그것 자체로 다른 사람을 노예로 만들려는 충동에 대한 방어일 수 있으며 동시에 다른 사람들이 지배당하려 하지 않는 데 대한 비난일 수도 있다. 그러나 노예가 되었다는 느낌은 방어와 적개심의 표현이라는 가치를 지니는 한편으로 자아 망각이라는 긍정적 가치를 은밀히 지닌다.

신경증 환자가 자신을 어떤 사람에게 맡기든 아니면 운명에 맡기든, 그리고 신경증 환자가 스스로 당하려 하는 고통이 어떤 종류의 것이든, 그가 추구하는 만족은 그의 개인적 자아의 약화나 제거처럼 보인다. 그러면 신경증 환자는 더 이상 적극적으로 행동하지 않게 되고 의지를 갖지 않은 하나의 대상이 된다.

이런 식으로 마조히즘적 노력들이 개인적인 자아를 포기하려는 노력의 일반적인 현상으로 융합될 때, 약함과 고통을 통해 추구하고 획득되는 만족은 낯선 측면을 벗어 던지게 된다. 이제 그 만족은 낯익은 어떤 평가 기준을 갖게 된다. 그렇다면 신경증 환자의 내면에서 마조히즘적인 노력이 집요하게 일어나는 것은 그 노력이 불안으로부터 보호하는 역할을 함과 동시에 잠재적 혹은 진짜 만족을 제공한다는 사실로 설명된다. 앞에서 본 바와 같이, 만족을 추구하는 노력이 약함과 수동성을 추구하려는 일반적 경향에서 중요한 요소임에도 불구하고, 이 만족은 성적 공상이나 성적 도착을 제외하고는 거의 현실성이 없다. 따라서 바로 여기서, 신경증 환자가 그렇게 열심히 추구하는 자아 망각과 탐닉, 만족을 성취하는 경우가 무척 드문 이유가 무엇인가 하는 질문이 제기된다.

만족을 막는 한 가지 중요한 상황은 신경증 환자들이 개성의 독특함을 극단적으로 강조하는 경향이 마조히즘적 충동을 상쇄시킨다는 점이다. 대부분의 마조히즘적 현상은 신경증 징후처럼 모순되는 노력들의 타협적 해결책이라는 성격을 갖고 있다. 신경증 환자는 자신이 다른 사람의 먹잇감이 되고 있다는 느낌을 받음과 동시에 세상이 자신에게 맞춰야 한다고 주장한다. 신경증 환자는 노예가 되었다는 느낌을 받음과 동시에 자신이 타인을 지배하는 데 대해 이의가 제기되어서는 안 된다고 고집을 부린다. 신경증 환자는 자신이 무력하기를 원하고 타인의 보살핌을 받기를 원함과 동시에 스스로 독립적으로 행동할 수 있을 뿐만 아니라 전능하다고 느낀다. 신경증 환자는 자신이 아무것도 아니라고 느끼면서도 자신을 천재로 대접해주지 않으면 짜증을 낸다. 두 가지 형태의 극단적인 노력이 너무나 강하기 때문에, 그런 태도를 조화시킬 수 있는 해결책은 절대로 있을 수 없다.

 망각을 추구하려는 충동은 정상적인 사람의 내면에서보다 신경증 환자의 내면에서 훨씬 더 강하게 일어난다. 왜냐하면 신경증 환자는 인간에게 보편적인 두려움과 한계와 소외에서 벗어나길 원할 뿐만 아니라 자신이 해결 불가능한 갈등과 그에 따른 고통을 겪고 있다는 느낌에서도 벗어나길 원하기 때문이다. 그리고 권력과 자기확대를 추구하려는 신경증 환자의 모순적인 충동은 똑같이 긴급하고 정상 이상으로 강하다. 물론 신경증 환자는 불가능한 것을, 말하자면 전능한 존재가 됨과 동시에 무(無)의 존재가 되는 것을 성취하려고 시도한다. 예를 들어 신경증 환자는 무력하게 의존 상태에 살면서도 자신의 나약함을 통해서 다른 사람들을 지배하려 든다. 그런 이중적인 태도를 그는 양보의 능력으로 오해할 수 있다. 실제로 보면, 심리학자들마저도 가끔 두 가지를 혼동하면서 양보는 원래 마조히즘적인 태도라고 단정한다. 실제로 마조히즘적인 사람을 보면 정반대로 어떤 일이나 사람에게 자신을 전적으로 내맡기지 못한다. 예를 들어, 마조히즘적인 사람은 어떤 대의를 위해 자신의 에너지를 투입하지 못하거나 다른 사람을 사랑하는 데 자신을 온전히 바치지 못한다. 마조히즘적인 사람은 자신을 고통에 내맡길 수 있지만 이 포기에서도 철저히 수동적이다. 또 그가 고통을 겪는 명분이 되는 감정이나 관심사 혹은 사람을 그는 오직 자기 자신을 버리는 수단으로만 이용한다. 마조히즘적인 사람과 타인 사이에는 능동적인 교류가 전혀 없다. 오직 마조히즘적인 사람이 자신의 목적에 자기중심적으로 몰입하는 행태만 있을 뿐이다. 어떤 사람이나 어떤 대의에 대한 순수한 몰입은 내면적 힘의 표현이지만, 마조히즘적인 몰입은 종국적으로 약함의 표현일 뿐이다.

신경증 환자가 추구하는 목적을 성취하기 어려운 또 다른 이유는 신경증의 구조에 고유한 파괴적인 요소들에 있다. "디오니소스적인" 충동에는 이런 요소가 없다. 디오니소스적인 충동에는 신경증적 파괴성과 비교할 만한 요소가 하나도 없다. 예를 들어, 그리스인들의 디오니소스 숭배와 신경증 환자의 비상식적인 공상을 비교해보자. 디오니소스 숭배의 경우에 욕망은 삶의 즐거움을 높이는 데 이바지하는 일시적 황홀경을 추구하지만, 신경증적 공상의 경우에는 망각과 몰입을 추구하려는 똑같은 충동도 일시적 몰입을 낳지도 못하고 삶을 풍요롭게 가꾸는 수단도 되지 못한다. 그 충동의 목표는 전체 성격 중에서 고통당하고 있는 자아를 제거하는 것이다. 따라서 성격 중에서 건드려지지 않은 부분은 그 충동을 두려워하게 된다. 사실, 그 과정에서 의식에 영향을 미치는 유일한 요소는 재앙의 가능성에 대한 두려움이다. 신경증 환자가 이 두려움에 대해 알고 있는 것은 자신이 미쳐버리지 않을까 하는 두려움을 갖고 있다는 것뿐이다. 오직 그 과정을 구성요소로, 즉 자기를 포기하고 싶은 충동과 반동적인 두려움으로 분리할 때에만, 그가 어떤 만족을 추구하고 있지만 그의 두려움 때문에 그것을 성취하는 것이 저지당하고 있다는 사실이 이해될 수 있다.

우리 문화에 특이한 한 가지 요소가 망각 충동과 연결된 불안을 더욱 강화하고 있다. 서구 문명에는 신경증적 성격을 불문하고 이 충동이 충족될 수 있는 문화적 패턴이 거의 없다. 그런 가능성을 제시하는 종교는 이미 다수에게 그 힘과 매력을 잃어버렸다. 그런 만족을 이룰 효과적인 문화적 수단도 전혀 없을 뿐만 아니라, 그런 수단의 발달조차도 사실상 저지되고 있다. 왜냐하면 개인주의 문화에서 개인은 자신의 발로 우뚝 서야 하고 또 자신의 주장을 강력히 펴야 하고, 필요하다면 자신의 길을 위해 싸우기도 해야 하는 것으로 여겨지기 때문이다. 우리 문화 안에서 실제로 자기포기의 경향에 굴복할 경우에 그 사람은 배척당할 위험에 처한다.

신경증 환자가 간절히 갈구하는 만족을 성취하지 못하도록 막는 두려움을 고려한다면, 마조히즘적인 공상과 도착(倒錯)이 신경증 환자에게 지니는 가치를 이해할 수 있다. 만약에 자기포기의 충동이 공상이나 성적 행위에서 실현된다면, 그는 아마 완전한 자기망각의 위험을 피할 수 있을 것이다. 디오니소스 숭배처럼, 이런 마조히즘적인 행위는 자신을 해칠 위험이 비교적 작은 상태에서 일시적인 망각과 몰입을 제공한다. 마조히즘적인 행위는 대체로 성격의 전체 구조에 퍼져 있지만 성적 행위에 집중되는 경우도 간혹 있다. 그런 경우에 성격의 다른 부분은 비교적 마조히즘적 행위로부터 자유롭다. 자신의 일에서 능동적이고 공격적이며 성공을 거두고 있으면서도 수시로 여장을 한다든가 아니면 장난꾸러기 소년처럼 굴면서 두들겨 맞는다든가 하는 자학적인 도착 행위에 몰두하는 사람들이 있다. 한편, 신경증 환자가 자신의 문제에 대한 만족스런 해결책을 찾지 못하도록 막는 두려움은 그의 마조히즘적인 충동들에 고루 퍼져 있을 수 있다. 만약 이 충동들이 성적인 성격을 갖고 있다면, 그는 성관계와 관련한 마조히즘적 공상에도 불구하고 이성에 대한 혐오감을 보이거나 심각한 성적 억제를 보이면서 성적관심에서 멀어질 것이다.

프로이트는 마조히즘적 충동을 근본적으로 성적인 현상으로 보고 있다. 프로이트는 그런 충동을 설명하는 이론들을 제시했다. 원래 그는 마조히즘을 생물학적으로 결정되는 성적 발달의 한 단계, 소위 말하는 가학적 항문기의 한 양상으로 여겼다. 그러다 후에 그는 마조히즘적 충동은 원래 여성적인 본질을 갖고 있으며 여자가 되고 싶은 소망을 암시한다는 가설을 더했다. 앞에서 언급한 바와 같이, 프로이트의 마지막 주장은 마조히즘적 충동은 자멸적인 욕구와 성적 욕구가 결합된 것이며 그 충동의 기능은 자멸적인 욕구를 그 사람 본인에게 무해하게 만드는 것이다.

한편 나의 견해는 다음과 같이 요약된다. 마조히즘적 충동은 근본적으로 성적인 현상도 아니고 생물학적으로 결정되는 과정의 결과도 아니며 성격의 갈등에서 비롯되는 것이다. 마조히즘적 충동의 목표는 고통을 받는 것이 아니다. 왜냐하면 신경증 환자도 다른 사람들이 고통을 당하기를 원하지 않는 것과 마찬가지로 고통을 당하기를 원하지 않기 때문이다. 신경증적 고통은 어떤 기능을 수행하고 있다는 점에서 보면, 그 사람이 원하는 것이 아니고 그 사람이 지불하는 대가이다. 그리고 그 사람이 목표로 잡고 있는 만족은 고통 자체가 아니라 자신의 포기이다.

15장

문화와 신경증

한 사람을 놓고 분석하다 보면, 아주 노련한 분석가에게도 새롭게 다가오는 문제가 반드시 나온다. 환자를 접할 때마다, 분석가는 자신이 그때까지 한 번도 경험해보지 못한 문제를 직면하고 있다는 사실을 깨닫는다. 그것만이 아니다. 파악하기 어려울 뿐만 아니라 설명도 좀처럼 안 되는 그런 태도에도 직면하고, 얼핏 보아서는 절대로 포착되지 않는 반응에도 직면한다. 앞의 여러 장에서 설명했듯이, 신경증적 성격의 구조적 복잡성과 거기에 개입된 많은 요소들을 고려한다면, 문제와 태도와 반응이 그처럼 다양하다는 것은 전혀 놀라운 사실이 아니다. 유전적 차이와 한 개인이 평생을 두고 하는 경험의 차이, 특히 어린 시절에 한 경험의 차이 때문에 온갖 요소들이 무한한 방식으로 서로 결합한다.

그러나 이 책의 도입부에서 지적한 바와 같이 이런 온갖 개인적 변형에도 불구하고, 신경증을 발달시키는 결정적 갈등은 실질적으로 언제나 똑같다. 대체로 그 갈등은 우리 문화의 건강한 사람도 겪는 갈등이다. 신경증을 가진 사람과 정상적인 사람을 명확하게 구분하는 것은 불가능하다는 말은 다소 진부하다. 그럼에도 여기서 이 말을 한 번 더 되풀이하는 것도 도움이 될 수 있다. 많은 독자들은 자신의 경험을 통해서 직접 확인하는 갈등과 태도 앞에서 이런 질문을 던질 수 있을 것이다. 나는 신경증 환자일까? 가장 중요한 기준은 갈등 때문에 괴로워하는지 여부이다. 또 본인이 갈등을 직시하고 직접 해결할 수 있는지 여부도 중요한 기준이다.

우리 문화의 신경증적인 사람들도 똑같은 근본적인 갈등 때문에 힘들어하고 있고 정상적인 사람도 그 같은 갈등을 약하게 겪고 있다는 사실을 인정한다면, 우리는 다시 이 책 시작 부분에서 제기했던 질문에 봉착하게 된다. 내가 묘사한 이런 특별한 갈등들은 신경증을 일으키는데 다른 갈등들은 신경증을 일으키지 않는 사실을 설명할 조건이 우리 문화 안에 있는 것이 아닐까?

프로이트는 이 문제에 대해 깊이 생각하지 않았다. 생물학적 접근을 보이는 프로이트의 관점이 지닌 단점은 사회학적 고려가 부족할 수밖에 없다는 점이다. 따라서 프로이트는 사회적 현상을 우선 정신적 요인으로 돌리고 그다음에 이 정신적 요인을 생물학적 요인으로 설명한다(리비도 이론). 이런 경향은 정신분석 관련 글을 쓰는 저자들로 하여금, 예를 들어, 전쟁은 죽음 본능 때문에 일어나고, 현재의 경제제도는 항문기 성욕에 뿌리를 두고 있고, 기계 시대가 2,000년 전에 시작하지 않은 이유는 그 시기의 나르시시즘에서 발견된다는 식으로 믿도록 만들었다.

프로이트는 문화를 복잡한 사회적 과정의 결과로 보지 않고 주로 억압되거나 승화된 생물학적 충동의 산물로 보았으며, 그래서 이 생물학적 충동에 맞서 반동형성(反動形成: Reaction formation: 방어 기제의 하나로 무의식적 욕구를 억압만으로 극복할 수 없을 때 그 욕구와 정반대되는 욕구를 만들어 내는 심리 현상을 말한다/옮긴이)이 일어난다고 보았다. 이 충동의 억압이 완벽하게 이뤄질수록, 문화적 발달이 더욱 커진다고 한다. 승화의 능력이 제한적이기 때문에, 또 초기의 충동을 승화시키지 않고 억압시킬 경우에 신경증으로 이어질 수 있기 때문에, 문명의 성장은 불가피하게 신경증의 성장을 의미하게 되어 있다. 신경증은 인류가 문화적 발달에 대한 대가로 지급하는 비용이라는 것이 프로이트의 판단이다.

이 생각의 기차의 밑바닥에 깔린 이론적 전제는 생물학적으로 결정되는 인간의 천성이 존재한다는 믿음, 더 구체적으로 말하면, 구순적, 항문적, 생식기적, 공격적 충동이 모든 인간에게 거의 똑같은 크기로 존재한다는 믿음이다. 그렇다면 개인마다 성격 형성에 나타나는 변형은 문화에 따라 나타나는 차이처럼 억압의 강도 차이 때문이고, 이 억압도 다양한 종류의 충동에 약하거나 강하게 영향을 미치게 된다는 뜻이다.

역사적 및 인류학적 발견들은 문화의 발전 정도와 성적 혹은 공격적 충동의 억압 사이에 직접적 관계가 있다는 가설을 뒷받침하지 않는다. 오해는 주로 질적 관계 대신에 양적 관계를 가정한다는 사실에 있다. 그 관계는 억압의 양과 문화의 양의 관계가 아니고 개인적 갈등의 질과 문화적 장애의 질의 관계이다. 양적 요인도 무시할 수 없지만, 그것은 어디까지나 전체 구조의 맥락에서만 평가될 수 있다.

우리 문화에 고유한 어떤 전형적인 장애들이 있다. 이 장애들은 모든 개인의 삶에 갈등으로 나타나며 또 축적될 때에는 신경증으로 이어질 수 있다. 나는 사회학자가 아니기 때문에 여기서는 단순히 신경증과 문화의 문제에 영향을 미치는 중요한 경향들만을 지적할 것이다.

현대의 문화는 경제적으로 개인 간의 경쟁이라는 원칙에 바탕을 두고 있다. 고립된 개인은 같은 집단의 다른 개인들과 싸워야 하고, 다른 개인들을 능가해야 하고, 종종 다른 개인들을 옆으로 밀어내야 한다. 나의 이익은 자주 다른 사람의 손해가 된다. 이런 상황으로 인해 정신에 나타난 결과는 개인들 사이에 적개심의 확산이다. 모두가 자기 외의 다른 사람들의 실질적 혹은 잠재적 경쟁자이다. 노력이 공정한지 아니면 예의 있는 태도로 위장되었는지를 불문하고, 이런 상황은 직장 동료들 사이에도 아주 분명하게 보인다. 그러나 경쟁심과 경쟁심이 수반하는 잠재적 적개심이 모든 인간관계에 스며들고 있다는 점을 강조해야 한다. 경쟁심은 사회적 관계에 결정적인 요소이다. 경쟁심은 남자와 남자, 여자와 여자의 관계에도 깊이 작용하고 있으며, 경쟁의 대상이 인기든, 능력이든, 매력이든, 아니면 다른 사회적 가치이든 불문하고 경쟁심은 진정한 우정의 가능성을 크게 훼손시킨다. 이미 암시한 바와 같이, 경쟁심은 또한 남자와 여자의 관계에도 장애로 작용한다. 파트너의 선택에서뿐만 아니라 우월을 노린 투쟁에서도 그렇다. 경쟁심은 학교생활에도 깊이 스며들었다. 그리고 아마 가장 중요한 대목일 텐데, 경쟁심은 가족 상황에도 파고들었다. 그래서 대체로 아이는 아주 일찍부터 경쟁심을 주입받는다. 아버지와 아들의 경쟁, 어머니와 딸의 경쟁, 자식들끼리의 경쟁은 일반적인 인간의 현상이 아니고 문화적 자극에 대한 반응이다.

오이디푸스 콤플렉스와 다른 가설들에서 확인되듯, 가족 안에서 경쟁의 역할을 파악한 것은 프로이트의 위대한 업적 중 하나이다. 그러나 이 경쟁 자체는 생물학적으로 조건 지워지는 것이 아니고 주어진 문화적 조건의 결과라는 점을 덧붙여야 한다. 더 나아가, 가족 상황이 경쟁을 일으키는 유일한 상황이 아니고 경쟁을 일으키는 자극은 요람에서 무덤까지 언제나 작용하고 있다는 점도 강조되어야 한다.

개인들 사이의 적대적 긴장은 두려움을, 타인들의 적개심에 대한 두려움을 낳는다. 이 두려움은 자신이 품고 있는 적개심에 대한 보복의 두려움 때문에 더욱 강화된다. 정상적인 개인의 내면에 두려움을 일으키는 또 다른 중요한 요소는 실패의 가능성이다. 실패에 대한 두려움은 현실적인 두려움이다. 왜냐하면 대체로 실패의 확률이 성공의 확률보다 훨씬 더 높고 또 경쟁 사회에서 실패는 욕구의 좌절을 수반하기 때문이다. 실패의 확률은 경제적 불안을 의미할 뿐만 아니라 명성의 상실과 온갖 종류의 정서적 좌절을 의미하기도 한다.

성공이 그렇게 매혹적인 유령인 또 다른 이유는 성공이 우리의 자존감에 미치는 효과이다. 우리가 이룬 성공의 정도에 따라 우리를 평가하는 사람은 타인들만이 아니다. 싫어하는 쪽으로든 좋아하는 쪽으로든 우리가 스스로를 평가하는 것도 그와 똑같은 패턴을 따른다. 현재의 이념에 따르면, 성공은 우리 자신의 장점 때문이거나, 종교적 표현을 빌리면 신의 은총이 있음을 보여주는 신호이다. 그러나 실제로 보면, 성공은 운 좋은 환경이나 비양심 등 우리의 통제 밖에 있는 다수의 요소들에 좌우된다. 그럼에도 불구하고, 현재의 이데올로기 하에서는 아주 정상적인 사람까지도 성공을 거두면 스스로 괜찮은 존재라고 느끼고 패배하게 되면 스스로 무가치한 존재라고 생각할 수밖에 없다. 말할 것도 없이, 이는 우리의 자존감이 허약한 바탕 위에 서 있다는 사실을 보여준다.

이 모든 요소들, 즉 경쟁심과 경쟁심이 개인들 사이에 낳는 잠재적 적개심, 두려움, 형편없는 자존감 등이 함께 작용하면서, 개인은 심리적으로 자신이 소외되어 있다는 느낌을 받게 된다. 다른 사람들과 접촉을 많이 하고 또 행복하게 결혼생활을 할 때조차도, 개인은 정서적으로 소외되어 있다. 정서적 소외는 누구에게나 견디기 힘들다. 그러나 정서적 소외가 심한데다가 자기 자신에 대한 걱정과 불확실성까지 심화된다면, 정서적 소외는 정말 재앙이 된다.

바로 이런 상황이 우리 시대의 정상적인 개인의 내면에서 하나의 치료로서 애정 욕구를 강하게 일으키고 있다. 애정을 얻는 사람은 소외감을 덜 느끼고, 적개심의 위협을 덜 받고, 자기 자신에 대해 덜 불안해할 수 있다. 애정을 얻는 것이 이처럼 절실히 필요하기 때문에, 우리 문화에서 사랑이 과도하게 평가되고 있다. 사랑도 성공처럼 하나의 유령이 되었다. 사랑이 모든 문제에 대한 해결책이라는 환상이 생겨난 것이다. 사랑 자체는 환상이 아니다. 그러나 사랑은 우리의 기대, 말하자면 사랑이 성취시킬 수 있는 것보다 훨씬 더 많은 것을 바라는 우리의 기대 때문에 하나의 환상이 되어 버렸다. 그리고 이념적으로 사랑을 강조하는 우리의 현실은 사랑에 대한 욕구를 과도하게 일으키는 요소들을 은폐하고 있다. 따라서 개인은 아주 많은 애정을 필요로 하면서도 그것을 얻는 데 어려움을 겪는 딜레마에 빠지게 되었다.

이 같은 상황은 신경증이 발달할 비옥한 토양이 되어 준다. 정상적인 사람에게 영향을 미치는 요소들, 말하자면 정상적인 사람이 자존감에 상처를 입거나 잠재적 적개심을 품거나, 두려움과 적개심을 수반하는 경쟁심을 품게 만드는 문화적 요소들도 신경증 환자에게는 훨씬 더 큰 영향을 미치게 된다. 또 신경증 환자의 내면에 나타나는 결과도 훨씬 더 심각하기 마련이다. 자존감의 붕괴, 파괴성, 불안, 과도한 애정 욕구, 그리고 파괴적 충동이나 불안을 수반하는 경쟁심 등이 신경증 환자에게 나타나게 된다.

모든 신경증에 신경증 환자가 조화시킬 수 없는 모순된 경향들이 있다는 사실을 기억하라. 그러면 우리 문화 안에 전형적인 신경증적 갈등을 낳는 그런 모순이 있는 것이 아닌가 하는 의문이 일어난다. 이런 문화적 모순을 연구하고 설명하는 것은 사회학자의 과제일 것이다. 나로서는 모순적인 경향 중 중요한 몇 가지를 간단히 설명하는 것으로도 충분할 것이다.

첫 번째 모순은 한편에 경쟁과 성공이 있고 다른 한편에 형제애와 겸손이 있다는 점이다. 한편에선 모든 것이 우리가 성공을 추구하도록 자극하고 있다. 이것은 우리가 단호해야 할 뿐만 아니라 공격적이어야 하고 다른 사람들을 길 밖으로 밀어내야 한다는 것을 의미한다. 다른 한편에선 무엇이든 자기 자신을 위해서 바라는 것은 이기적이라고, 또 겸손하고 관대하고 복종해야 한다고 가르치는 기독교 이상의 영향이 강하게 느껴지고 있다. 이 모순을 해결하는 방법은 정상적인 범위 안에서는 두 가지뿐이다. 어느 한쪽을 진지하게 받아들이고 다른 쪽을 버리든가, 아니면 양쪽을 모두 진지하게 받아들이고 양쪽 방향으로 모두 크게 억제하는 것이다.

두 번째 모순은 우리의 욕구의 자극과 그 욕구를 충족시키지 못하는 데 따른 좌절 사이의 모순이다. 경제적인 이유 때문에 우리 문화에서는 광고나 "과시 소비", 이웃에 지지 않으려는 허세 등이 욕구를 끊임없이 자극하고 있다. 그러나 대부분의 경우를 보면 이 욕구가 충족되지 못한다. 그래서 개인은 각자의 욕망과 그 실현 사이의 불일치를 끊임없이 느끼게 된다.

누구에게나 보장된다는 개인의 자유와 현실적으로 나타나는 자유의 제한 사이에도 모순이 존재한다. 각 개인은 사회로부터 자유롭고, 독립적이며, 자신의 자유 의지에 따라 삶을 결정할 수 있다는 소리를 귀가 따갑도록 듣는다. 각 개인은 "인생이라는 위대한 게임"에 직접 참여할 수 있고, 또 능력 있고 활동적이라면 자신이 원하는 것을 얻을 수 있는 것이다. 그러나 실제로 보면 대부분의 사람들에게 이 같은 가능성은 제한되어 있다. 부모를 선택하는 것은 불가능하다는 농담은 인생의 많은 일에도 그대로 적용된다. 어떤 직업을 선택하고 그 직업에서 성공하는 일이나 짝을 선택하는 일이나 레크리에이션 방법을 선택하는 일도 마음대로 되지 않는 것이다. 그 결과 개인은 자신의 운명을 스스로 결정하는 무한한 힘의 느낌과 철저한 무력감 사이를 오락가락하게 되었다.

우리 문화에 깊이 박힌 이 모순들은 신경증 환자가 조화시키려 노력하는 바로 그 갈등들이다. 신경증 환자는 공격성의 경향을 보임과 동시에 복종의 경향을 보인다. 신경증 환자는 과도하게 요구하는 한편으로 아무것도 얻지 못할 것이라는 두려움을 느낀다. 신경증 환자는 자기확대의 경향을 보이는 한편으로 개인적으로 무력하다는 느낌을 받는다. 신경증 환자들의 경향과 정상적인 사람들의 경향의 차이는 양적 차이뿐이다. 정상적인 사람은 자신의 성격에 피해를 입히지 않고도 어려운 일들을 해결할 수 있는 반면, 신경증 환자의 내면에서는 이 모든 갈등이 만족스런 해결이 불가능할 만큼 격해진다.

신경증을 일으킬 확률이 높은 사람은, 문화적 장애들을 대부분 어린 시절의 경험을 통해서 아주 아프게 경험함에 따라 장애들을 해결하지 못했거나 자신의 성격을 엄청나게 훼손시키는 대가를 치르고서야 해결할 수 있었던 사람들인 것 같다. 우리는 그들을 우리 문화의 의붓자식이라 부를 것이다.

■ 카렌 호나이 연보

* 1885년 =   독일 함부르크의 중상층 가정에서 태어났다. 가족들의 종교는 프로테
스탄트였다. 선장이던 아버지는 믿음이 아주 독실했던 반면, 어머니는
자유사상가였다. 호나이는 경제적으로나 사회적으로 유복한 환경에서
자랐다. 호나이의 일기를 보면 그녀의 아버지는 "훈육이 잔인할 정도로
엄격한 인물"로 묘사된다. 호나이는 아홉 살 때쯤 되어서 다소 반항적인
아이로 변했다. 이때 호나이는 자기 오빠를 흠모했다가 그 마음이 받아
들여지지 않자 상처를 크게 입었으며 이 상처는 평생 동안 아물지 않은
것으로 전해진다.

* 1906년 =   카렌은 프라이부르크 대학 의대에 들어갔다. 아버지는 반대했지만 어
머니는 딸의 의대 입학을 적극적으로 밀어주었다.

* 1908년 =   괴팅겐 대학으로 옮겼다. 그 다음에 다시 베를린 대학으로 옮겼다. 당시
엔 의대를 여러 곳 옮겨 다니며 공부하는 것이 관례였다.

* 1909년 =   24세였던 카렌 호나이는 베를린에서 변호사로 활동하던 오스카 호나이
와 결혼했다. 둘 사이에 딸 셋이 태어났다. 관심사가 서로 다른 가운데
카렌 호나이가 정신분석 운동에 더욱 열심히 관여함에 따라, 두 사람은
1937년에 이혼했다. 그 전부터 어머니 역할을 하면서 커리어를 쌓아야
했던 현실이 호나이가 여성의 심리학 쪽으로 관심을 쏟게 만들었다.

* 1913년 =   대학에서 의학 박사 학위를 받았으며 정신분석 훈련도 끝냈다.

* 1917년 =   처음으로 정신분석 논문을 썼다.

* 1920년 =   베를린 정신분석 연구소의 강사진으로 활동을 시작했다. 여기서 몇 년
동안 정신분석을 가르쳤다.

* 1923년 =   남편 오스카 호나이의 회사가 파산한 데다 오빠마저 폐질환으로 죽자
그 충격 때문에 카렌의 정신건강이 나빠졌다.

여성의 심리학에 관한 일련의 논문 중 첫 번째인 '여성의 거세 콤플렉스의 기원에 관해'를 발표했다. 1937년까지 발표된 총 14편의 논문은 훗날 『여성의 심리학』(Feminine Psychology)이라는 제목의 단행본으로 묶어졌다.

* 1932년 = 히틀러의 집권에 이어 호나이와 세 딸은 미국으로 이주했다. 이들은 독일 출신 지식인이 많이 살던 브루클린에 정착했다. 에리히 프롬과 해리 스택 설리번 같은 학자들과 교류를 시작한 곳도 브루클린이었다. 미국에서 그녀가 처음 활동을 시작한 무대는 시카고 정신분석 연구소였다.

* 1937년 = 『우리 시대는 신경증일까?』(The Neurotic Personality of Our Time)를 발표해 인기를 끌었다.

* 1939년 = 『정신분석의 새로운 방법들』(New Ways in Psychoanalysis)을 발표했다.

* 1941년 = 미국 정신분석 연구소(American Institute of Psychoanalysis)의 학장이 되었다. 그러나 호나이의 이론이 프로이트의 이론에서 많이 벗어남에 따라, 그녀는 이 자리에서 물러나야 했다. 그 직후 그녀는 뉴욕 의대에 자리를 얻었으며, '미국 정신분석 저널'이라는 잡지를 만들었다.

* 1950년 = 『신경증과 인간의 성장』(Neurosis and Human Growth)을 발표했다.

* 1952년 = 뉴욕 의대에서 학생들을 가르치면서 정신과의사로 활동하던 중에 세상을 떠났다. 호나이는 여러 면에서 당대의 정신분석가들과 다른 견해를 보였다. 신경증을 예로 들면, 호나이는 신경증이 지속적인 하나의 과정이기 때문에 평생 동안 수시로 나타나게 된다고 주장하는 반면, 그 시대의 정신분석가들은 사별이나 이혼 등 부정적인 외적 자극 때문에 마음이 제대로 기능을 하지 못하게 될 때 나타나는 것이 신경증이라는 입장을 보였다. 프로이트가 제시한 '남근선망'도 호나이로부터 많은 비판을 받았다.

* 1955년 = 카렌 호나이의 성취를 기려 미국 뉴욕에 카렌 호나이 클리닉이 문을 열었다.